끝나지 않은 역사 전쟁

김봉진

지식산업사

김봉진金鳳珍

1983년에 서울대학교 영문학과 졸업하고 1985년 서울대학교 사회과학 대학원 외교학과를 수료했다. 동경대학 대학원 총합문화연구과 박사 과정(국제관계론 전공)을 수료(1991)하고 1993년에 기타큐슈北九州대학 조교수, 2001년부터 2021년까지 기타큐슈 시립대학(대학명 변경) 교수를 역임했다. 주요 연구 분야는 동아시아 국제관계사, 비교 사상사이며, 현 기타큐슈 시립대학 명예교수이자 동양문화연구소(동경) 연구원으로 활동하고 있다. 저서로는 《東アジア「開明」知識人の思惟空間 ―鄭觀應·福澤諭吉·俞吉濬の比較研究》(九州大学出版会, 2004)가 있으며, 공저로는 《3·1독립만세운동과 식민지배체제》(지식산업사, 2019), 《한국 국제정치학, 미래 백년의 설계》(사회평론, 2018), 《辛亥革命とアジア》(お茶の水書房, 2013), 《国際文化関係史研究》(東京大学出版会, 2013), 《歴史と和解》(東京大学出版会, 2011), 《韓国併合と現代》(明石書店, 2008) 등 다수가 있다.

초판 1쇄 인쇄   2022. 3. 8.
초판 1쇄 발행   2022. 3. 26.

지은이   김봉진
펴낸이   김경희
펴낸곳   (주)지식산업사
본사 ● 10881, 경기도 파주시 광인사길 53(문발동)
전화 031 − 955 − 4226~7 팩스 031 − 955 − 4228
서울사무소 ● 03044, 서울시 종로구 자하문로6길 18 − 7
전화 02 − 734 − 1978, 1958 팩스 02 − 720 − 7900
영문문패   www.jisik.co.kr
전자우편   jsp@jisik.co.kr
등록번호   1 − 363
등록날짜   1969. 5. 8.

책값은 뒤표지에 있습니다.

ISBN 978 − 89 − 423 − 9105 − 9(93910)
이 책에 대한 문의는 지식산업사로 연락해 주시길 바랍니다.

끝나지 않은 역사 전쟁

안중근과 일본, 일본인

김봉진 지음

지식산업사

책머리에

왜 안중근인가? 왜 지금 안중근의 영혼을 다시 부르는가? 답은 자명하다. 그가 몸 바친 항일 전쟁, 그리고 역사 전쟁이 아직 끝나지 않은 까닭이다. 안중근의 전쟁은 지금도 이어지고 있기 때문이다. 이토 히로부미를 주살誅殺했건만 그의 망령이 여태껏 떠돌고 있으니 어찌 안중근의 영혼이 평안하리오! 이토의 망령을 기어코 제거할 때까지 안중근은 되살아나고, 그의 의거는 끊임없이 되풀이될 것이다.

'역사의 간계奸計'인가. 이토의 망령은 또한 다른 몸을 빌려 되살아나고 있다. 국적을 가리지도 않는다. 일본을 비롯한 여러 나라 심지어 한국 사람의 몸과 마음을 헤집고 다닌다. '우리 안의 이토 히로부미'가 곳곳에서 살아 숨 쉬고 있다. 불의부정으로 뒤틀린 역사에 편승하여 현재와 미래의 뒤틀린 역사를 재생산하고 있다. 안중근의 영혼은 명령하리니 '너희들 안의 이토 히로부미를 주살하라! 일본을 어버이(親, 오야)처럼 섬기는 친일 DNA, 여전히 뿌리 깊은 식민사관을 발본색원拔本塞源하라! 그리하여 뒤틀린 역사를 바로잡아 나가라!'

'역사의 간계'를 내파(內破, implosion)할 때까지 안중근은 결코 죽을 수 없다.

이에 안중근 의거의 뜻과 진실을 되새겨 물어야 한다. 왜, 무엇을 위해 이토를 주살했는가? 심문審問과 공판公判은 어떻게 진행되었는 가? 어떤 유훈을 남겼는가? 그 공통의 답은 한국은 물론 여러 나라 가 과거부터 현재까지 널리 공유해 왔다. 일본도 예외가 아니다. 그 럼에도 모르는 척하거나 침묵한다. 오히려 각종 궤변, 편견으로 왜곡, 은폐, 날조를 꾀한다. 심각한 병리 현상이다. 이런 사실을 파헤치고, 현실을 타파할 수 있도록 더욱 크게 경종을 울려야 한다.

이 책은 안중근 의거로부터 사형될 때까지 벌어진 일과 그 관련된 사실을 다시금 되새긴 것이다. 특징을 세 가지만 말해 둔다. 첫째, 안중근 의거의 진실과 허위를 가려냄이다. 이를 위해 일본인 수행원 의 각종 증언의 진위를 검토한다. 또한 일본 신문의 의거 관련 기사 에 보이는 진상眞相의 허구화를 파헤친다.

둘째로 심문, 공판 기록을 상세히 분석/검토함이다. 안중근과 일본 인 담당관들의 각종 언행과 때때로 벌어진 논쟁의 진상을 밝히기 위 함이다. 그 논쟁은 일종의 사상 투쟁이요, 뒤틀린 역사와 그릇된 역 사관(인식)을 바로잡기 위한 역사 전쟁이었다. 그리고 공판 투쟁이었 다. 이 책은 그 요인과 맥락을 따지면서 안중근은 어떤 근거와 논리 로 맞서 싸웠는지 밝힐 것이다.

기존의 안중근 연구는 한우충동汗牛充棟이다. 다만 지적하고 싶은 문제점이 있다. 그 연구의 기본 사료인 심문, 공판 기록에 대한 사상 사적, 인식론적 분석/검토가 미흡했다. 빈틈이 많았다. 아울러 안중근과 직간접의 관계를 맺은 여러 일본인들에 관한 다각적 고찰도 부족했다. 이를 보완하고자 한다.

셋째의 특징은 다음과 같다. 안중근의 유훈에 해당하는 '동양평화론'을 비롯한 각종 저술, 유묵遺墨, 유언에 담긴 뜻을 되새김이다. 그 뜻은 민족과 반일을 넘어서 있다. 그는 스스로 '대한국인大韓國人'을 칭하기도 했으나 또한 동아시아인이었다. 나아가 세계 평화를 꿈꾸던 코스모폴리탄, 세계인이었다. 이런 안중근의 덕풍德風에 일부 일본인들도 감화됐다. 그는 안중근처럼 '일본의 부負를 비판함'과 함께 일본이 '도리를 아는, 도덕을 추구할 줄 아는' 나라 되기를 기대했던 셈이다.

이 책이 나오기까지는 많은 분들의 도움을 받았다. 큰 도움을 주신 분은 김월배 선생과 이태진 선생님이다. 김월배 선생은 안중근 연구의 권위자 가운데 한 사람이다. 그와의 만남은 2012년 봄, 뤼순旅順에 있는 '다롄大連 외국어 대학'에서 이루어졌다. 그 대학의 교환교수로 재임했던 1년 동안 많은 가르침을 받았다. 그리고 지금껏 변함없는 우정과 동지애를 나누고 있다. 이 책에 실린 여러 사진은 그가 제공해 준 것이다.

이태진 선생님은 은사님 가운데 한 분이다. 한동안 뵙지 못하다가 안중근 의사님 덕분에 다시 가르침을 받는 행운을 잇고 있는 중이다. 이윽고 졸고를 완성하자 출판사를 알선해 주셨다. 은혜에 하염없는 감사를 드릴 따름이다. 아울러 졸고 출판을 흔쾌히 받아 주신 지식산업사 김경희 사장님과 말끔하게 편집해 주신 김연주 님께 감사를 드린다. 그 밖에도 감사할 분은 많다. 특히 나와 같은 대학의 동료이던 이동준 교수에게 감사한다. 그는 졸고의 첫 독자로서 날카로운 질정과 좋은 조언을 주었다.

이 책을 삼가 안중근 의사님의 영전에 바친다. 덧붙이면 이 책을 쓰는 동안 의사님의 혼령이 스며드는 듯한 느낌에 휩싸인 때가 적지 않다. 그래서 이성보다 감성을 부추겨 미처 추스리지 못한 표현, 서술이 있으리라 여겨진다. 그렇다면 너그럽게 보시고 가감하면서 읽어 주시길 바랄 따름이다.

2022년 2월
김봉진

〈화보 1〉일본의 무정부주의 사상가 고토쿠 슈스이가 갖고 있던 안중근 의사의 사진엽서 견본.《오사카 마이니치 신문》의 사진을 쓴 기존 엽서의 설명을 영역한 설명으로 바꾸고 사진에 안 의사를 찬양하는 자신의 한시를 써넣었다. '목숨 버려 의로움을 취하고 자신을 죽여 인仁을 이루었네.'라는 내용을 담고 있다.

〈화보 2〉 채가구 역 현재 모습. 이곳에서도 이토 저격의 거사를 준비하고 있었다.

〈화보 3〉 채가구 역 시야. 우덕순, 조도선이 머문 장소

〈화보 4〉 안중근 의사가 거사를 준비하고 의지했던 하얼빈 한인회장 김성백 선생의
집이 있었던 자리.

〈화보 5〉 안중근 의사가 거닐던 조린공원의 안 의사 기념 유묵비.

〈화보 6〉 당시 하얼빈 역 전경(왼쪽)과 현재 하얼빈 역 모습

〈화보 7〉 안중근 의사의 뤼순감옥 감방 모습

〈화보 8〉 관동도독부 지방법원(왼쪽)과 재판정 내부 모습 화보   11

〈화보 9〉 장부가. 창강 김택영이 지은 《안중근전》에 나오는 시이다.

"…… 북풍은 차가워도 내 피는 끓는구나. 강개한 뜻으로 한번 가면 기필코 쥐새끼 같은 도적을 죽이고 말리라. 우리 동포여, 공든 임무를 잊지 마소서. 만세 만세, 대한독립 만세."

〈화보 10〉 안중근이 남긴 유묵들

동포에게 고함

내가 한국독립을 회복하고 동양평화를 유지하기 위하여
삼년 동안 해외에서 풍찬노숙 하다가
마침내 그 목적에 도달치 못하고 이곳에서 죽노니
우리들 이천만 형제 자매는 각각 스스로 분발하여 학문에 힘쓰고 실업을
진흥하며
나의 끼친 뜻을 이어 자유 독립을 회복하면
죽는 자 유한이 없겠노라

－도마 안중근(《대한매일신보》 1910년 3월 25일자)

〈**화보** 11〉 1910년 3월 26일 순국 직전 안중근의 모습. 이날의 수의는 어머니가 보낸 순백의 조선 명주복, 바지는 흑색의 같은 조선 명주복 차림이었다. 안중근은 "죽거든 오히려 영광(死猶榮光)"이라고 한 어머니의 말씀을 새기면서 평정을 유지했을 것이다.

차 례

화보 15

여는 글

한·일 양국에 얽힌 역사 문제는 해방 이후 오랫동안 뚜껑 덮힌 상태였다. 동아시아 근대 이래의 이른바 '불행한 역사'를 묻고 따질 겨를 없이 '뒤틀린 역사'가 이어진 탓이다. 망국亡國과 식민지 지배의 어두운 역사를 거쳐 광복된 기쁨을 누릴 틈 없이 한반도는 남북 분단, 한국 전쟁 등 어이없는 불행을 겪었다. 그리고 휴전 상태로 갈린 채 여태껏 전쟁의 위험 속에 있다. 이를 막기 위한 한·미 동맹은 어느덧 분단 해체의 장애 요인이 되거나 자칫하면 전쟁 위험을 키울 수 있는 딜레마를 안고 있다.

반면 전후戰後 일본은 어부지리漁父之利의 행운을 얻었다. 예컨대 남북 분단, 한국 전쟁은 일본에게 경제 회생, 발전의 기회를 가져다 주었다. 이른바 '평화 헌법'(1947년 시행)은 침략 전쟁과 식민지 지배의 가해자 의식을 흐린 채 '일국 평화주의'에 홀리는 틀로 작용했다. 냉전 체제와 샌프란시스코 조약(1951년)의 '편면片面 강화' 덕분에 엄청난 만행과 가해 책임을 얼버무릴 수 있었다. 미·일 동맹은 '평화 헌법'과 모순되는 일본의 병참 기지화, 자위대의 중무장화로 이어졌다. 그리고 집단적 자위권의 용인과 '전쟁 관련 법안'(2015년 가결)은 '주변 사태' 개입과 '평화 헌법' 형해화의 길을 열었다.

이렇듯 뒤틀리고 뒤틀려 가는 역사. 그 탓에 '불행한 역사'의 문제를 풀고 '역사 화해和解'의 지평을 여는 길은 멀기만 하다. 일본은 역사 문제의 해결 의지도 능력도 없는 나라라는 낙인이 찍혀 있다. 더욱이 남북 분단의 원초적 책임을 잊은 채 오히려 분단을 이용하려는 풍조에 젖어 있다. 비판/경계해야 할 일이다. 한편 남북한은 분단을 해체해 나가야 하건만 …… '통通'만 해도 좋으련만 여태껏 대립을 거듭하고 있다. 특히 한국은 대북 정책을 둘러싸고 좌충우돌하고 있다. 순국선열 앞에, 그리고 장래 세대에게 부끄럽기 싹이 없는 일이다.

'불행한 역사'의 본뜻과 감춰진 역사 문제

주의할 것이 있다. '불행한 역사'라는 용어는 역사 문제를 왜소화하는 올가미가 될 수 있다는 점이다. 주어를 없애고, 술어를 얼버무린 탓이다. 주어는 일본이요, 술어는 엄청난 '야만과 폭력'의 만행이다. 따라서 '불행한 역사'란 본디 '만행의 역사'를 뜻한다. 그 뒤안길에서 얼마나 많은 사람이 희생되었는지 …… 헤아릴 수 없는 역사 문제가 소리 없는 원망만 남기고 사라져 갔으니 그들의 원혼冤魂은 어디선가 떠돌고 있으리라.

'불행한 역사' 속에는 또 하나의 역사 문제가 감춰져 있다. '당파성, 정체성, 타율성' 등 허상으로 왜곡/날조된 ‒식민주의를 정당화

하려는 사리사욕, 권모술수로 가득 찬- 식민사관(+황국사관皇國史觀)
이 그것이다. 예컨대 단군 조선을 신화로 취급하고 그 앞뒤 역사를
파묻거나 변질시켰다. 한겨레의 활동 영역은 곳곳이 일본, 중국의 것
으로 꾸며졌다. 한국의 유구한 역사는 축소되고 무지막지하게 왜곡/
날조되었다. 식민사관은 과거의 산물이 아니다. 지금껏 뿌리 깊게 퍼
져 있다. 더욱이 각양각색 변태를 사육/생산하고 있다. 일본은 물론
중국도, (그 극복에 힘써 왔다는) 한국도 자국 중심의 일국사一國史와
다양하게 변태된 식민사관에 빠진 채 자중지란自中之亂과 역사 전쟁
의 소용돌이에 휘말려 있다.

한·일 간 역사 문제의 파행

1990년대부터 각종 역사 문제가 불거지기 시작했다. 그 배경에는
동서 냉전 종식에 따른 세계 각국의 정치 변동이 있었다. 한·일 양
국도 각각 정치 변동을 겪었다. 한국은 민주화를 진전시킴과 동시에
민권/인권을 개선시켜 나갔다. 이에 따라 오랫동안 뚜껑 덮혀 있던
역사 문제가 비로소 주목받게 되었다.

일본은 '전후戰後 체제' 동요와 '55년 체제' 붕괴를 경험했다. '55
년 체제'란 1955년 이후 '여당 제1당은 자민당, 야당 제1당은 사회
당'이라는 양대 정당 체제를 가리킨다. 사회당은 좌익 또는 진보의
정치적 거점이었으나 해체되었다. 자민당은 분열, 이합집산을 거듭했
으나 정권을 잃지는 않았다.

역사 문제가 불거지자 자민당 내 '보수 본류本流'는 일부 좌익/진

보 세력과 연계하여 해결을 모색했다. 이로써 한·일 양국은 '역사 화해'의 기회를 얻은 셈이다. 이를 살리려는 양국 노력이 한동안 이어지는 듯했다. 그러나 좌절되기 일쑤였다. 이에 반발하는 신보수주의 세력이 자민당 다수를 차지한 탓이다. 게다가 '변태된 보수', 곧 우익이 세력을 펼쳐 나갔다. 따라서 역사 문제는 파행跛行할 수밖에 없었다.

2000년대에 들어 '보수 본류'는 사라진 반면 신보수주의, 우익 세력이 확대되었다. 그 결과 아베 신조安倍晉三 정권이 구성되었다. 첫 번째 아베 정권은 2006년 9월부터 2007년 9월까지 존속했다. 그 목표는 '전후 레짐regime의 탈각'이다. 이는 일본 역사상 유례없는 평화, 번영을 가져온 '전후 체제'를 버리고 '전전戰前 체제로 회귀하고 싶다'는 혼네(本音; 속셈)를 품고 있다. 식민주의, 침략 전쟁, 군국주의의 과거 일본이 낫다는 시대착오의 망상에 빠져 있는 것이다. 복고, 퇴행의 길을 가려는 망동과 다름없다.

그 반대 세력이 정권 교체를 이루었던 적이 있다. 2009년~2012년의 약 3년 동안 집권했던 민주당 정권이 그것이다. 이로부터 일본의 민주화와 '역사 화해'가 진전될 것이라는 기대가 생겼다. 그러나 성과 없이 민주당 정권은 무너졌다. 도리어 '보수 본류'와 좌익/진보의 퇴조를 부추겼다. 보수의 변태는 가속되어 우익에게 튼튼한 기반을 제공했다. 그리하여 2012년 12월부터 2020년 9월까지 '최장기 집권'을 기록한 두 번째 아베 정권이 구성된다. 이후 스가 요시히데菅義偉 내각이나 2021년 10월에 구성된 기시다 후미오岸田文雄 내각은 그 아류이다.

아베 정권은 '복고적, 퇴행적, 망상적' 우경화를 뒷받침할 각종 법률을 제정했다. 이를 볼모로 작금 일본은 '자유주의 사관'을 내걸고

사진 1 하얼빈 역 남광장

뒤틀린 역사 인식으로 사실史實을 왜곡/날조한다. 역사 수정주의를 내세워 '불편한 사실/진실'은 은폐/기만하고 가르치지 않는다. '불행한 역사를 영광의 역사'로 뒤엎고 만행을 선행으로 바꾸고 조작하려 든다. 그리하여 현재와 미래의 '불행한 역사'를 재생산함에 박차를 가하고 있는 중이다.

역사 문제에서 역사 전쟁으로

2014년 1월 19일, 중국 정부는 당시 하얼빈 역 귀빈 대합실을 개조한 200㎡ 넓이의 '안중근 의사 기념관'을 설립하여 개관했다.[1] 이 '기념관'은 약 3년 뒤에 하얼빈 역 증축 공사가 시작되면서 임시 이

사진 2 안중근 의사 기념관의 전경(왼쪽)과 기념관 내부 모습

전뒤 적이 있다. 이윽고 2019년 3월 30일, 두 배로 넓어진 '기념관'이 현재의 하얼빈 역 귀빈 대합실 옆에 재개관되었다. 거기에는 안중근 동상, 유묵, 사진, 그리고 관련 사료가 전시되어 있다. 또한 그를 숭배했던 중국의 여러 인사人士의 문장과 사진도 진열되어 있다.

이 '기념관'은 다음과 같은 의의를 지닌다. 무엇보다 안중근 의사와 의거의 뜻을 선양宣揚하는 한·중 양국/인 우의友誼의 상징이다. 또한 과거 항일 투쟁과 전쟁에서 연대했던 역사를 되새기는 기념비적 장소의 하나이기도 하다. 나아가 역사 문제의 해결이나 일본과의 역사 전쟁에서 양국/인이 공동 대처해 나가겠다는 의지의 표상이기도 하다.

---

1 같은 명칭의 '안중근 의사 기념관'은 서울시 중구 남산 공원에도 있다. 이 기념관은 1970년 10월 26일에 하얼빈 의거 41주년을 기념하여 설립되었다. 그 101주년인 2010년 10월 26일에는 한옥 모습의 구관을 철거하고 신관을 건립하여 새로 개장했다. 남산 공원은 1920년, 조선 총독부가 세운 조선신사朝鮮神社가 있었던 자리이다. 조선신사는 1925년에 조선신궁朝鮮神宮으로 개명되었고, 1945년 광복 뒤에 곧 철거되었다.

이러한 일련의 의의를 표명하듯 첫 개관 당일인 2014년 1월 19일, 중국 외교부는 "기념관이 의거 현장에 설치됨을 의미 있게 생각한다. 이를 계기로 동북아 지역 국가들이 안 의사가 주창한 동양평화론의 숭고한 정신을 되새기면서 올바른 역사 인식에 기초하여 진정한 평화 협력의 길로 나아가기를 기대한다."고 발표했다. 안중근 의거의 뜻 가운데 '동양평화론'의 정신을 주목하고 그 통시대적 의의를 강조한 것이다. 이로써 일본/인의 그릇된 역사관과 역사 문제를 묵살하겠다는 망상에 경종警鐘을 울렸다.

첫 개관 당일 일본 외무성 국장은 한·중 양국의 주일 대사에게 전화로 항의했다. 이튿날 당시 관방 장관 스가는 "안중근은 사형 판결을 받은 테러리스트라고 인식하고 있다. …… 일방적 평가로 한국과 중국이 연대함은 지역 평화와 협력 관계 구축에 도움되지 않는다."고 불평했다. 이에 한국 외교부는 '역사의 양심에 눈감은 스가 관방 장관을 규탄'하고 '안중근 의사는 한국 독립과 동양의 진정한 평화를 지키기 위해 헌신한 위인'이자 '국제적으로 존경받는 영웅'이라고 논평했다.[2]

한편 중국 외교부는 "저명한 항일 전사로서 중국 인민도 존경하고 있다. 국내 규정에 따라 기념관을 설립한 것으로 이치에 맞는다."라고 논평하면서 일본 측 항의를 일축했다.

제2차 세계 대전 이후 일본 정부, 각료는 안중근에 관한 공적 발언을 절제해 왔다. 일본 국내의 다양한 평가를 의식함과 함께 외국,

---

[2] 북한은 《로동신문》 1월 26일자에 '반일 애국렬사를 함부로 모독하지 말라'는 제목의 '론평'을 실었다.

특히 한국을 배려한 까닭이다. 반면 스가 장관의 '안중근은 테러리스트'란 첫 공식 발언이자 아베 정권의 무절제, 무배려를 상징한다. 이를 비판하는 국내외 반향이 들끓었다. 그 미봉彌縫의 필요성을 느꼈으리라. 아베 정부는 2월 4일 각의閣議에서 '이토 히로부미를 살해하고 사형 판결을 받은 인물'이라 수정했다.

그러나 '살해'라는 용어는 어폐語弊가 있다. 일본에게 '불편한 진실'을 가린 표면적 용어인 까닭이다. 단지 이토를 '살해'했다고만 표현하면 안중근 의거의 뜻을 오해/왜곡한 셈이다. 이토에게 내려실 '하늘의 형벌, 곧 천주天誅'를 대리했다는 것이 의거의 뜻이기 때문이다. 따라서 이토를 '주살誅殺'했노라고 표현해야 의거의 뜻, 진정성(authenticity)에 합당하다.

한편 아베 정부는 기념관 설립에 관해서는 '지역 평화와 협력 관계 구축에 도움되지 않는다.'라는 불평을 반복했다. 그런 불평이 바로 평화/협력을 저해함을 모르는 듯하다. 가령 기념관 설립을 '역사 화해'의 기회로 삼는다면 그야말로 큰 도움이 되겠건만 …… 언어도단言道斷의 불평이다. 동시에 양심을 저버린 자가당착自家撞着, 적반하장賊反荷杖이자 터무니없는 궤변이기도 하다.[3]

거기에는 (일본인 특유의) 냉정을 가장한 냉소를 비롯하여 '왜곡,

---

[3] 자가당착은 '자기 집을 스스로 때려 부수고 있다'는 뜻이다. 예컨대 잘못을 지질러 놓고도 자기 기만이나 변명만 일삼다가 스스로를 해치는 작태를 비유한 말이다. 적반하장은 '도적盜賊이 도리어 매를 든다'는 뜻이다. 예컨대 '잘못을 저지른 자, 도리에 어긋난 자'가 오히려 '설치는 작태'를 비유한 말이다. 이들 사자성어는 한국에서는 자주 사용된다. 그런데 일본에서는 그렇지 않다. 너무나 만연되어 있는 탓이리니 …… 그 이유는 일본인들 스스로가 잘 알고 있을 듯하다.

조작, 기만, 논리 비약, 바꿔치기, 덮어씌우기' 등 성향이 농축되어 있다.

이렇듯 일본/인은 '불행한 역사'를 극복하긴커녕 반복하려는 시대 역행의 어리석은 작태를 벌이고 있다. 역사 문제를 해결하기보다 뚜껑 덮겠다는 어림없는 망상/망동을 거듭하고 있다. 그러나 과거가 없다면 미래도 없다. 역사를 잊은 민족은 미래가 없다. 따라서 역사 문제를 해결하려는 노력 없이는 한·일 관계의 미래도 없다. 그렇건만 '역사의 간계'는 다른 길을 가고 있는 듯하다. '끝나지 않은 역사 전쟁'의 길. 그렇다면 기꺼이 몸 바쳐 지금껏 뒤틀려온 역사를 바로잡아 나가야 한다. 안중근 의거의 뜻을 되새기면서 올바른 역사를 세우고, 알찬 미래의 지평을 열어 나가야 한다.

제1장

안중근 의거와 일본, 일본인

안중근(安重根, 1879~1910; 일명 안응칠安應七)은¹ 1909년 10월 26일, 하얼빈 역에서 초대 통감(재임 1905년 12월~1909년 6월)을 지낸 이토 히로부미(伊藤博文, 1841~1909)²를 주살했다. 이 사건을 한국, 북한, 중국, 대만 등에서는 안중근 의사義士의 하얼빈 의거라고 부른다. '의분義憤의 투사, 의병義兵' 안중근이 하얼빈에서 일으킨 정의로운 거사擧事라는 뜻이다. 이를 '안중근 의거, 하얼빈 의거'로 줄이거나 항일을 '애국,' 투사를 '열사烈士, 지사志士' 등으로 바꿔 부르기도 한다.

이토 히로부미 주살은 안중근 의거를 구성하는 요소의 하나이자 시작에 해당한다. 의거의 목적은 이토를 주살함에 그치지 않는다. 이로써 일본의 한국 침략과 한국인의 항일 전쟁을 세계 만방에 알림에 있다. 다음으로 일본인의 그릇된 역사관과 당시 뒤틀려 가는 역사를 바로잡고자 함에 있다. 이를 위해 안중근은 심문과 공판 과정에서 일종의 사상 투쟁과 역사 전쟁을 벌였다. 셋째로 한·중·일 삼국의

---

¹ 제1장은 이태신·사사가와 노리카쓰 공편, 《3·1독립만세운동과 식민지배 체제》(지식산업사, 2019)의 졸고 〈안중근과 일본, 일본인〉(448-505)을 대폭 수정한 것이다.

² 당시 이토는 통감 퇴임 뒤 추밀원樞密院 의장을 맡고 있었다. 1910년 8월 '한국 강점' 전에 죽었으나 통감 재직 중 그 기반을 확립했다. 따라서 '한국 강점'의 원흉이다.

사진 3 안중근 의사 근영.
임종하기 직전 모습이다.

공영共榮을 위한 '동양평화'를 이룩하고자 함에 있다. 《동양평화론》의 집필은 그 대표적 성과이다. 이들 일련의 요소로 구성된 것이 안중근 의거이다.

안중근은 수많은 항일 투사의 한 사람이다. 항일 전쟁의 긴 역사 속에는 그들의 의거가 새겨져 있다. 안중근 의거는 특히 빛나는 성과요, 기념비적 위업이다. 그래서 가장 유명하고, 남북한에서는 누구나 존경하는 민족 영웅이다. 단, 유명이든 무명이든 모두가 민족 영웅이다.

안중근은 러·일전쟁(1904~1905)을 계기로 항일 운동에 투신한다.[3] 일본이 을사늑약(1905) 등 일련의 조약을 강제로 체결하면서 침략을 본격화했기 때문이다. 이에 안중근은 항일 운동의 거점을 찾고자 칭다오靑島, 상하이 등지를 답사한 뒤 1905년 말에 귀국한다. 이어서 안중근 일가는 고향인 황해도 청계동을 떠나 평안도 진남포로 이사한다. 그 사이 아버지 안태훈(安泰勳, 1862~1905)이 돌아가신다. 이듬해 4월, 안중근은 진남포에 정착한 뒤 삼흥三興 학교를 설립한다. 또한 천주교 계통의 돈의敦義 학교를 인수하여 제2대 교장에 취임한다.

1907년, 안중근은 전국적으로 퍼져 나간 국채보상운동에 참여한다. 그러다가 같은 해 7월, 고종(高宗, 1852~1919) 황제가 폐위되자 해외로 망명한다. 그 경위는 다음과 같다.

1907년, 이토 히로부미가 한국에 돌아와서 [정미丁未] '7조약'을 늑정

---

[3] 그 근거는 제4장에서 살펴볼 《동양평화론》의 '서序'에서 확인할 수 있다.

勒定한 뒤 광무光武 황제를 폐위하고 군대를 해산시켰다.[4] 이에 2천만 민인民人이 일제히 분발奮發했다. 의병이 곳곳에서 봉기했고, 삼천리 강산은 포성으로 뒤덮혔다. 이때 나는 급히 행장을 꾸려서 가족과 이별하고 북간도北墾〔間〕島에 도착하니, 그곳에도 일본 병대가 방금 주둔해 와서 도무지 발붙일 곳이 없었다. 그래서 서너 달 동안 각지를 시찰한 다음 그곳을 떠나 러시아 영토로 들어갔다. 연추를 지나 블라디보스톡에 이르니 거기에는 한국인 4, 5천 명이 살고 있었다.[5] 학교가 여러 곳에 있었고, 또 청년회도 있었다. 나는 청년회에 참여하여 임시사찰臨時査察에 뽑혔다[6](《안응칠 역사》, 156-157).

이처럼 이토가 벌인 일련의 만행에 맞서 전국 각지에서 의병이 다시 일어났을 때 안중근은 해외 망명을 선택했다. 목적은 자명하다.

[4] 1907년 4월, 광무 황제, 곧 고종은 헤이그에서 열린 제2차 만국 평화회의에 특사를 파견했다. 목적은 1905년 11월 체결된 을사늑약이 '불법, 무효'임을 탄원하는 일이었다. 이준(李儁, 1859~1907), 이상설(李相卨, 1871~1917), 이위종(李瑋鍾, 1884~ 1924?) 3인의 특사는 회의 참가가 허락되지 않자 현지 언론을 통해 탄원했다. 그러나 목적을 이루지 못한 채 이준은 현지에서 사망했다. 이 '헤이그 특사 사건'을 구실로 이토는 같은 해 7월, 위 인용문과 같은 일련의 만행을 벌였다.

[5] 연추(煙秋, 延秋; 러시아어, 얀치헤)는 연해주의 대표적 한인韓人 마을이었다. 연추를 비롯한 연해주의 한인 마을에 관해서는 반병률, 〈러시아 연해주 한인마을 연추의 형성과 초기 모습〉, 《동북아 역사논총》 제25호, 2009 참조.

[6] 《안응칠 역사》(1910년 3월 18일 무렵 탈고)는 안중근이 뤼순旅順 감옥에서 한문으로 쓴 자서전이다. 원문과 한글 번역은 윤병석 역편, 《安重根傳記全集》, 국가보훈처, 1999에 실려 있다. 인용할 때는 적절히 개역하고, 쪽수는 숫자만 표기한다. 다른 자료들도 같은 요령을 취한다.

의병 투쟁, 곧 항일 전쟁을 지속가능하게 만드는 일이요, 이를 위한 청년 투사의 양성과 민족 교육이다. 그리고 적절한 기회가 오면 항일 전쟁에 스스로 몸 바치기 위함이다.

다만 안중근의 항일 속에는 반일과 친일이 동거한다.[7] 이때 반일은 일본 전체를 부정함이 아니다. 일본의 부(負; 허물, 잘못)를 부정할 뿐이다.[8] 이를 딛고 일본의 정正을 긍정하려는 '일본 긍정'의 반일이다.[9] 정확히 말하면 '부분 긍정, 부분 부정'의 반일이다. '일본 긍정'의 반일은 일본이 '도리를 아는 나라' 되기를 기대하는 (친일의) 욕망을 담고 있다. 그래서 반일과 친일은 상보적으로 동거한다.[10]

실제로 안중근의 저술이나 발언 곳곳에서 친일과 그 논리를 엿볼 수 있다. 그 일례를 위 인용문에 이어지는 에피소드를 통해 살펴보자(《안응칠 역사》, 158).

그곳(블라디보스톡)에 이범윤(李範允, (1863~1940))이라는 분이 계셨

---

[7] 특기하면 친일은 두 종류로 나누어 볼 수 있다. 하나는 일본을 어버이(親, 오야)처럼 섬기는 잘못된 친일이다. 또 하나는 일본이 좋은 친구처럼 되기를 바라는 식의 올바른 친일이다.

[8] 이때 '부정'이란 '불건전한 비난(blame)'이 아니라 '건전한 비판(critic)'을 함의한다.

[9] '일본 부정'과 '일본 긍정'의 반일에 관해서는 金鳳珍, 〈反日と日韓の歷史和解〉, 구로자와 후미다가黑澤文貴·이안 니시(Ian Nish) 편, 《歷史と和解》, 東京大學出版會, 2011, 334−335쪽.

[10] 이와 달리 혐한嫌韓과 친한親韓은 상보적 동거가 불가능하다. 서로 모순−배타적인 관계에 있는 까닭이다. 특기하면 혐한은 비판이 아니라 비난에 치우쳐 있다. 일본 사회의 심각한 병리 현상이다.

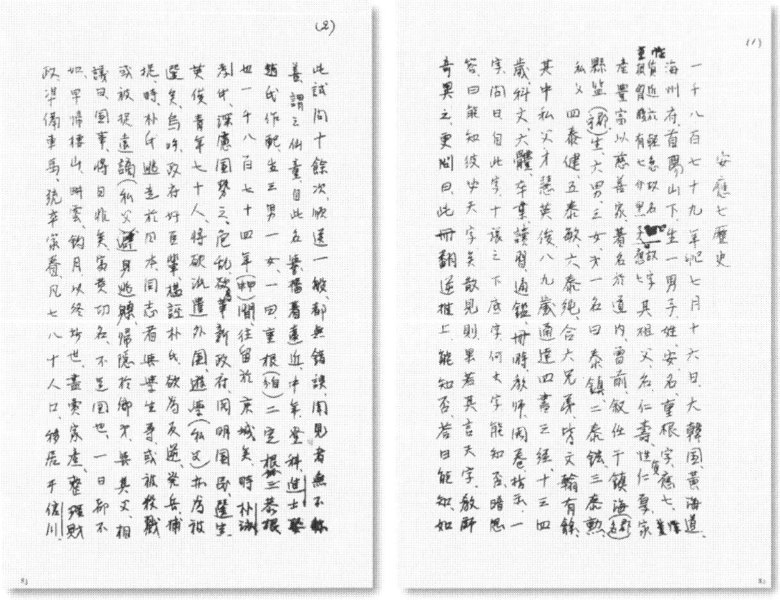
安應七歷史

一千八百七十九年己卯七月十六日大韓國黃海道

海州府首陽山下生一男子姓安名重根字應七

사진 4 《안응칠 역사》

다. 그는 일日·로露전쟁 전 '북간도 관리사'에 임명되어 청국 병정들과 수없이 교전했었다.[11] 일·로전쟁 때는 러시아 군대와 힘을 합해 서로 도

---

11 이범윤은 1903년, '간도 관리사'에 임명되어 그곳 조선인을 통치했다. 이로써 대한제국 정부는 (역사적으로 조선의 판도에 속해 있던) 간도 지역을 개척하면서 (근대적 개념의) 영토로 편입했다. 간도는 북간도(=동간도)와 서간도로 나뉜다. 북간도는 지금의 조선족 연변 자치주에 해당하는 지역이다. 서간도는 백두산 일대의 지역을 가리킨다. 통감부 역시 1907년 8월, 간도에 파출소를 설치하여 대한제국의 영유권을 계승했다. 그런데 1909년 9월, 일본 정부는 청국 정부와 '도문강圖們江 한·중 계무界務 조관' 이른바 '간도협약'을 체결하여 간도 지역을 청국에 할양했다. 이 '간도협약'은 '불법, 무효'라는 것이 국제법상 일반적인 견해이다.

왔다. 러시아 군대가 패전하고 돌아갈 적에 함께 러시아 영토로 와서 지금껏 이곳에 있다. 나는 그를 찾아가 이렇게 논했다: "각하는 일·로전쟁 때 러시아를 도와 일본을 쳤으니 그것은 역천逆天입니다. 왜냐면 당시 일본은 동양의 대의, 즉 '동양평화와 대한 독립을 공고히 한다.'는 뜻을 세계에 선언하고 나서 러시아를 성토했기 때문입니다.12"

이렇듯 안중근은 러·일전쟁 당시 일본이 '동양의 대의'를 선언했던 점을 평가하고 있었다. 그것을 일본이 지키리라 기대했던 까닭이다. 그러나 지키긴커녕 기만했다. 이에 대한 의분은 하늘을 찌를 듯 했으리라. 안중근은 이렇게 성토한다(158): "이제 각하께서 다시 의병을 일으켜 일본을 성토한다면 이는 순천順天일 것이오. 현재 이토 히로부미가 자기 공功만 믿고 망녕되게 스스로 존대하여 방약무인傍若無人, 교만하고 극악하기 짝이 없기 때문입니다. 위로 임금을 속이고, 뭇사람을 함부로 죽이고, 이웃나라와의 의誼를 끊고, 세계의 신의를 저버리고 있기 때문입니다. 그야말로 역천이니 어찌 오래가리오." 그의 성토는 이토의 '역천' 행각에 집중되어 있다. 이것은 일본 제국주의를 비판하는 반일을 표상한다. 다만 일본이 '도리를 아는 나라' 되

---

12 여기서 안중근이 말한 '선언'이란 러일전쟁을 일으킨 이틀 뒤인 1904년 2월 10일에 메이지明治 천황이 선포한 '선전宣戰 조칙詔勅'을 가리킨다고 본다. 이것은 '동양의 지안, 극동의 평화'나 '한국의 보전'을 선언하고 있다. 한편 일본 정부는 2월 23일, 주한 공사 하야시 곤스케(林權助, 1860~1939)에게 지령하여 당시 중립을 선언하고 있던 한국 정부와 '한·일 의정서'(6개조)를 체결했다. 거기에는 '동양평화의 확립'(제1조)과 '대한제국의 독립과 영토 보전'(제3조) 등이 규정되어 있다. 이를 근거로 안중근은 '동양평화, 대한 독립'이라는 대의를 이끌었던 것이다.

기를 기대하는 그의 욕망은 죽을 때까지 변하지 않는다.

1. 의병 활동에서 하얼빈에 이르기까지

안중근은 김두성金斗星13, 이범윤 등과 함께 의병을 일으켰다. 《안응칠 역사》는 "그들은 전일에 이미 총독과 대장으로 피임된 사람들

---

13 '그가 누구인지'는 '실존 인물, 유인석(柳麟錫, 1842~1915), 최재형(崔才亨 또는 崔在亨, 1860(?)~1920), 고종 황제, 고종 황제의 측근' 등 여러 설이 분분하다. 그 상세는 《월간 중앙》 2012년 5월호의 '역사 추적' 참조. 이와 함께 이태진 외, 《영원히 타오르는 불꽃: 안중근의 하얼빈 의거와 동양평화론》, 지식산업사, 2010, 제1부에 실린 오영섭, 이태진의 두 논문도 참조하기 바란다. 그런데 모두 가설일 뿐 김두성의 정체는 아직 밝혀지지 않고 있다. 또 하나의 가설을 제시한다. 안중근은 제1회(1910년 2월 7일) 공판에서 "8도 총독은 김두성"이며 "나는 김두성으로부터 '청국과 러시아령 부근의 의병 사령관으로 일하라'는 명령을 받았다."고 진술한다(국사편찬위원회 편, 《한국독립운동사》(약칭, 《운동사》) 자료 6, 1968, 333쪽). 추정컨대 김두성은 전국 의병의 총대장을 맡은 적이 있던 이인영(李麟榮, 1868~1909)의 가명일 가능성이 있다. 그는 경기도 여주驪州 출생의 유학자이다. 1895년 10월, 을미사변이 일어나자 의병을 일으켰다가 강원도 문경聞慶으로 이주하여 은거했다. 그런데 1907년 9월, 강원도 원주原州 출신의 의병장 이은찬(李殷瓚, 1878~1909)은 그에게 '관동창의대장關東倡義大將'을 맡도록 간청했다. 이에 응한 이인영은 전국 의병의 연합군을 결성하여 총대장을 맡았다. 이윽고 1908년 11월 무렵 경기도 양주楊州에 집결한 의병은 '13도창의군'을 결성했다. 그리하여 이듬해 1월 '한성漢城 진공 작전'을 세웠으나 무산되었다. 이인영은 1월 28일, 부친상을 당하여 총대장을 사임한 뒤 이름을 감추고 은거하다가 6월에 체포되어 순국했다.

이요, 나는 참모 중장參謀中將의 임직에 선출되었다."(161)라고 기록
한다. 이와 관련하여 통감부 산하 경무부의 경시警視 '사카이 요시아
키境喜明의 심문에 대한 공술[진술]'의 제9회(1909년 12월 6일)를 살
펴보자.[14]

그 제2 단락에서 안중근은 이렇게 진술한다(434-435): "내가 의
병으로서 실전에 종사한 것은 작년[1908년] 음력 6월 5일경 …… 이
범윤의 부장副將이었던 전 경무관 전제익全濟益을 대장으로 삼고 엄
인섭嚴仁燮은 좌군령장左軍領將, 나는 우군령상이 되었다.[15] 의병 50여
명을 이끌고 두만강을 건너 경흥부慶興府로 출병했다."

종합하면 안중근은 '참모 중장 겸 우군령장'에 임명되었던 모양이
다. 이렇게 임명한 단체는 연해주 지역의 의병 조직인 동의회同義會
였다고 본다.[16] 동의회는 국내 '13도창의군'과 연계되어 있었을 가능

---

[14] 이 공술은 1909년 11월 26일부터 12월 11일까지 11회에 걸쳐 이루어졌다. 또한
1910년 2월 1일~6일에는 보완 공술이 행해졌다. 《운동사》 자료 7, 392-468쪽에
실려 있다. 제2장 제4절에서 살펴볼 것이다.

[15] 전제익(생몰 미상)은 대한제국의 경무관 출신으로서 연해주 지역의 의병, 동의회
의 발기인 등으로 활동했다고 알려져 있다. 한편 엄인섭(1875~1936)은 1907년
에 안중근과 의형제를 맺고, 동의회에 참가하여 의병 활동을 했다. 그러나 '한일
강점' 이후 일제의 밀정으로 변절했다고 한다.

[16] 동의회는 1908년 4월, 연해주 지역의 한인 지도자 최재형의 집에서 결성되었다
(그의 생애에 관해서는 후술). 그 주도자는 주러시아 공사였던 이범진(李範晉,
1852~1910)이다. 그는 군자금 1만 루블과 자기 아들 이위종('헤이그 특사'의 한
사람)을 연추로 보내어 의병 조직을 지시했다. 그리하여 최재형을 총재, 이범윤을
부총재로 삼은 동의회가 결성된 것이다. 회장은 이위종, 부회장은 엄인섭, 안중근
은 평의원이 되었다.

성이 있다.

안중근은 1908년 음력 6월에 경흥부로 출병하여 일본군과 전투를 벌였다. 이와 관련된 에피소드가 《안응칠 역사》에 기록되어 있다. 이에 따르면 안중근은 "몇 차례 충돌하여" 사로잡은 여러 일본군, 상인에게 이렇게 물었다고 한다(162): "그대들은 모두 일본국 신민이다. 무슨 까닭에 천황의 성지聖旨를 받들지 않는가? 일·로전쟁 때의 선전서(宣戰書, 〔조칙〕)에는 '동양평화를 유지하고 대한 독립을 공고히 한다.' 해놓고 오늘날 이렇게 경쟁, 침략을 일삼으니 어찌 평화, 독립이라 할 수 있겠느냐?"[17] 그들은 다음과 같이 대답했다고 한다(162).

> 이것은 우리들 본연지심本然之心이 아니오. …… 모두 이토 히로부미의 잘못입니다. 천황의 성지를 받들지 않고 제멋대로 권력을 희롱합니다. 일·한 양국의 귀중한 생령生靈을 무수히 살륙하면서 저들은 편안히 누워 복을 누리고 있습니다. 우리는 분개하는 마음이 있긴 하나 세勢를 어찌 할 수 없어 이 지경에 이르렀습니다. 그러나 시비춘추(是非春秋, 〔역사의 심판〕)가 어찌 없겠습니까.

과연 진정眞情에서 나온 대답이라면 당시 일본인 사이에도 이토와 일본 정부에 대한 반감이 일정 정도 감돌고 있었음을 뜻한다. 안중

---

[17] 주의할 것이 있다. 안중근의 "천황의 성지"라는 말은 '천황 숭배/신뢰' 따위와는 아무런 관련이 없다는 사실이다. 안중근이 '숭배/신뢰'한 것은 결코 천황이 아니다. 그가 선포한 "성지", 곧 러·일전쟁 때의 '선전 조칙', 특히 그 속의 '동양평화, 대한 독립'이라는 문구일 따름이다.

근은 그들을 "충의지사忠義之士"라 일컫고는 "놓아 보내줄테니 돌아가 거든 그 같은 난신적자亂臣賊子를 소멸하라."고 부탁했다고 한다(162).

이에 장교들이 "어째서 사로잡은 적들을 놓아주는 것이오."라고 항의하자 안중근은 이렇게 대답한다(163): "현금 만국공법(국제법)에 포로된 적병을 죽이는 법은 전혀 없다. 가두었다가 뒷날 배상을 받고 돌려보낸다. 더구나 그들이 진정에서 나온 의로운 말을 하니, 안 놓아주고 어쩌겠는가." 그랬더니 여러 사람이 "적들은 우리 의병이 포로되면 남김없이 참혹하게 살륙한다, 더욱이 우리는 적을 죽일 목적으로 이곳에 와서 풍찬노숙風餐露宿하고 있다. 이렇게 애써서 사로잡은 놈들을 몽땅 놓아 보내면 우리의 목적은 무엇이오."라고 따져 묻는다. 안중근은 다음과 같이 대답한다(163).

적병의 그러한 폭행은 신인공노神人共怒할 일이다. 이제 우리마저 야만 행동을 하고자 하는가. 더하여 일본 4천만 인구를 다 죽인 후에 국권을 만회할 계획인가. …… 충행의거忠行義擧로써 이토의 포악한 정략을 성토하여 세계에 널리 알려서 열강의 같은 감정을 얻은 다음에야 비로소 한을 풀고 국권을 되찾을 수 있을 것이다. 그것이 이른바 약한 것으로 강한 것을 물리치고, 어짐(仁)으로 악한 법을 대적함이다. 그대들은 부디 여러 말하지 말라.

"이렇게 간곡히 타일렀으나 중론衆論이 들끓어 따르지 않았다. 장교 중에는 부대를 데리고 멀리 가버리는 사람도 있었다."(163–164) 고 한다. 그 뒤 안중근은 일본군의 습격을 당했고, 연추로 복귀하는 동안 간난신고艱難辛苦를 경험하게 된다.[18]

연추로 복귀했을 때는 "친구들이 서로 만나서도 알아보지 못했다. 피골이 상접하여 옛적 모습이 없었기 때문이었다."(168)고 한다. "그곳에서 십여일 묵으면서 치료한 뒤에 블라디보스톡에 이르니 그곳 한인 동포들이 환영회를 차려놓고 나를 청했다. 이에 나는 '패군한 장수가 무슨 면목으로 여러분의 환영을 받을 수 있겠소.'라고 사양했다." 그러자 여러 사람이 "일승일패는 병가상사兵家常事"라면서 "무사히 생환했으니 어찌 환영하지 않으리오."라고 말했다고 한다. 이후 안중근은 블라디보스톡을 떠나 "흑룡강 상류의 수천 여리를 시찰"하면서 교육, 단체 조직 등 활동을 벌였던 모양이다.

사진5 연추지신허마을(신춘호 제공)

이듬해 안중근은 연추로 돌아가서 11명의 동지들과 단지회斷指會를 결성했다.[19] 그 장면을 《안응칠 역사》는 이렇게 기록한다(169) : "각자 왼손 약지를 끊어 그 피로써 태극기 앞면에 글자 넉자를 쓰니

---

18 그 경험담은 《안응칠 역사》(164-168쪽)에 자세하고 생생하게 기록되어 있다.

19 1909년 2월 7일의 일이다. 단지회는 단지 동맹으로 불리기도 한다.

'대한 독립'이었다. 쓰기를 마치고 '대한 독립 만세'를 일제히 세 번 부른 다음 하늘과 땅에 맹세하고 흩어졌다." 그리고 "각처를 왕래하면서 교육과 민지民志 단합을 권하는 한편 신문 구열購閱에 힘썼다."

또한 "봄과 여름 사이에 동지 몇 사람과 함께 한국 내지로 건너가 여러 동정을 살피고자 했다." 그러나 "목적을 이루지 못한 채 허송세월하다가 어느덧 첫가을 9월이 되니 때는 1909년 9월이었다." 이즈음 안중근은 '무언가 새로운 일을 해야겠다'고 결심했던 듯하다. 그런 모습을 다음 기록에서 엿볼 수 있다(169-170).

하루는 갑자기 까닭없이 마음이 분하고 울적해지며 초조함과 답답함을 이기지 못해 스스로 진정하기 어려웠다. 그래서 친구 몇 사람에게 '나는 이제 블라디보스톡으로 가고자 하오.'라고 말했다. 그들은 '왜 이렇게 기약 없이 졸지에 가려는 것이오.'라고 물었다. '나도 그 까닭을 모르겠소. 저절로 머리와 마음에 번뇌가 일어나 도저히 이곳에 머물러 있을 뜻이 없어 떠나려는 것이오.'라고 대답했다. 그들은 '이제 가면 언제 돌아오는가.'라고 물었다. 나는 무심중에 불현듯 발언하기를 '다시 돌아오지 않겠소.'라고 답했다.

연추를 떠난 안중근은 10월 19일 블라디보스톡에 도착했다. 그날의 일을 이렇게 기록한다(170): "블라디보스톡에 이르러 들으니 이토 히로부미가 이곳에 올 것이라는 소문이 자자했다. 그래서 자세한 내막을 알고자 여러 신문을 사 보았다. 그랬더니 몇 일 사이에 하얼빈에 도착하리라는 것이 참말이요, 의심할 것이 없었다. 나는 남몰래 '여러 해 소원하던 목적을 이제 이루게 되다니! 늙은 도적을 내 손

으로 끝내리로나!'라고 기뻐했다." 그는 여비 마련을 서둘렀다. 그 정
위는 다음과 같다(170).

곧 일어나 떠나고 싶건만 운동비(여비)를 마련할 길이 없어 이리저리
생각하다가 마침 이곳에 와 있는 한국 황해도 의병장 이석산李錫山을
[10월 20일에] 찾아갔다.²⁰ …… 이 씨가 들어주지 않았다. 사세를 어찌
할 겨를이 없어 위협한 끝에 강제로 1백원을 빼앗아 돌아오니 일의 반쯤
은 이루어진 것 같았다.

위와 같이 안중근과 이석산은 악연을 맺었던 셈이다. 훗날 이석산
은 그 악연을 천만다행으로 여기게 되었음에 틀림없다.
여비를 마련한 안중근은 "동지 우덕순禹德淳을 청하여 거사 방책을
밀약한 후 각자 권총을 휴대하고 그곳[하얼빈] 길을 떠났다."(170)고
한다.²¹ 앞부분은 10월 20일, 뒷부분은 21일의 일이다.²² 그런데 "기

---

20 이석산(1879~1918)의 본명은 이진룡李鎭龍이다. 일명 석대錫大라고 불렸다. 황해
도 평산平山 출신이며, 1905년 을사늑약 이후 의병장이 되어 투쟁했다. 1908년에
는 '13도창의군'에 참가하여 다른 부대와 함께 일본군과 전투를 벌였다. 이듬해
군자금 조달의 임무를 띠고 블라디보스톡에 파견되었을 때 안중근을 만났던 것이
다. 군자금을 모은 뒤 귀국하여 투쟁을 계속했다. '한국 병합' 이후 의병 활동이
어렵게 되자 1911년 10월, 지휘권을 다른 사람에게 넘기고 만주로 망명했다. 이
어서 만주와 국내를 넘나들며 항일 투쟁을 벌였다. 그러던 중 체포되어 1918년 5
월, 평양에서 사형을 당했다.

21 우덕순(1876~1950)은 일명 우연준禹連俊. 충북 제천 출신이며 1904년 블라디보
스톡으로 가서 연초煙草 행상을 했다. 그러다가 항일 운동에 가담하여 《대동공보大
東共報》의 회계원 역할을 했다. 1909년 10월 20일, 안중근과 의거를 공모한 그는

차를 타고 가면서 생각하니 둘 다 러시아말을 몰라서 걱정이었다. 〔그래서〕 도중에 수이펀허綏芬河 지방에 이르러 한의사 유경집劉敬緝을 찾아가서 하얼빈 안내자를 부탁하자 아들 유동하劉東夏를 소개했다." (170-171; 밑줄 인용자. 이하 같음).23 밑줄 부분은 '21일 기차를 타고 가다가 수이펀허 역에서 하차한 뒤 블라디보스톡으로 되돌아가서 시내의 포그라니치나야(Pogranichnaya)라는 거리에 살던 유경집을 찾아갔다.'는 뜻이다.24

채가구(蔡家溝, 차이쟈고우; 吉林省夫餘市) 역에서 이토를 살해할 계획이었으나 실패했다. 이후 3년 동안 옥고를 치른 뒤 항일 운동을 계속했다고 알려져 있었다. 그러나 사실과 다름이 밝혀졌다. 2019년 8월에 방영된 KBS '시사시획 창'(제목: '밀정 1부 배신의 기록')은 그가 일제 당국의 밀정으로 활동했던 자료를 발굴하여 보도한 것이다. 이에 따르면 그는 1920년대부터 하얼빈 '조선인민회' 회장을 맡고 있었다. 이 단체는 일본 영사관 감독 아래 첩보 활동을 겸하고 있었다. 이런 불편한 사실을 숨긴 채 그는 광복 후 1948년부터 대한 국민당 최고 위원이 되어 정치 활동을 벌였다. 그러다가 1950년 9월 한국 전쟁 때 북한군에게 처형되었다. 누군가 그의 밀정 행각을 알고 있었기 때문이리라 추정된다.

22 이에 관하여 우덕순은 1910년 2월 8일 제2회 공판에서 다음과 같이 진술한다: "9월 7일〔양력 10월 20일〕 저녁 무렵 안(중근)이 내 집으로 와서 할 이야기가 있으니 나오라고 말했다. 안의 숙소인 이치권李致權 댁으로 따라갔다. 이토를 살해할 목적을 이야기했고 〔나는〕 동행하기로 했다. 정거장으로 갔는데 그날은 기차가 없어서 이튿날 8일 아침에 함께 블라디보스톡을 〔떠나 하얼빈으로〕 출발했다."《운동사》자료 6, 337쪽.

23 유동하(1892~1918)는 일명 유강로柳江露. 함경남도 원산 출신의 러시아 교민이다. 안중근 의거 뒤 그는 1년 6개월의 옥고를 치렀다. 이후 1917년 11월, 볼셰비키 혁명이 일어나자 혁명군에 가담했다. 이듬해 가을, 시베리아에 주둔하던 일본군에 의해 체포되어 총살되었다.

사진 6 현재 김성백의 집(기존 집은 없어지고, 아파트가 들어섰다)과 자오린 공원 입구

안중근 일행 세 명은 (다시 블라디보스톡을 출발하여) 22일 저녁 9시쯤 하얼빈에 도착했다.[25] 그리하여 "〔하얼빈 한민회장〕 김성백(金成白, 생몰 미상)의 집에 이르러 유숙한 뒤 다시 《원동보遠東報》를 얻어보고 이토가 오는 기일期日을 자세히 탐지했다."고 한다.[26] 이날 23일

---

24 그 근거는 1910년 2월 7일 제1회 '공판 시말서'이다. 거기서 안중근은 "포그라니치나야에서 의업醫業을 하고 있는 유공집劉恭〔敬〕輯을 …… 찾아가서 그의 아들 유동하를 동행시켰다."(《운동사》자료 6, 315쪽)고 진술한다. 덧붙이면 2월 9일 제3회 공판에서 유동하는 이렇게 진술한다: 10월 21일 "저녁 때 안〔중근〕이 우리 집에 왔다. 아버지께 '자기는 하얼빈으로 물품을 사러 가는데 러시아어가 통하지 않아 곤란하니 나를 같이 보내달라고 부탁했다. …… 그날 저녁 9시경 안과 같이 출발했다."(337)

25 그 근거는 제1회 공판에 나오는 안중근의 다음과 같은 진술이다: "음력 9월 8일〔양력 10월 21일〕 아침 블라디보스톡을 출발하여 이튿날 9일〔22일〕 오후 9시경 하얼빈에 도착했다."(《운동사》자료 6, 313쪽)

26 《원동보》는 하얼빈에서 발행되던 러시아 신문의 중국어판이다. 1906년 3월 14일에 창간되어 1910년대까지 발행되었다고 밝혀져 있다.

오전에 안중근 일행 세 명은 하얼빈 공원, 곧 지금의 자오린兆麟 공원의 남문 근처 사진관에서 기념 사진을 찍었다.[27] 이후 벌어진 일을 다음과 같이 기록한다(171): "이튿날〔10월 23일〕남쪽 장춘 등지等地로 가서 거사하고도 싶었으나 유동하가 …… '저희 집으로 돌아가겠다.' 해서 다시 통역 한 사람을 얻고자 했는데 마침 조도선曺道先을 만났다.[28] '가족을 영접하려는데 같이 남쪽으로 가자' 하니 조씨는 곧 허락했다."

사진 7 사세가(장부가)

[27] 하얼빈 공원의 원래 넝칭은 따오리道里 공원이며 1900년에 조성되었으나. 1946년부터 중국의 항일 영웅인 리자오린(李兆麟, 1910~1946)을 기념하여 자오린 공원으로 개명되었다.

[28] 조도선(1879~?)은 함경남도 홍원洪原 출신. 1895년에 연해주로 가서 세탁업과 러시아어 통역에 종사했다.

사진 8 채가구 역(왼쪽)과 채가구 역 지하 우덕순, 조도선이 머문 장소.

네 명 일행은 김성백 집에서 유숙했다. 이날 밤 안중근은 "강개한 마음을 이기지 못하여 노래 한 수를 읊었다."(171): '장부가 세상에 처함이여, ᄀ 뜻이 크도다. 때가 영웅을 짓고, 영웅이 때를 만들도다. 천하를 웅시雄視하니, 어느 날에 과업을 이룰꼬. 동풍이 점점 차가우나, 장사의 의는 뜨겁도다. 분개하여 한껏 지나면 반드시 목적을 이루리라. 쥐도적 이토여, 어찌 감히 이 목숨에 비하리오. 어찌 이에 이를 줄 헤아렸으리, 사세가 본디 그렇도다. 동포 동포여, 속히 대업을 이룰지어다. 만세 만세, 대한 독립이여. 만세 만만세, 대한 동포여.'29 이 노래는 '사세가辭世歌' 또는 '장부가丈夫歌'로 알려져 있다.

29 원문: '丈夫處世兮, 其志大矣. 時造英雄兮, 英雄造時. 雄視天下兮, 何日成業. 東風漸寒兮, 壯士義熱. 忿慨一 去兮, 必成目的. 鼠竊○○〔伊藤〕兮, 豈肯比命. 豈度至此兮, 事勢固然.

24일 이른 아침, 안중근 일행은 하얼빈 역에 가서 열차를 환승하는 곳이 채가구 역임을 알아냈다. 이에 (유동하를 제외한) 세 명은 열차를 타고 채가구로 갔다.[30] 그 목적은 다음과 같다(172).

〔채가구 역〕 사무원에게 "이곳에 기차가 매일 몇 차례 내왕하는가."라고 물었다. 그러자 "매일 세 차례 내왕한다. 오늘 밤에는 특별 열차를 하얼빈에서 장춘으로 보내어 일본 대신 이토를 영접해 가지고 모레 아침 6시 이곳에 도착할 것이다."라고 대답했다. …… 그래서 다시 깊이 헤아렸다. '모레 아침 6시쯤이면 아직 날 밝기 전이니 이토는 필경 정거장에 내리지 않으리라. 설령 하차하여 시찰한다 해도 어둠 속이라 진짜인지 가짜인지 분별할 수 없을 것이다. 더구나 내가 이토의 면목을 모르는데 어찌 능히 거사할 수 있으랴. 〔그러나〕 다시 앞으로 장춘 등지에 가보고 싶어도 노비路費가 부족하니 어쩌면 좋을런지!' 이리저리 생각하며 마음만 괴로웠다.

안중근은 "이날 밤 충분히 깊이 살피면서 더 좋은 방책을 헤아린 뒤"(172)에야 잠을 이루었던 듯하다. 이튿날 25일 아침 안중근은 우덕순에게 이렇게 말했다(173): "그대는 여기 머물러 내일의 기회를

同胞同胞兮, 速成大業. 萬歲萬歲兮, 大 韓獨立. 萬歲萬萬歲, 大韓同胞.'

[30] 제1회 '공판 시말서'를 보면 그들은 당일 "아침 9시경" 출발하여 채가구 역으로 가서 그곳 "구내 음식점〔=여관〕"을 숙소로 정했음을 알 수 있다(320). 채가구는 중국 흑룡강성과 길림성 경계에 있는 소도시. 하얼빈에서 84km 떨어져 있다. 당시 철도의 궤도를 교차하던 곳이 바로 채가구였다.

사진 9 당시 하얼빈 역 전경

기다려 틈을 보아 행동하시오. 나는 오늘 하얼빈으로 돌아가겠소. 내
일 두 곳에서 거사함이 훨씬 편리하오. 만일 그대가 일을 이루지 못
하면 내가 기필코 이룰 것이요, 내가 일을 이루지 못하면 그대는 반
드시 이룰 것이외다. 만일 두 곳 모두 뜻대로 안 되면 다시 운동비
를 마련한 후 거듭 상의해서 거사합시다. 이것이 가장 완전한 방책
이라 할 수 있겠소이다." 이렇게 우덕순(과 조도선)에게 작별을 고한
뒤 안중근은 하얼빈으로 되돌아갔다.[31] 그다음 날 26일 아침 안중근
은 의거의 날을 맞이한 것이다.

---

[31] 제1회 '공판 시말서'에 따르면 25일 "오전 10시경에 하얼빈으로 향해 출발했
다."(321)고 한다.

2. 안중근 의거와 일본인 수행원의 각종 기록, 목격담

이튿날〔10월 26일〕아침 일찍 일어나 새 옷을 다 벗고 수수한 양복 한 벌로 갈아입은 뒤 단총을 지니고 곧바로 정거장으로 나가니 그때가 오전 7시쯤이었다. 거기에 이르러 보니 러시아 장관將官과 군인이 많이 와서 이토를 맞이할 절차를 준비하고 있었다. 나는 찻집에 앉아 차를 두어 잔 마시며 기다렸다. 9시쯤 이토가 탄 특별 기차가 도착했다. 그때는 인산인해人山人海였다. 나는 찻집 안에서 동정을 엿보며 '어느 때 저격하는 것이 좋을까' 이리저리 생각했으나 미처 결정을 못 내리고 있었다.

이토가 차에서 내리자 각 군대가 경례하고 군악 소리가 하늘을 울리며 귀를 때렸다. 이때 분한 생각이 치솟고 3천 길 업화業火가 머릿속에 치밀었다. '어째서 세상 꼴이 이다지 불공不公한가! 슬프다. 이웃 나라를 강탈하고 사람 목숨을 참혹하게 해치는 자는 이처럼 날뛰고 조금도 거리낌 없는 반면 죄없이 어질고 약한 인종은 이렇게 곤경에 빠져야 하는가!' …… 큰 걸음으로 용솟음치듯 나아가 군대가 늘어선 뒷쪽에 이르러 보았다. 러시아 관인官人들이 호위해 오는 맨 앞에 누런 얼굴에 흰 수염 기른 일개 조그마한 늙은이가 이리도 염치없이 감히 천지 사이를 돌아다니는구나!

'저자가 바로 이토 노적老賊일 것이다'라고 여겼다. 곧 단총을 뽑아 들고 그 오른쪽을 향해서 네 발을 쏜 다음 생각해 보니 십분 의아심이 머리를 스쳤다. 내기 본시 이토의 면모面貌를 모르기 때문이었다. 만약 잘못 봤다면 큰 낭패가 되리라. 그래서 뒷쪽을 향하여 일본인 단체〔수행원〕가운데 가장 의젓하게 앞서가는 자를 새 목표로 삼아 세 발을 이어 쏘았다. 그런 다음 또다시 생각해 보니 혹시 무죄한 사람을 잘못 봤다면 반드시 불미한 일이리라. 짐짓 정지해서 생각하는 사이에 다가온 러시아 헌병에게 붙잡혔다. 그때가 1909년 음력 9월 13일[양력 10월 26일] 오전 9시 반쯤이었다.

(《안응칠 역사》, 173–174)

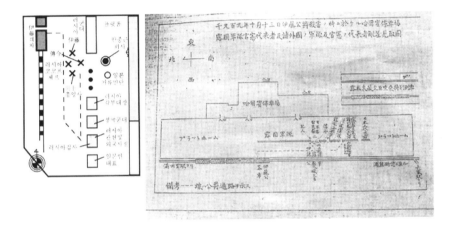

사진 10 하얼빈 역 의거 상황

1909년 10월 26일 오전 9시쯤 이토는 하얼빈 역에 도착했다. 약 30분 뒤 안중근은 이토에게 세 발의 총탄을 명중시켰다. 주치의主治 醫 고야마 젠(小山善, 1860~1933)의 검진에 따르면 1탄, 2탄은 흉부, 흉복부, 3탄은 허리에 박히는 등 치명상을 입었다.[32]

---

32 고야마는 당시 이토의 주치의이자 이은(李垠, 1897~1970) 황태자의 부전의장付 典醫長이었다. 그 뒤 궁내성(宮內省, 구나이쇼) 소속 시의료侍醫寮의 어용괘(御用掛, 고요가카리)가 되었다.

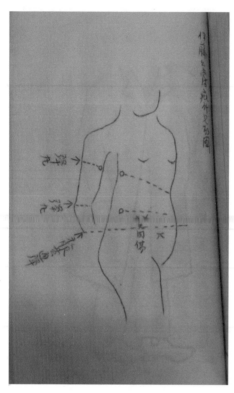

사진 11 이토 히로부미 살상 부위

그런데 위 인용문에서 보듯 안중근은 이토에게 "네 발"을 쐈다고 한다. 이는 사실이긴 하나 마지막 한 발은 (세 발 맞고 쓰러지는) 이토를 벗어나 수행원의 누군가 대신 맞았다. 이 '누군가'란 남만주 철도 주식회사(약칭, 만철滿鐵) 이사理事 다나카 세이지로(田中淸次郎, 1872~1954)였을 확률이 높다.[33] 근거는 그가 왼쪽 발 뒤꿈치를 맞았다는 점, 또한 그의 사적私的 증언도 근거가 된다(후술).

이어서 뒷쪽 수행원 가운데 "가장 의젓하게 앞서가는 자"를 향해 "세 발"을 쐈다고 한다. 그 '자'는 모리 카이난(森槐南, 1863~1911; 일명 야스지로[泰二郎])이다.[34] 다만 그는 왼쪽 어깨와

---

[33] 다나카는, 안도 도요로쿠安藤豊祿의 《韓国わが心の故里》(原書房, 1984)의 16쪽에 따르면 이토와 같은 "야마구치山口현 하기萩시 태생"이며 "동대(東大; [도쿄제국대학]) 법과 출신"이라 한다. 또 이토가 "매우 귀여워했던 수재秀才였다."라고도 한다.

[34] 모리는 궁내 대신의 비서관이자 추밀원 소속 관료를 겸하고 있었다.

오른팔에 한 발씩 관통한 상처를 입었다.[35] 그렇다면 나머지 한 발은? 실은 발사되지 않았다.[36] 곧 밝혀지듯 안중근은 모리를 향해 두 발만 쐈다. 그 두 발은 모리의 몸을 관통한 뒤 어디로 갔을까? 추정 컨대 한 발은 하얼빈 총영사 가와카미 도시쓰네(川上俊彦, 1862~1935)의 오른팔에 맞았다.[37]

또 한 발은 귀족원 의원 무로다 요시아야(室田義文, 1847~1938)를 스쳐간 듯 그는 외투, 바지의 탄흔과 손가락 찰과상을 입었다.[38] 그 찰과상은 달아나다가 넘어져 다친 상처였을 것이다. 무로다의 옆에는 나카무라 요시고토(中村是公, 1867~1927) 만철 총재가 수행하고 있었다.[39] 이들 두 사람은 저격당한 이토를 열차로 옮기는 주역이

---

[35] 의거 20일 뒤인 11월 15일, 모리는 그의 도쿄 자택에서 청취된 증언에서 "나의 부상은 왼쪽 어깨의 요부腰部로부터 오른쪽 겨드랑이 밑을 관통함과 함께 오른쪽 팔뚝 요부를 관통한 상처"(《운동사》 자료 6, 189쪽)라고 진술한다. 그 결과인지 약 1년 반 뒤인 1911년 3월 7일(49세)에 모리는 사망했다.

[36] 안중근이 사용한 브라우닝 권총은 7연발인데 '한 발이 남아 있었다'는 사실이 알려져 있다.

[37] 가와카미는 1884년에 도쿄 외국어학교 러시아어학과를 졸업한 뒤 외무성에 들어 갔다. 러·일전쟁 때는 통역으로 활약했다. 1906년에 블라디보스톡의 무역 사무관, 1907에는 하얼빈 총영사가 되었다.

[38] 무로다는 1872년에 이토의 알선에 의해 외무성 관료가 되었다. 1887년부터 1894년 사이에는 부산의 영사, 총영사를 역임했다. 1901년에는 귀족원 의원으로 칙임勅任되었다.

[39] 나카무라는 도쿄제국대학 법과 출신이다. 1893년에 졸업한 뒤 대장성大藏省에 들어가 타이완 총독부의 여러 관직을 역임했다. 1906년, 타이완 총독이던 고토 신페이(後藤新平, 1857~1929)가 만철의 초대 총재에 취임했을 때 부총재로 기용되었

된다.

이와 같이 《안응칠 역사》를 토대로 의거 전후의 정황을 묘사해 보았다. 안중근의 공판 진술=답변을 통해 확인해 보자. 공판 첫날 1910년 2월 7일 오후, 재판관과 안중근 사이의 문답 속에 나온다(《운동사》 자료 6, 328-329).

문: 이토 공작이 탄 열차가 도착했을 때 그대는 어떤 행동을 했는지 그 양상을 진술하라.

답: 이토는 기차에서 내려 많은 사람과 같이 영사단領事團 쪽 병대가 정렬하고 있는 전면을 행진하고 있었다. 나는 그 뒷쪽을 같은 방향으로 행진했다. 그러나 누가 이토인지 분별이 가지 않았다. 잘 보니 군복을 입은 것은 모두 러시아인이고, 일본인은 모두 사복을 입고 있었다. 그 중에서 맨앞을 행진하는 사람이 이토라고 생각했다. 내가 러시아 열병대 중간 쯤 갔을 때 이토는 그 앞에 정렬해 있던 영사단 앞을 되돌아 왔다. 그래서 나는 열병대 사이로 들어가 손을 내밀고 맨앞에서 행진하던 이토라고 생각되는 사람을 향해 10보 남짓 거리에서 오른쪽 어깨를 노리고 <u>세 발가량</u> 발사했다. 그런데 그 뒷쪽에도 또 사복을 입은 자가 있었다. '혹시 이토가 아닐까' 생각하고 그 쪽을 향해 <u>두 발</u>을 발사했다. 이때 나는 러시아 헌병에 의해 잡혔다.

위의 밑술 부분에 주목하자. 거듭 말하나 "세 발가량"은 실은 네

다. 1908년에 고토가 체신遞信 대신이 되자 후임 총재가 되었다. 그는 나쓰메 소세키(夏目漱石, 1867~1916)의 친구로서 평생 친분 관계를 유지했다.

발이나. 그런데 왜 그렇게 진술했을까? 진술 당시 '이토가 세 발 맞고 죽었다'는 소문을 전해 듣고 있었기 때문이리라 여겨진다. 한편 "두 발"은 모리 비서관을 향해 쐈던 총탄이다. 이어서 다음과 같이 문답한다(329).

문: 그대는 먼저 발사한 후 뒤쪽에서 온 사복을 입은 일본인을 향해 발사했다고 말했다. 그런데 몇 사람쯤을 향해 발사했는가?

답: 그 뒤에서는 많이 오고 있었다. 하지만 나는 앞서 발사했으므로 방향을 바꾸어 그중 맨앞에 오는 자(모리 비서관)를 노리고 (두 발을) 발사했다.

문: 그대는 모두 몇 발쯤 발사했는가?

답: 확실히는 모르지만 5, 6발 발사했다고 생각한다.

문: 그때 방해를 당하지 않았다면 더 남아 있는 것도 발사할 심산이었는가?

답: 과연 '명중했는지 어떤지' 생각하고 있던 동안에 나는 잡혔다. 그래서 남은 것은 발사되지 못했던 것이다.

이미 밝혔듯 "더 남아 있는 것"은 한 발이다. "5, 6발(쯤)"은 정확히 여섯 발이다. '이토를 향해 네 발, 모리를 향해 두 발'을 쐈다.

일본인 수행원의 각종 기록, 목격담

이제부터 의거 전후의 정황에 관한 수행원 4인의 보고서, 목격담 등을 살펴보자. 그 각각의 작성 시기나 분량은 다르다. 내용 차이도

작지 않다. 따라서 어디까지가 사실인지 거짓인지, 신중한 검토와 판단이 필요하다.

1) 후루야의 보고서

먼저 후루야 히사쓰나(古谷久綱, 1874~1919)가 의거 당일인 10월 26일, 가쓰라 다로(桂太郎, 1848~1913) 총리에게 보낸 전신電信 보고서를 살펴본다.[40] 후루야는 당시 추밀원 의장 이토의 곁을 지키던 직속 비서관이었던 만큼 신빙도가 높다고 판단된다.[41] 그 내용은 다음과 같다.

이토가 러시아 재무 대신 코코프체프(Vladimir N. Kokovtsev, 1853~1943) 등과 함께 군대 사열査閱을 끝낸 "오전 9시 30분 바야흐로 몇 걸음 옮겼을 때 군대 한쪽의 후방에서 머리 짧고 양복 입은 한 청년이 갑자기 공(公; 〔이토〕)에게 바싹 다가와 피스톨로 공을 저격하고 이어서 여러 발 발사했다. 곧바로 공을 부축하여 열차 안으로 옮겼다. 고야마 의사는 정거장에 나와 있던 러시아 의사 등과 응급 조치를 취했으나 잠시 신음 후 오전 10시 마침내 훙거薨去했다."(9) 총 맞고 30분 후 '잠시 신음'하다가 죽었다는 것이다. 그 사이에 이토가 '무슨 말이나 대화를 했는지 아닌지'는 알 수 없다.

---

[40] 김정명(市川正明) 편, 《伊藤博文暗殺記錄》(原書房, 1972) 가운데 —《伊藤博文暗殺事件ノ發生》의 '伊藤公遭難顚末の報告書', 9~11쪽.

[41] 이토는 1900년 제4차 내각을 구성할 때 후루야를 총리 비서관으로 기용했다. 이후 그를 1905년에 통감 비서관, 1909년에는 추밀원 의장의 비서관으로 임명했다.

이어서 이렇게 보고한다(9-10): "범인은 소지한 7연발 피스톨로 모두 여섯 발을 발사했다. 그 가운데 세 발이 공에게 명중했다. 한 발은 모리 비서관의 팔과 어깨를 관통했고, 한 발은 가와카미 총영사의 팔과 어깨(다음 날 확인하니 팔만 다쳤다고 함)를 관통했으며 한 발은 다나카 만철 이사의 다리에 맞아 경상을 입혔다." 그리하여 "가와카미 총영사는 곧 입원했고, 모리는 열차 안에서 치료를 받았으며 다나카는 병원 치료를 받은 후 다시 열차로 돌아왔다."고 한다.

이 사이 나카무라 총재는 즉시 장춘으로 발차할 것을 교섭하여 러시아 측의 승낙을 받았다. 만반의 준비를 끝낸 뒤 재무 대신(코코프체프)에게 공작 유해와의 작별을 요구했다. 대신은 쾌히 승락하고 오전 11시 15분 쯤 열차 안에 와서 …… 조사弔詞를 읊었다. …… 범인에 관하여 이미 밝혀진 사항을 듣고 싶다고 하자 대신은 "러시아 경찰이 심문한 결과의 구술口述에 따르면 범인은 한국인이며, 어젯밤 블라디보스톡에서 이곳에 왔고 하룻밤을 정거장 부근에서 보냈다."라는 등을 말해 주었다.(10)

이렇듯 후루야는 이토가 죽은 지 약 1시간 15분이 지난 뒤에야 "범인은 한국인"임을 알게 되었다고 보고한다. 그런 사실을 코코프체프는 "11시 15분쯤 열차 안으로 와서 조사를 읊고난 뒤" 전해 주었다는 것이다. 이것이 진실이라면 수행원 누구든 이토가 죽기까지 '범인은 한국인'임을 알았을 확률은 거의 없을 듯하다. 그런데 이와 다른 내용의 관련 기록들이 여타 수행원의 목격담 속에 나온다.

2) 모리의 목격담

뤼순 관동도독부關東都督府 산하의 지방법원은 《안중근 등 살인 피고의 공판 기록》을 남겼다.[42] 거기에는 '송치서送致書' 1통, '신문訊問 조서' 약 40통, '청취서' 3통, 제1회~제6회의 '공판 시말서'와 '판결문'이 수록되어 있다.

그 가운데 '청취서'에는 모리(1통)와 무로다(2통)의 목격담 등이 실려 있다. 이들 목격담에는 이토가 저격당한 모습과 그 뒤에 전개된 정황이 비교적 상세하게 서술되어 있다. 다만 그 상세함은 신빙도가 높음을 뜻하지 않는다. 오히려 각색, 조작이 섞일 확률이 높음을 뜻한다.

모리의 청취는 의거 20일 뒤인 11월 15일에 그의 도쿄 자택에서 이루어졌다. 그는 안중근이 이토를 저격하는 순간과 그 직후의 정황을 이렇게 말한다(《운동사》 자료 6, 186-187): "이토 공작은 러시아 군대의 오른쪽에서 왼쪽으로 몇 걸음 나아갔다. 그 순간 갑자기 양복을 입고 사냥 모자를 쓴 한 사나이가 …… 공작 우측에서 몇 발 저격했다. 흰 연기가 일어났고, 공작은 체구를 지탱하지 못할 듯했다. 그제서야 수행원들은 급변을 지각하고 공작에게 달려갔다. 무로다 요시아야가 맨 먼저 공작 곁에 다가갔고, 나카무라 총재도 거의 동시

---

42 이 기록은 일본 외무성 사료관과 한국의 국사편찬위원회에 소장되어 있다. 전자는 김정명 편(1972)의 三 《安重根公判記錄》과 四 《安重根事件判決文》으로 출간되었다. 후자는 한국어로 번역되어 국사편찬위원회 편(1968), 《운동사》 자료 6, 자료 7의 두 권으로 나뉘어 출간되었다. '신문'은 '심문(審問, 尋問)'의 동의어이다.

에 공작의 몸을 부축했다. 이어서 러시아 군인 2, 3명이 나리와 허리 근처를 잡고 앞서 탑승했던 귀빈차 안으로 옮겼다."이때 이토는 "'당했다, 몸속 깊이 탄환이 박힌 듯하다.'라고 말한 뒤 그대로 눈감고 입다문 채 별다른 말도 없이 운반되었다."(187)고 한다. 그 뒤의 정황은 다음과 같다(188).

고야마 의사가 옆으로 누이고 외투, 조끼 등을 벗겨 상처를 고치고 주사를 놓았다. 종자從者에게 명하여 작은 술잔의 브랜디 한 잔을 권하자 공작은 한때 흥분하여 "누가 쐈느냐, 누가 상처 입었는가."라고 물었다. 후루야와 무로다 중 한 사람이 "흉행자는 한인韓人이며 곧 붙잡혔다. 가와카미, 다나카, 모리 3명이 부상했다."고 …… 대답하자 그 뜻을 알아들은 듯했다. 그 사이 다시 같은 양의 브랜디를 권했더니 마신 후 세 잔째를 권했을 때는 이미 절명했다. 조난遭難 후 15분 뒤 인사불성人事不省에 빠지고, 다시 15분 뒤에는 아주 절명한 것이 사실이다.

여기에 "흉행자는 한인"이라고 대답했다는 말이 나온다. 대답해 준 사람은 후루야 또는 무로다였다고 한다. 그러나 이는 사실이 아니다. 먼저 후루야였을 리가 없다. 앞서 보았듯 그는 이토가 죽은 지 약 1시간 15분이 지난 후에야 '범인은 한국인'임을 알게 되었다고 보고했기 때문이다. 그렇다면 무로다였을까? 답은 '아니다.' 그 근거는 무로다 자신의 목격담 속에 있다.

3) 무로다의 목격담

무로다의 청취는 두 번에 걸쳐 이루어졌다. 첫 번째는 1909년 11월 20일 야마구치山口현 아카마가세키赤間關, 곧 시모노세키下関 시 재판소에서, 두 번째는 12월 16일 도쿄 지방 재판소에서. 첫 번째 청취서의 대부분은 그의 목격담으로 채워져 있다.[43] 그 골자만 살펴보자.

갑자기 몇 발의 폭죽과 같은 소리를 들었다. 그러나 저격자가 있었음은 알아채지 못했는데 좀 있다가 양복 입은 한 사나이가 러시아 군대 사이로 몸을 드러내면서 권총으로 나를 향해 발사하는 것을 보고 비로소 저격자가 있음을 알았다. 곧 공작 곁으로 달려가 왼쪽 뒤에서 그의 몸을 안고 막아섰더니 공작은 '이미 부상을 당했다(既二負傷セリ).'라고 말했다. 저격 당시의 모습은 그 외에는 모른다(217).

여기서 무로다의 "나를 향해"란 매우 과장된 표현이다. 이미 살펴봤듯 안중근은 그를 조준했을 턱이 없기 때문이다. 어쩌면 그는 과장벽誇張癖을 지닌 사람일지 모른다.

아무튼 그는 저격 직후의 정황을 이렇게 묘사한다(217): "공작의

---

[43] 그 끝에는 그가 '추찰推察'한 '또 한 사람의 저격자설'이 붙어 있다. 물론 허황된 억설이다. 그럼에도 이를 희언戲言하는 일본인들이 있다. 가미가이토 겐이치上垣外憲一, 《暗殺·伊藤博文》, 筑摩書房, 2000; 오노 가오루大野芳, 《伊藤博文暗殺事件 闇に葬られた真犯人》, 新潮社, 2003 참조.

부상을 듣자마자 큰 소리로 수행 고야마 의사를 불렀다. 그가 날려올 즈음 나카무라 만철 총재도 왔다. 총재는 나의 반대편 우측 앞에서 공작을 안아 들고 같이 보행하여 좀 전에 하차했던 객차를 향해 나아갔다." 그리고 객차 안에서 벌어진 일은 다음과 같이 짧은 묘사로 끝난다(221): "나는 공작의 모자를 벗기고 손에 든 지팡이를 빼내서 종자에게 건네주고 공작을 기차 안으로 안아 들여 탁자 위에 눕혔다. 고야마 의사가 홀로 치료했고 러시아군 배속 의사와 본방인 本邦人으로 하얼빈에서 사는 의사 누군가가 이를 도왔다."

첫 번째 청취서는 대체로 사실이리라 여겨진다. 문제는 저격당한 이토의 말, 물음, 그리고 대화로 채워져 있는 두 번째 청취서이다.

　공작이 조난遭難했을 때 최초의 말은 …… "당했다(遭ラレタ)."라는 한 마디였다. 나는 달려가 그 몸을 떠받치고 "권총이라 괜찮다. 정신 차리시라."고 격려했으나 공작은 "깊이 들어갔다, 틀렸다."라고 말했다. 곧 기차로 되돌아가고자 나카무라와 함께 부축하여 가는 도중이었다고 생각된다. 공작은 "어떤 놈이냐(何奴ッカ)."라고 물었다. 그 순간 나는 흉한凶漢이 어떤 사람인지 불명不明하여 대답하지 못했다. 차내로 들어가자 공작은 종자에게 오른발 구두를 벗기도록 명했다. 그때는 발을 들어 올렸으나 왼발 벗길 때는 벌써 그 기력도 없었다(286).

위 인용문의 "당했다." 등 이토의 말은 앞서 본 나카무라 목격담, 모리 청취서의 '증언'과 공통이다. 다만 "어떤 놈이냐."라는 물음에 무로다는 "어떤 사람인지 불명하여 대답하지 못했다."고 한다. 그런데 이어서 "범인은 한인"이란 말이 나온다.

의사가 상의 단추를 풀고 상처를 검사할 때는 이미 치명상임이 명료해졌다. 깨어나게 하는 약이라도 될까 해서 먼저 브랜디를 권하게 되었다. 첫 잔을 권하자 괴로움 없이 마셔 버렸다. 바로 그때였다고 생각된다. 통역이 와서 "범인은 한인이다. 즉시 포박되었다."라고 보고했다. 공작은 이를 이해하고 "어리석은 녀석이다(馬鹿ナ奴ダ)."라고 말했다. 그때부터 주사를 놓기 시작하여 5분 뒤 다시 브랜디를 권했을 즈음 공작은 머리조차 들지 못하게 되었다. 그대로 입에 부어 넣은 지 1, 2분 사이에 아주 절명했다(286-287)

즉 '통역'이 와서 "범인은 한인"이라고 보고했다는 것이다. 따라서 앞서 본 모리의 서술과 달리 무로다는 '흉행자는 한인'임을 (이토에게) 대답해 준 사람이 아니다. 주목할 것은 그다음, 이토가 "어리석은 녀석"이란 말을 했다는 부분이다. 이런 말은 오직 무로다의 목격담에만 나온다.[44] 따라서 사실인지 거짓인지 확인할 방도는 없다. 그렇긴 하나 무로다가 '조작한 허구'일 확률이 높다고 본다. 그 '이토의 말'이 다른 수행원의 목격담에는 나오지 않기 때문이다.

---

[44] 박은식(朴殷植, 1859~1925)이 1912년에 지은 《안중근》(한문)의 제14장 〈重根之狙擊伊藤〉에는 다음과 같은 표현이 나온다: "첫 발은 이토의 가슴에 …… 또 한 발은 늑골에 맞았다. 군경軍警과 환영단이 깨닫고 달아나기 시작하자 중근은 놀연히 나타났다. 이토는 그를 가리키며 바카馬鹿라고 욕했다. 세 번째 발은 복부에 맞았고 이토는 곧 땅에 쓰러졌다." 이렇듯 이토가 '바카라고 욕했다.'는 표현이 나오긴 하나 때와 장소가 무로다 목격담과는 전혀 다르다. 아무튼 박은식은 무엇을 근거로 그런 표현을 썼을까? 무슨 근거가 있었다고 보기는 어렵다. 박은식이 '각색한' 표현일 따름이라고 봄이 옳을 듯하다.

3. 일본 신문의 의거 관련 기사

위에서 살펴본 모리, 무로다의 목격담은 이미 일본의 여러 신문에 보도되어 나갔다. 여타 수행원들의 목격담도 마찬가지다. 그 가운데 《오사카 마이니치 신문大阪每日新聞》 하나만 살펴보자.[45]

이에 앞서 흥미로운 사실을 말해 둔다. 의거 다음 날 27일, 일본 신문들은 이토의 '즉사'를 전하는 '전문電文'이나 '관련 기사'를 공통으로 보도하고 있다는 사실이다. 이는 의거 당일, 그런 소문이 퍼져 있었음을 뜻한다. 그러나 이후 '즉사'를 보도하는 기사는 사라진다.[46]

《오사카 마이니치 신문》 10월 27일자 2면에는 이토의 '즉사'를 보도한 두 기사가 실려 있다. 하나는 '블라디보스톡 래전來電, 26일 특파원 발' 기사이다: "이토 공은 '26일 아침 하얼빈 정차장에서 한인에게 저격되어 즉사했'는 보(報, 소식)가 있다."(86) 또 하나는 '연적硯滴'이란 제목의 기사이다: "'하얼빈 정차장에서 한인의 저격으로 즉사'라는 확보確報를 접하고는 망연자실했다."(90)

그런데 10월 27일자 4면에는 다른 기사가 나온다. 제목은 '장춘長春 래전, 26일 구와하라桑原 특파원 발, 이토 공 조난遭難'이다. 거기에

---

[45] 독립기념관 한국독립운동사연구소, 《일본 신문 안중근 의거 기사집 II 大阪每日新聞》, 2011 참조.

[46] 그 요인을 두 가지만 추측해 본다. 첫째, 일본 정부의 보도 통제가 있었을 가능성이 있다. 그랬다면 이유는 '즉사'라는 용어나 보도는 불경不敬, 불온不穩, 심기 불편 등을 느끼게 했기 때문이리라. 둘째, 일본 신문들이 수행원의 목격담 등을 근거로 철회했을 가능성이 있다.

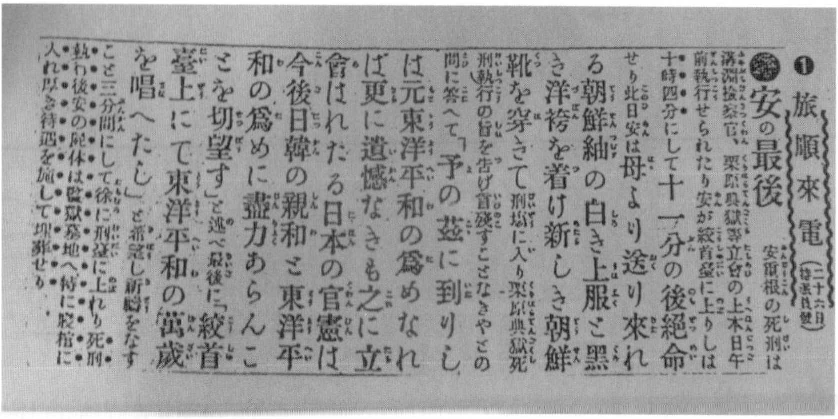

旅順來電（二十六日特派員發）

安の最後

安重根の死刑は溝淵檢察官、栗原典獄等立會の上本日午前執行せられたり安が絞首臺に上りしは十時四分にして十一分の後絶命せり此日安は母より送り來れる朝鮮紬の白き上服と黑き洋袴を着け新しき朝鮮靴を穿きて刑場に入り栗原典獄死刑執行の旨を告げ言殘すことなきやとの問に答へて「予の茲に到りしは元東洋平和の爲めなれば更に遺憾なきも之に立會はれたる日本の官憲は今後日韓の親和と東洋平和の爲めに盡力あらんことを切望す」と述べ最後に絞首臺上にて東洋平和の萬歳を唱へたし」と希望し祈禱をなすこと三分間にして徐に刑臺に上れり死刑執行後安の屍体は監獄墓地へ特に寢棺に入れ厚き待遇を施して埋葬せり

사진 12 《오사카 마이니치 신문》의 안 의사 최후 기사

삽입된 '마침내 낙명落命하다'라는 소제목 기사의 내용은 이렇다: "나카무라 총재는 공을 안았다. 이때 공은 오히려 태연하게 '당했다. 세 개 정도의 탄환이 박힌 듯하다.'라고 말하면서 금새 얼굴색이 창백해져 옆에서 안고 곧 열차로 옮겼다. 공은 또 '어떤 놈이냐. 모리도 당했는가.'라고 묻고는 마침내 언어불통이 되어 약 30분 지난 오전 10시에 낙명했다."(92–93)

나카무라의 목격담

위의 기사는 10월 28일자 2면의 '다롄大連 래전, 27일 특파원 발' 기사의 하나인 '나카무라 총재의 실견담(實見談, 목격담)'과 관련이 있는 듯하다. 그 일부를 인용해 보자(107–108).

공은 첫 발을 맞았을 때 한 걸음 나아갔다. 두 발째 맞자 또 한 걸음 나아갔고, 세 발째에 비틀거렸다. 나는 …… 바로 앞에서 공을 꺼안았는데 공은 허둥대는 모습 없이 "당했다. 탄환이 여러 개 박힌 듯하다."라고 중얼거렸다. 이때 러시아인이 빨리 눕히는 것이 좋다고 말해서 5, 6인이 얼굴을 하늘로 향하게 안고 기차 안으로 들어갔다. 이때 공이 멀쩡한 정신으로 "흉행자는 어떤 놈이냐."고 물었다. 나는 한국인이라는 뜻[旨]을 고하고, "모리 씨도 당했습니다."라고 말하자 "모리도 당했는가."라고 낮은 목소리[로 말했다]. 이미 이때는 단말마斷末魔가 다가와 있었다.[47]

이 인용문의 밑줄 부분이 사실이라면 '흉행자는 한국인'임을 고한 사람은 나카무라였다는 말이 된다. 단, 이를 확인할 만한 증거는 없다. 그런 뜻에서 거짓일 확률이 높다.

나카무라와 무로다의 또 다른 목격담

10월 31일자 2면은 '시모노세키 래전, 30일'의 일련 기사를 싣고 있다. 첫 번째는 '이토 공 영구靈柩 통협通峽'이라는 기사이다. 이토의 관棺을 싣고 온 순양함 아키즈시마(秋津洲; 일본의 별칭) 호가 30일 정오쯤 시모노세키와 모지門司 사이의 간몬關門 해협을 통과했을 때

---

47 단말마는 '단斷'과 급소를 뜻하는 '말마(末魔, 산스크리트어의 마르만(Marman))' 와의 합성어이다. 즉 '몸/목숨의 급소를 끊는다'는 것으로 '죽기 직전=임종臨終 내지 죽음'을 뜻한다.

의 모습을 보도한 것이다.[48]

그 해협을 통과할 즈음 나카무라와 무로다는 시모노세키에서 상륙했다고 두 번째 기사는 보도한다. 세 번째와 네 번째 기사는 이들 두 수행원의 '담談'을 싣고 있다.

세 번째 기사 '나카무라 총재의 담'은 이렇다: "조난 때는 어쩔 틈도 없었다. 내가 공작을 안았을 때 공작은 이미 폐빈한(거의 죽음에 달한) 뒤였다. 일으켜 세운 직후에 브랜디를 두 잔 마시게 하고 열차까지 5, 6보를 끌고 갔다. 그 뒤 30분 지나 절명하셨다."(158) 앞서 본 '나카무라 총재의 실견담'(10월 28일자 2면)의 기사에 견주면 간결하다. 대조해 보면 같은 사람의 증언임에도 다른 점이 적지 않음을 알 수 있다. 서로 엇갈리는 내용마저 담겨 있다.

네 번째 기사 '무로다 씨의 담'은 다음과 같다: "공작 조난 때는 누가 어디에 있었는지 판명할 수 없었다. 발포 소리를 듣자마자 공작이 맞았다는 소리를 듣고 나는 무의식적으로 공작 곁으로 달려갔다. 나도 오른쪽 새끼손가락에 찰과상을 입었으나 그때는 조금도 몰랐고 나중에야 알아차렸을 정도였다. …… 조난 때 러시아 의사 10여 명이 달려왔으나 '이쪽에도 수행 의사가 있으니 그 밖의 부상자 유무를 조사해 달'고 부탁했다."(158-159) 이러한 무로다의 목격담은 다음 날 11월 1일자의 기사로 이어진다.

---

[48] 아키츠시마 호는 10월 28일 오전 10시에 다롄 항을 출발했다.

무로다의 목격담 기사와 그 영향

11월 1일자 11면은 '이토 공 조난 실기實記, 무로다 요시아야 씨의 담'이라는 장문의 기사를 싣고 있다. 첫머리는 이렇다: "씨는 나카무라 만철 총재와 함께 31일 오전 7시 40분에 [오사카] 우메다梅田역을 통과하여 동상東上했다. 기자는 교토까지 동승하여 씨에게 이토 공 조난 당시의 실황을 들었다."(190) 이미 '청취서'에 실린 무로다의 목격담은 살펴봤지만 그보다 상세하다. 그런 만큼 각색, 조작이 섞일 확률은 높을 수 있다. 기사 본문의 '큰 활자'로 인쇄된 부분은 더욱 그렇다. 기사 일부를 인용해 보자(191-192; '큰 활자'는 밑줄 부분).

> 나와 나카무라 군이 앞뒤로 공작을 안았다. <u>공작은 굳게 입술을 닫은 채 아무 말 없었고, 조금도 고통스러운 기색을 보이지 않고 태연했다. 또 스스로 걸음을 옮겼기</u> 때문에 우리는 설마 치명상을 입고 계셨는지 알시 못했다.

위의 밑줄 부분은 각색된 표현이리라 여겨진다. 이토를 위엄 있는 인물로 높이려는 의도가 담겨 있는 셈이다. 기사는 다음과 같이 이어진다.

> 공작은 신색자약神色自若했으나 안색이 점차 변했고 손발은 점점 차가워졌다. 나는 "괜찮습니다. 정신 차리십시오."라고 여러 번 반복했다. …… "브랜디를 드시겠습니까."라고 묻자 "응"하고 가볍게 끄덕이셨다.

이때도 공작은 내 손을 꽉 잡고 계셨는데 "탄환이 몇 개나 명중했다. 무리다."라고 말씀하셨다. …… 브랜디를 가득 따라 내밀자 공작은 스스로 머리를 들어 기분 좋게 한 잔 마셨다. 이때 비로소 '흉한은 한인'임을 알았고, 공작에게 "한인의 소행(仕業[시와자])"이라 말하자 "어리석은 녀석이다."라고 한 마디 하시고 그대로 다시 입을 다물고 말았다.

여기서 다시금 주목할 것은 "어리석은 녀석"이라는 이토의 말이다. '청취시'의 무로다 목격담에 앞선 것으로 그 첫 등장이다. 거듭 말하나 이는 조작한 허구일 확률이 높다.

그럼에도 훗날 마치 사실인 양 퍼지게 된다. 예컨대 고마쓰 미도리(小松綠, 1865~1942)가 편집하여 1927년 간행한 《이등공전집伊藤公全集》 제3권의 〈이등공정전伊藤公正傳〉에는 이렇게 서술되어 있다.[49]

그중 세 발이 공의 흉간胸間에 명중했다. 공은 신색자약神色自若하게 새삼 놀라는 모습도 없이 수행원에게 안겨서 스스로 걸음을 옮겨 타고온 기차 안에 들어가 수행 의사 고야마 젠의 응급 조치를 받으셨다. …… 공은 별로 고통을 호소하지 않고, 구두를 벗기라고만 명하고는 더구나 브랜디를 요구해 마셨다. '흉도는 몇 사람이냐.'라고 물었다. '한인 안중근'이라는 말을 듣고 "어리석은 녀석이다."라고 한 마디 했을 뿐이다. 부상

---

49 고마쓰 미도리는 이토의 '복심腹心'이었던 사람이다. 미국 유학 뒤 외무성 관료가 된 그는 이토가 한국 통감이 되자 통감부 서기관, 외무부장에 기용되었다. 이후 조선 총독부 외사 국장을 거친 뒤 귀국하여 외무성 외국 과장, 중추원 서기관장 등을 역임했다.

30분 후에 일대一代의 영웅은 69세를 일기一期로 백옥루白玉樓[50]의 사람이 되었다(210-211).

이런 서술은 무로다 목격담을 참조한 것임을 알 수 있다. 어떻게 각색되어 있는지도 알 수 있다. 고마쓰는 이토를 영웅으로 높이고, 그 망령을 백옥루로 보내고 싶었으리라.

한상일(2015)은 위 인용문을 이끈 다음 '어리석은 녀석'이란 말은 이토의 "죽음을 극화하고 병탄을 왜곡하기 위하여 뒷날 만들어진 기록"(406)이라 판정한다.[51]

그리고 "이토를 암살하는 어리석은 짓이 결국 병탄을 자초했다는 점을 부각하기 위한"(406) 목적이 깔려 있다고 비평한다. 덧붙이면 안중근 의거의 뜻을 폄하하기 위함이다. 또한 한국인을 멸시하기 위함이다. 나아가 일본인의 만행을 덮고, 역사를 왜곡하기 위함이다. 이러한 목적은 상당한 성과를 올린 셈이다. 여전히 많은 일본인이 같은 목적을 공유하고 있는 것이 사실이요, 현실이기 때문이다.

---

[50] 옥황상제가 산다는 가공架空의 누각으로 '문인文人이 죽으면 이곳으로 간다'는 전설이 있다.

[51] 증거 자료로서 한상일은 후루야의 목격담을 비롯하여 의거 관련 전문, 보고서, 신문 기사 등을 제시한다(408). 그 어디에도 '어리석은 녀석'이란 말은 보이지 않는다는 것이다.

끝으로 11월 2일자 7면의 '도쿄 전화電話, 1일, 고야마 부첨의(附添醫, 주치의)의 담'이라는 기사를 살펴보자. 그는 이토의 상처 부위를 이렇게 설명한다(210): "제1탄은 공작의 왼쪽 견갑부 삼각근 후부 아래 2㎝ 부위를 관통하여 흉부로 들어가 왼쪽 위 복부에 박혔다. 제2탄은 왼쪽 어깨에서 복부로 들어가 배꼽 위 복부에 박혔다. 제3탄은 가슴 상부의 살덩이를 반월형으로 긁어냈다."

그리고 저격당한 이토와 그의 '응급 수술' 후 상태를 이렇게 묘사한다(210): "나는 지나인(支那人, 〔중국인〕)이 폭죽이라도 터뜨린 것인가라고 생각했으나 '당했다, 당했다, 크게 당했다.'라는 소리를 듣고 바로 달려갔다. 이때 공작은 한 방울의 피도 흘리지 않고 꾹 참은 채 꼿꼿이 서 있었다. 기차 안으로 안고 들어가 탁자 위에서 응급 수술을 하여 캠퍼〔Camphor, 장뇌樟腦, 방부제〕를 주사했건만 얼굴색은 점차 변했고 맥박이 가늘어져 얼마 안 되어 절명하셨다."

이처럼 저격당한 이토는 거의 즉사 상태였던 모양이다. 그런데 수행원들의 목격담에 따르면 (서로 같고 다름이 있긴 하지만) 이토가 '이런저런 말을 했고, 또 주고받았다'고 한다. 과연 어디까지가 사실이고, 무엇이 거짓일까? 확답하기 어렵다. 다만 한 가지는 확실하다. 수행원들의 목격담을 액면 그대로 믿어서는 안 된다는 사실이다.

4. 코코프체프의 목격담과 다나카에 얽힌 일화

《오사카 마이니치 신문》의 1910년 1월 6일자 9면에는 '이토 공 조난 활동 사진'이라는 제목의 기사가 실려 있다. 그 내용은 다음과 같다(363).

　'재팬 프레스 에이전시'가 1만 5천 여원으로 사들인 고故 이토 공작의 조난 당시 모양을 촬영한 사진의 원판은 그 촬영자인 코프치에프 씨(하얼빈 군단 어용 사진사)가 휴대하여 5일 아침 몽고리아 호號로 쓰루가(敦賀,〔후쿠이福井 현〕) 항에 도착했다. 그를 맞이하기 위해 갔던 '스기우라 杉浦 에이전시' 사무원의 이야기에 따르면 '원품原品은 도쿄에서 받을 약속이다. 아직 보지 못했지만 원판 길이는 600척이다. 공작이 탑승한 열차의 하얼빈 도착부터 객차 창 밖에 머리를 내밀고 사방을 전망하는 장면, 하차한 뒤 러시아 대장 대신과의 회담, 군대 사열, 외교단 전방에서의 조난 광경, 열차에 관을 싣는 장면, 흉한의 뤼순 호송에 이르기까지 각 그림을 연속시킨 것이다(쓰루가 래전).[52]

이를 보면 '이토의 하얼빈 도착부터 안중근의 뤼순 호송에 이르기

---

[52] 그 뒤에 이어지는 내용은 이렇다: "현영(現影, 실제 영상)은 매우 선명하다고 한다. 그 원판은 당시 유럽 각국이 하얼빈에 출장와서 경매하고자 노력했다. 그러나 촬영자는 물론 러시아 관헌이 일본을 대단히 동정하고 있는 까닭에 좋은 기념물로 삼고자 특별히 우리에게 매약하기에 이른 것이다. 이 사진은 일본 궁정과 공작가公爵家에서 공람供覽한 뒤 일반에게 관람시킬 예정이다." 운운云云.

까지'의 장면을 촬영한 러시아 측 필름이 있었음을 알 수 있다. 또 일본 측이 사들였음도 알 수 있다. 그 원본이나 사본이 현재 일본, 러시아의 어딘가에 소장되어 있다는데 …… 언젠가 공개된다면 '조난 광경', 곧 의거 현장의 모습이 상세하게 밝혀질 수 있으리라.

코코프체프의 목격담 ①

의거 현장에 있던 코코프체프 역시 목격담을 남겼다. 그 두 가지를 살펴보자. 하나는 의거 직후 러시아 국경 지방 재판소에서 스트라조프 판사와 밀레르 검사의 심문에 대한 그의 답변 속에 나온다.[53] 이 가운데 이토가 저격당한 뒤의 목격담을 인용해 보자.

이토 공작은 아무런 소리도 지르지 않았던 까닭에 나는 공작도 나처럼 무사할 것으로만 생각하고 있었다. 조금 있다가 공작은 나를 향해 무언가 듣기 어려운 말을 저음이지만 매우 힘있는 소리로 속삭였다. …… 나는 오른손으로 공작을 끌어안고 받들었다. …… 누구인지 기억을 못하나 자꾸 공작을 정거장 안으로 보내라고 하는 자가 있었다. 그러나 나는 간절히 객차 안으로 옮기도록 권고했다. 즉 나의 주의〔=권고〕에 의해 공작을 객차 안의 접객실로 옮겼던 것이다.

이때 다행히 마침 정거장에 있던 〔러시아〕 의사의 권고를 받아들여 긴 의자 옆에 있던 탁자를 객차 안의 접객실 중앙에 놓고 그 위에 공작을

---

[53] 《운동사》자료 7, 324-326쪽에 '증인 심문 조서'라는 제목으로 실려 있다.

안치安置했다. 나는 긴 의자의 베개를 옮겨 공작 머리밑에 베어 주었다. 이때 의사와 근시近侍는 서둘러 공작의 옷을 벗겼다. 나는 일단 객차에서 나왔다. 그러나 공작의 용태容態가 어떤지 마음에 걸려 다시 객차 안으로 들어갔다. 이때 〔러시아〕 외과의外科醫는 '수술한들 효과가 있을지 헤아리기 어렵다. 부디 상처를 자세히 검사해 보고 싶다. 그 허락을 근시로부터 언어달라.'고 나에게 부탁했다. 나는 곧 부탁을 전하고 다시 객차에서 나왔다. 몇 분 뒤 내가 객차 옆에 있을 때 객차 안에서 '공작 서거逝去'라고 나에게 보고해 주었다.

이어서 코코프체프는 "이토 공작이 하얼빈에 도착한 시각부터 그가 영면永眠할 때까지의 시간"은 "통산하여 40분을 넘지 않을 것이다."라고 서술한다. 이렇듯 그의 목격담은 자세하고도 생생하다. 다만 그가 객차 밖으로 나온 뒤 그 안의 정황은 알 수 없다.

코코프체프의 목격담 ②

또 하나의 목격담은 〈코코프체프의 회고록〉에 나온다.[54] 거기에는 목격담 ①보다 더욱 자세하고 생생하다. 또한 새로운 내용도 있다: "나는 공작이 일본인들이 있는 곳까지 통과할 수 있는 공간을 내주기 위해 방향을 틀었다. 바로 그 순간 내 옆에서 세 번인가, 네 번 정도의, 마치 공기총 같은 둔탁한 소리가 울렸다. 곧바로 이토 공작

---

[54] 박 보리스 지음, 신운용·이병조 옮김, 《하얼빈 역의 보복》, 채륜, 2009, 214-215쪽.

이 나에게 쓰러졌다. …… 몇 발의 총성이 더 울렸고, 군중은 총 쏜 자를 향해 돌진했다. 프이하체프 장군의 부관인 티트코프(ТИТКОВ) 대위가 총 쏜 자를 넘어뜨린 뒤 철도 감시 헌병 대원에게 넘겼다."(214)

안중근을 체포한 사람은 티트코프 대위였음을 알 수 있다. 이어서 코코프체프는 다음과 같이 회고한다: "우리는 이토 공작의 손을 들어 올렸다. 나는 공작의 어깨를, 카라세프는 다리를 잡았다. 몇 사람이 더 다가와 한 사람은 내가 공작의 어깨 드는 깃을 도왔고, 다른 한 사람은 공작의 몸 중앙을 조심스럽게 받쳤다."(214) 이토를 처음 부축한 사람은 코코프체프와 카라세프였음을 알 수 있다. 뒤이어 부축했다는 '몇 사람'이란 일본인 수행원으로서 그 '한 사람, 다른 한 사람'이란 나카무라와 무로다를 가리킬 것이다.

　[러시아] 의사가 들어와 상처를 보더니 단번에 가망 없어 보인다고 했다. 총상 두 곳이 심장 부위에 나 있었고 맥박 뛰는 소리도 거의 들리지 않았다. 이토 공작의 수행원 중 누군가가 내게 부탁하기를 "일본인 의사를 이미 불러났으니 공작이 우리들 하고만 있게 해달라."고 했다. …… 나는 밖에서 호프바트와 나의 수행원들과 함께 일본인 의사가 도착하여 진단 결과를 말해 주기를 기다렸다(214-215).

이렇듯 이토를 객차로 옮겼을 때 "맥박 뛰는 소리도 거의 들리지 않았던" 상태였다고 회고한다. 거의 즉사 상태였다는 것이다. 객차를 나온 뒤 전개된 일은 다음과 같다.

15분 내지 20분 정도밖에 지나지 않았음에도 시간이 끝없이 늘어지는 것 같았다. …… 범행한 자가 체포되어 역내의 철도 헌병 감시대에서 삼엄한 감시를 받고 있으며, 관구管區 법원의 예심 판사와 검사가 그에 대한 심문을 이미 시작했다는 보고를 받았다.[55] 범행을 저지른 자는 자신이 '한국인'이라고 밝히며 이름을 댔다고 한다. 이토 공작을 노리고 죽인 이유는 '공작이 조선 통감이었을 때 그가 내린 결정으로 인해 자신의 친지들이 부당한 판결을 받고 처형되었기 때문'이라고 했다. 이윽고 이토 공작의 수행원 가운데 누군가가 객차에서 나와서 공작이 숨졌다고 말했다.(215)

주목할 점은 두 가지다. 첫째, 코코프체프는 객차를 나와서 15분 또는 20분 뒤에야 '범행자는 한국인'이라는 사실을 보고 받았다. 둘째, 이런 사실을 객차 안의 수행원들에게 알렸다는 말은 없다. 그럴 상황도 아니었으리라. 아무튼 그 사이에 이토는 숨졌다.

안중근에게 감화된 일본인들: 다나카와 히라이시 우진도의 일화

일본인 수행원들의 목격담에서 안중근 의거의 뜻에 감화되었다는 흔적을 찾는 일은 연목구어緣木求魚이리라. 감화되었다 해도 공공연히 표명할 턱은 없다. 다만 사적으로 표명할 수는 있다. 실제로 표명했

---

[55] 러시아 측 '관구 법원 예심 판사와 검사의 심문' 기록은 《운동사》 자료 7, 327−328쪽 참조.

던 수행원이 있다. 다나카 세이지로가 그랬다. 그와 친했던 안도 도요로쿠라는 실업가는 그의 저서에서 이런 일화를 전해 주고 있다.[56]

다나카 씨는 총 맞은 줄도 모를 정도였다. '총성을 듣고 돌아보자 이토 공은 쓰러졌고 그 가까이 피스톨을 든 안중근이 서 있었다.'라고 다나카 씨는 말했다. '그때 안중근의 늠름한 모습과 유연悠然한 모노고시(物腰,〔태도〕), 그리고 달려드는 헌병과 경찰을 향해 피스톨에는 아직 한 발의 탄환이 남아 있음을 주의하는 태도 등은 높은 인격을 그대로 나타내고 있어서' 무릇 다나카 씨가 '생애에 보았던 최상급의 것이었다.'고 한다. …… 안중근을 가장 미워해야 할 환경에 있던 사람이다. 그런데도 다나카 씨는 '당신이 지금까지 만났던 세계의 사람 중에서 일본인을 포함하여 누가 제일 훌륭하다고 생각하십니까.'라는 나의 물음에 서슴없이 '안중근'이라고 잘라 말했다.

수행원의 하나였던 다나카는 안중근을 '자기 생애의 최고 위인'으로 존경하고 있었다는 것이다. 또한 그가 의거의 뜻을 얼마나 깊이 공감했는지도 엿볼 수 있다.

위 인용문 앞 단락은 이렇다(16-17): "이토 공의 안내역案內役으로서, 또한 프랑스어 통역으로서 하얼빈에 수행했다. 코코프체프는 이토 공의 열차에 올라 다나카 씨의 통역으로 첫 회견을 끝냈다. 이토 공은 역두驛頭에 내려선 뒤 다나카 씨의 2, 3보 뒷쪽으로 갔을 때 안중근의 피스톨에 의해 홍사薨死했고, 그 탄환의 한 발은 다나카 씨

---

[56] 안도 도요로쿠(1984), 17쪽.

의 발뒤꿈치에 맞았다. 이토 공은 즉사했다."[57] 이 단락 끝에는 "다나카 씨의 이야기"라는 주기注記가 부쳐져 있다.

이어서 안도는 또 하나의 일화를 전해 준다(17): "내 회사 사원 중에 히라이시 군이라는 사람이 있다. 그의 아버지는 안중근 당시의 뤼순 고등법원장이었다. 히라이시 원장은 일 있을 때마다 안중근의 훌륭한 인물(인품)을 격상敫賞하고 있었다고 한다." 그 원장이란 히라이시 우진도(平石氏人, 1864~?)를 가리킨다.[58] 히라이시는 1910년 2월 17일 안중근을 면담한 기록인 '청취서'를 남기고 있다.[59] 이날 면담을 안중근은 다음과 같이 기록한다(《안응칠 역사》, 181).

나는 〔2월 14일 공판의〕 사형 판결에 불복하는 이유를 대강 설명한 뒤 동양 대세와 평화 정략에 관한 의견을 말했다. 고등법원장은 듣고 나서 감개하며 대답했다: "나는 그대를 두터이 동정하지만 정부 주권의 기관을 고치지 못하니 어찌하겠는가. 다만 마땅히 그대가 말한 의견을 정부에 품달하겠소." 나는 이 말을 듣고 속으로 칭선稱善하고 "이런 공담정론公談正論, 여뢰관이(如雷灌耳, 〔우렁찬 소리〕)는 일생에 다시 듣기 어려운 설

---

[57] 사견이지만 다나카의 "즉사했다."라는 말은 '무언가'를 알리려는 뜻을 담고 있다는 느낌이 든다. 나카무라, 무로다 등 수행원들의 목격담 속에는 '각색, 허구가 섞여 있으니 액면 그대로 믿지 말라'는 뜻이 그것이다.

[58] 히라이시는 1889년에 도쿄제국대학 법과를 졸업하고 사법성 판사보判事補가 되었다. 도쿄 지방 재판소, 대심원 판사를 거쳐 1906년에 관동 도독부 고등법원장이 되었다. 정년 후 1924년부터 뤼순 시장을 지냈다.

[59] 이 '청취서'에는 안중근이 구상한 동양평화의 구체적 방안들이 나온다. 후술할 제4장 제1절 참조.

이오. 이런 공의公義 앞에서야 목석木石이라도 감복하겠소."라고 말했다.
또 "만약 허가된다면 《동양평화론》 한 권을 저술하고 싶소이다. 〔사형〕
집행 날짜를 한 달 남짓 늦춰 주면 어떻겠소."라고 청했다. 고등법원장이
답하기를 "어찌 한 달 남짓만 늦출 뿐이겠소. 수개월 넘길지라도 특별
허가하겠으니 염려 마시오.'라고 했다. 이에 감사해 마지않고 돌아와서
공소권 포기를 청원했다.

사진 13
안중근 의사 유묵

이를 통해 치라이시는 안중근의 인품에 매료
되었고 또 '동양평화'라는 의거 목적에도 공감
했음을 엿볼 수 있다. 비록 공공연히 표명하지
는 않았어도 안중근을 존경하고 있었던 것이다.
한편 안도는 스스로 이렇게 술회한다(17):
"금년(昭和 58〔1983〕년) 9월에 미야기宮城 현
와카야나기쵸若柳町 다이린지大林寺에 있는 안중
근 의사 기념비를 참배했다. 〔그곳에 보관되어
있는〕〈爲國獻身軍人本分〉의 서(書, 〔유묵〕)는 묵
근임리(墨根淋漓, 〔먹 글자가 살아있는 듯한 모
양〕), 아무런 거침이 없다.
이것은 메이지 43〔1910〕년 3월, 사형대에 오
르기 5분 전에 써준 글이다. 그 인격의 높음에
머리 조아릴 뿐이다. 지금 한국 최고의 국사國
士로서 전 국민의 찬앙讚仰을 모으고 있는 것은
참으로 당연한 일이다."
이렇듯 안도 역시 안중근을 존경하고 있었

다. 여기서 언급된 〈위국헌신군인본분爲國獻身軍人本分〉이라는 유묵은 안중근이 1910년 3월 26일, 형장에 가기 직전 당시 뤼순 감옥의 간수 看守였던 치바 도시치(千葉十七, 1885~1934)에게 써준 것이다.[60]

60 이에 얽힌 사연과 치바의 행적에 관해서는 제5장 제1절에서 살펴볼 것이다.

제2장

일본 당국의 심문과 안중근의 반박 진술

1. 러시아 측 심문과 일본 당국의 책략

러시아 측 심문

의거 직후 안중근은 러시아 측 (밀레르 검사의) 심문을 받았다. "심문이 행해지고 있는 역내 헌병실"에 갔던 코코프체프는 안중근의 모습을 이렇게 회고한다.[1]

〔안중근은〕조선말로 통역되어 전달된 검사의 질문에도 매우 태연한 모습으로 대답했다. 그에게서 개인적으로 매우 좋은 인상을 느낄 수 있었다. 그는 젊고 용모가 수려하며, 큰 키에 훌륭한 체구를 가지고 있었다. 일본인과는 그 생김이 전혀 달랐다. 얼굴도 새하얗고, 전형적인 일본인과도 확연히 차이가 났다.

심문이 끝난 뒤 (스트라조프) 판사가 "내 말을 이해했는지, 그리고 무슨 할 말이 있는지"를 묻자 안중근은 "매우 침착한 목소리로" 대답했다고 한다: "다 이해했고, 어떠한 이의도 없소. …… 언제 어디서 왔는지는 말하지 않을 것이며, 마찬가지로 하얼빈에서 이토의 도착을 기다리면서 어디서 시간을 보냈는지에 대해서도 말하지 않을 것이오. 나를 도와준 사람은 아무도 없었으며, 이토를 죽이기로 결정한 것도

---

[1] 박 보리스 지음, '코코프체프의 회고록,'(2009), 221–222쪽.

나 혼자였소." 안중근이 "나 혼자"를 강조했던 목적은 자명하다. 동지들을 보호하기 위함이다.

이제 러시아 측 심문이 어떻게 집행되었는지를 살펴보자(《운동사》 자료 7, 327-328) : "1909년 10월 13일(러시아력, 〔양력 10월 26일〕), 국경 지방 재판소 제8구 시심(始審, 〔예심〕) 재판소 판사는 동 재판소 검사 밀레르와 하얼빈 주재 일본 총영사관 서기생 스기노 호코타로杉野鋒太郎의 입회 아래 피고에 대해 미리 '형법 제403조에 해당하는 피고 사건'이라 언도言渡하고 심문을 집행했다." 심문에 대한 안중근의 "답변"은 단호하다. "나의 예모(豫謀, 〔사전 계획〕)에 의해 일본 제국 추밀원 의장 공작을 죽였다."라는 것이다. 그리고 "나 혼자의 의지에 의해 행동했고, 나 혼자의 지망志望을 수행했다. 이토 공과 다른 고관을 살해하는 일은 어떤 사람의 의뢰도 받지 않았다."고 대답한다. 나아가 안중근은 이렇게 "진술"한다.

이토 공작 살해의 목적을 가지고 나는 한국을 나와서 먼저 원산에 갔다가 그곳에서 기선으로 블라디보스톡에 도착했다. 도착 날짜는 며칠인지 기억하지 못한다. 대체로 4일 전 오후 5시였다. 그 이튿날 오전 우편 열차로 하얼빈으로 출발했다. 내가 승차한 것은 〔객차〕 3등이며 1909년 10월 12일(양력 10월 25일) 오후 8시 하얼빈에 도착했다.

위의 밑줄 부분은 일종의 위장 진술이다.[2] 그 목적은 물론 동지들을 보호하기 위함이다. 안중근의 위장 진술은 이어진다.

---

[2] 안중근의 위장 진술은 일본 측 심문 과정에서도 수시로 등장한다.

나는 당지(當地, 하얼빈)에 아는 사람이 없다. 그래서 이토 공작의 도착까지 시종始終 정거장에 있었다. 대개는 바깥으로 나가 정거장 부근을 배회했다. 그동안 3등 대합실의 음식점에 들러 차를 마신 일이 두 번 있다. 차를 판 사람은 청국인이었으나 그 인상人相은 기억하지 못한다. 나는 일찍이 이토 공을 본 적이 없다. 그 용모는 한국 신문(의 사진)을 보고 알았을 뿐이다. 내가 이토 공작의 살해를 결심한 것은 그가 한국 국민에 가한 압제에 보복하기 위해서이다. …… 많은 동지를 처형히는 등에 내해 복수하기 위해서이다. 나는 권총을 한국에서 가지고 왔다. 이 밖에 진술할 것이 없다.

이상과 같은 안중근의 진술을 받고 나서 판사는 검사와의 연명連名으로 '결정서'를 작성했다. 그 결정은 "스스로 한국민이라는 '응칠 안'의 법정과 형刑을 기피할 방법을 차단하기 위해 그를 입감入監한다."(《운동사》 자료 7, 329)라는 것이다.

일본 정부의 책략

이후 러시아 측 재판소에서 판결을 받을 수도 있었건만 그렇게 되지 않았다. 의거 뒤의 상황 전개를 《안응칠 역사》는 다음과 같이 기록한다(174): "나는 하늘을 향해 큰 소리로 '대한 만세(코레아 우라)'를 세 번 외친 다음 정거장 헌병 분파소分派所로 끌려 들어갔다. 온몸을 검사한 후 잠시 있다가 러시아 검찰관이 한인 통역과 같이 와서 '성명, 국적, 거주처'와 '어디서 와서 무슨 까닭으로 이토를 해쳤

사진 14 하얼빈 일본 총영사관(현재 하얼빈시 화원 소학교 건물)

는가.'를 심문하기에 대강 설명해 주었다. 통역의 한국말은 잘 알아
들을 수 없었다. 그 후 사진 촬영이 서너 번 있었다. 오후 8, 9시쯤
러시아 헌병 장교가 나를 마차에 태우고 어디 가는지 모르게 가서
일본 영사관에 이르러 넘겨주고 가버렸다."

　이렇듯 거사 당일인 26일 저녁, 러시아 당국은 안중근(외 15명)을
일본 영사관에 넘겨주었다. 이유는 일본 측 '획책劃策' 때문임은 쉽게
상상할 수 있다. 그런 사실을 엿볼 수 있는 기록이 있다. 만주일일신
문사滿洲日日新聞社 발행의《안중근사건공판속기록安重根事件公判速記錄》
의 '서언緖言'에 실린 '이토 공 조난 전말顚末'이 그것이다.3 거기에는
"일본 관헌은 연루 수사에 전력을 다하고자, 흉행 이튿날 관동 도독

부 법원 미조부치溝淵 검찰관은 급히 하얼빈으로 출장했다.[4] 한국으로부터는 아카시明石 소장少將이 만주로 와서 사토佐藤 도독부 경시 총장, 히라이시 법원장 등과 협의했다. 이런 획책에 힘쓴 최고의 결과는 연루 혐의자 7명을 얻은 것이다."(3)라는 기록이 나온다.

이틀 뒤 28일, 일본 측은 다음과 같은 '송치서送致書, 안응칠 외 15명'을 작성했다.[5]

오른쪽은 이토 공작 살해 피고인과 혐의자로서 메인 달 28일 하얼빈 주재 러시아 시심 재판소 검사로부터 사건에 관한 서류 1건과 함께 왼쪽 증거물 건의 송치를 받았다. 메이지 42(1909)년 법률 제52호 제3조에 의거하여 오른쪽 피고 사건은 외무 대신의 명령에 따라 귀청貴廳 관할로 옮겨진다.[6] 이에 피고인 신병身柄과 함께 서류, 물건 모두를 송치한다.

메이지 42년 10월 28일

하얼빈 대일본 제국 총영사관 총영사 가와카미 도시쓰네

관동 도독부 지방법원 검찰관 미조부치 다카오 귀하

---

3 《安重根事件公判速記錄》은 고이시가와 젠지礦川全次의 복각판(2014)으로 출간되어 있다. 이 책의 공판 기록은 제3장 제3절에서 검토할 것이다.

4 미조부치 다카오(溝淵孝雄, 1874~1944)는 고치高知현 출신으로 도쿄제국대학 법과를 졸업하고 사법관 시보試補가 되었다. 이후 도쿄 재판소 검사국을 거쳐 1908년 9월 뒤순에 검찰관으로 부임했다.

5 《운동사》 자료 6, 1쪽.

6 이를 통해 일본 정부가 '무엇을 근거로' 안중근 등 한국인에 대한 재판 관할권을 행사하려 했는지 엿볼 수 있다. 단, 위 인용문의 '메이지 42년'은 '메이지 41(1908)년'의 오류이다. 제3장 제1절 참조.

이렇듯 외무대신 고무라 주타로(小村壽太郎, 1855~1911)는 안중근 등에 대한 재판 관할권을 뤼순 관동 도독부 지방법원이 담당하도록 명령했던 것이다. 같은 날 28일, 고무라는 정무 국장 구라치 데쓰키치(倉知鐵吉, 1871~1944)를 뤼순에 파견했다.[7]

약 1개월 뒤 12월 2일, 고무라는 구라치에게 '안중근 극형極刑'을 지령한다. "귀전貴電 34호에 관하여 정부로서는 안중근의 범행은 극히 중대하다고 보아 징악懲惡 정신에 의거하여 극형에 처함에 상당한다."라는 것이다.[8] 이튿날 구라치는 고무라에게 '전보 37호'를 보낸다.[9]

고등법원장[히라이시]와 교섭했더니 그는 크게 당황하면서 정부의 희망을 따르기 매우 곤란하다고 말했다. …… 이곳 법원의 젊은 직원 중에는 사법권 독립 사상에 따라 정부의 지휘를 받는 자세가 싫다는 기색을 이미 드러낸 자가 있다. 이를 고등법원장이 조종하기 곤란함은 짐작이 간다. 그러나 정부의 희망 역시 지당함을 숙의한 끝에 원장도 그 뜻을 이해하게 되었다.

---

[7] 《운동사》 자료 7, 145-146쪽; 김정명 편(1972), 13쪽 참조. 구라치는 도쿄제국대학 법과를 졸업하고 내무성에 들어갔다. 1897년에 외무성으로 전속된 뒤 독일 공사관 서기관을 거쳤다. 1905년 12월, 통감부가 개설되자 서기관으로 부임했다. 1908년에 정무 국장, 1912년에 외무 차관을 역임한 뒤 1913년, 귀족원 의원이 되었다.

[8] 《운동사》 자료 7, 477쪽; 김정명 편(1972), 24쪽.

[9] 《운동사》 자료 7, 477-478쪽; 김정명 편(1972), 24-25쪽.

당초 히라이시는 정부의 재판 개입에 저항했던 모양이다. "사법권 독립 사상"이나 양심 때문이리라. 하지만 곧 저버렸다. 그런 사실을 구라치는 '전보 39호(극비)'에서 이렇게 보고한다.[10]

오늘 고등법원장과 회견하고 정부의 희망에 따라 간담한 끝에 결국 이렇게 타협했다. 이는 말할 것도 없이 엄한 비밀에 부쳐 두기 바란다.

안중근에 대해 법원장 자신은 사형을 과科하리라고 논했다. 정부의 희망도 그러한 이상 우선 검찰관에게 사형을 구형시키고 나서 지방법원에서 목적을 달성하도록 노력할 것이다. 만약 법원에서 무기無期 도형徒刑의 판결을 내리는 일이 생기면 검찰관에게 공소시켜서 고등법원에서 사형을 언도하도록 한다.

이처럼 안중근의 공판(1910년 2월 7일~14일)이 열리기 전에 사형을 결정해 두었다. 그 공판은 공정한 재판이 아닌 왜곡된 재판, 곧 '곡판曲判'에 다름 아니다.[11]

통감부의 수사

제2대 통감인 소네 아라스케(曾禰荒助, 1849~1910)는 경시청警視

---

[10] 《운동사》 자료 7, 478쪽; 김정명 편(1972), 25쪽.

[11] '곡판'이란 용어는 나카노 야스오(中野泰雄, 1923~2009)의 저서 《安重根と伊藤博文》, 恒文社, 1996, 112쪽에서 빌린 것이다.

廳 총감 와카바야시 라이조(若林賚藏, 1866∼1941)에게 '대한제국 황실, 내각의 동향, 국내외 반향'의 수사를 지시했다.[12] 또 경무부警務部 총장을 겸임하던 육군 소장 아카시 모토지로(明石元二郎, 1864∼1919)도 각지 헌병대에 지령하여 별도 수사에 돌입했다.[13] 와카바야시의 보고서 약 40통과 헌병대 보고서 70여 통은 《운동사》 자료 7(15−376)에 뒤섞여 실려 있다. 각각 하나씩만 살펴보자.

먼저 와카바야시의 보고서 '10월 28일자 경비警秘 288호'는 '이토 공 조난에 대한 한민韓民의 감상'에 관한 20개 항목으로 구성된다. 그 머리말 일부를 인용한다(87): "대한매일신보사, 유생儒生, 배일排日 단체, 혈기의 청년들은 공의 조난을 기뻐하고 있다. 그중에는 한국의 사기가 아직 쇠하지 않았다고 오어傲語하거나 또는 대한大韓에 대한 보호 정치를 잘못한 결과라고 평하는 자도 있다고 한다."

이렇듯 와카바야시는 안중근 의거를 구실로 항일 세력을 탄압하기 위한 정보를 수집하고 있었다. 특히 《대한매일신보》는 항일 언론의 선봉인 만큼 통감부가 노리고 있던 탄압 대상이었다.[14] 위 보고서 제

---

[12] 와카바야시는 1893년 도쿄제국대학 법과를 졸업했다. 1896년에 경시가 된 이래 경시청, 내무부의 여러 직책을 역임하다가 1908년 8월, 통감부 산하의 경시청 총 감으로 부임했다.

[13] 경무부는 1905년 12월 21일에 발령된 '통감부와 이사청理事廳 관제(칙령 267호)'에 의해 설치되었다. 총장은 당시 한국 주차駐箚 헌병대 사령관이던 아카시가 겸 임하고 있었다. 아카시는 '한국 강점' 이후 무단정치武斷政治를 이끈 주역의 한 사 람이었다.

[14] 《대한매일신보》는 영국인 베델(Ernest Thomas Bethel, 1872∼1909)이 양기탁을 비롯한 애국 인사들과 함께 1904년 7월에 창간한 신문이다. 그 사장이 '치외 법

1항은 "대한매일신보 사원 양기탁(梁起鐸, 〔1871~1938〕) 등은 조난 소식이 도달하자 사내에서 연회를 열어 축배를 들었다."(87)라는 내용이다.

다음으로 헌병대 평양 분대장의 보고서 '11월 10일자 헌기憲機 2167호'의 제목은 '안창호(安昌浩, 〔1878~1938〕)의 체포'이다. 체포 이유는 "평양 지역의 한인과 기맥을 통하고 배일 감정을 고취"(125) 하고 있었다는 것이다. 덧붙이면 그가 안중근 의거에 '직접' 연루되어 있을 리 없기에 무혐의로 풀려났다. 이듬해 1910년 4월, 망명의 길을 떠났다.15

그리하여 베이징, 칭다오, 상하이, 블라디보스톡 등지에 신민회新民 會 지부를 설치한 다음 '한국 강점' 소식에 접하고 연말에 귀국했다. 신민회는 안창호, 양기탁 등 애국 인사들이 주동하여 1907년 4월에 결성한 항일 비밀 단체이다. 그 조직은 전국으로 확대되었다. 이와 함께 중국, 러시아 등 각지에 해외 지부를 설치해 나갔다. 그랬다가 1911년 다시 망명의 길을 떠나 미국으로 건너갔다.16

권을 누리는 외국인' 베델이었기에 통감부는 섣불리 탄압할 수 없었다. 그러다가 1909년 5월 베델이 서거하자 탄압에 돌입했다. 이듬해 5월, 통감부는 신문사를 매수했다. 그리고 8월 '한국 강점' 이후 조선 총독부는 《매일신보》로 개명하여 기관지로 삼았다.

15 이때 안창호는 상기 망명을 예상하고 '거국가去國歌'를 지었다: '간다 간다 나는 간다. 잠시 뜻을 얻었노라. 까불대는 이 시운時運이 나의 등을 밀어 너를 떠나가게 하니, 간다 한들 영永 갈소냐. 나의 사랑 한반도야.'

16 이후 안창호는 1912년 샌프란시스코에서 결성된 '대한인국민회(Korean National Association)'를 이끌었다. 그리고 1919년 상하이 대한민국임시정부의 내무부 총장

한편 양기탁은 1911년 1월에 16명의 동지들과 함께 제포逮捕되었다. 이어서 9월, 총독부는 날조한 '데라우치寺內 암살 음모 사건'을 구실로 신민회 회원 800여 명을 체포했다. 그 가운데 105명에게 실형을 선고했다('105인 사건'). 이로써 신민회의 국내 조직은 해체된다. 양기탁은 4년 동안 복역하다가 1915년 2월에 석방된 뒤 이듬해 중국으로 망명하여 항일 운동에 몸 바쳤다.[17]

2. 사카이境 경시의 평양 출장과 복명서

경무부는 10월 28일, '한국말이 능통한' 사카이境 경시警視에게 평양 출장을 지시했다.[18] 임무는 안중근의 주변 인물 수사, 가족의 심

겸 국무총리 대리에 취임한 뒤 미국을 왕복하면서 활동했다. 그러다가 1932년 상하이 홍코우虹口 공원에서 '윤봉길尹奉吉 의거'가 일어나자 체포되어 서대문 형무소와 대전 형무소에서 복역했다. 1935년 2월에 질병이 악화되어 가출옥되었다. 1937년 6월에는 '수양 동우회修養同友會 사건'으로 다시 복역하다가 병보석病保釋으로 출감했다. 이듬해 3월 순국했다.

17 이후 양기탁은 1918년 11월, 톈진天津에서 체포된 뒤 전라남도 거금도居金島에 유폐되었다. 이듬해 12월에 석방되자 《동아일보》(1920년 4월 창간)의 상임 고문이 되었다. 1920년 8월, 미국 의원단이 방한했을 때는 시위를 계획하다가 투옥되었다. 그즈음 모친이 사망하자 보석保釋된 뒤 다시 중국으로 건너가 투쟁했다. 또한 1933년 10월부터 1935년 10월까지 상하이 임시정부의 국무령國務領을 역임하기도 했다.

18 일본 경찰은 '총감, 경시감, 경시장, 경시정警視正, 경시, 경부警部'의 여섯 계급으

문이었다. 그는 10월 31일까지 평양에 체재한 뒤 11월 2일에 돌아와서 경무 국장 마쓰이 시게루(松井茂, 1866~1945)에게 복명서를 제출했다.[19]

내용은 머리말과 본문 '一. 평양에서의 안중근, 二. 중근의 처자를 데려간 정대호鄭大鎬,[20] 三. 대호의 우인友人 이승태李承泰와 관계인, 四. 중근 가족의 구공(口供; 진술), 五. 내지內地 관계의 추정' 등으로 구성된다. 그 뒤에는 〈四의 첨부서〉에 해당하는 '안정근安定根,[21] 안공

로 나뉜다. 경시 사카이는 하급 경찰이었던 셈이다. 그에 관해서는 《순종실록》(순종 2[1908]년 1월 21일조), 《승정원일기》(순종 4년 6월 30일조) 등 기록이 있으나 단편적이다. 따라서 그의 이름이나 생몰 연도는 미상未詳이다.

[19] 《운동사》 자료 7, 335~346쪽.

[20] 정대호(1884~1940)는 1907년에 진남포로 이주하여 이웃에 살던 안중근과 의형제를 맺었다. 1908년에는 만주로 건너가 흑룡강(黑龍江, 허이룽쟝)성 수이펀허綏芬河 세관에서 근무했다. 이듬해 안중근의 부탁으로 그의 처자를 만주로 데려오던 중 하얼빈에서 체포되어 취조를 받은 뒤 석방되었다. 이후 1912년부터 하얼빈 한인회 부회장으로 활동했다. 1919년에는 상하이 임시정부 의원에 선출되었다. 1921년에는 신한 청년당에 가입하여 항일 운동에 헌신했다.

[21] 안정근(1885~1949)은 안중근 의거 후 동생 공근과 함께 일가를 거느리고 연해주에 망명한 뒤 항일 운동에 몸 바쳤다. 1919년 10월 무렵 안창호, 김구(金九, 1876~1949)의 요청으로 상하이로 이주했다. 1921년에 임시정부의 김규식(金奎植, 1881~1950), 여운형(呂運亨, 1886~1947) 등이 창당한 신한新韓 청년당에 들어가 이사理事로 선출되었다. 1922년에는 임시정부의 의정원 의원이 되었다. 1937년 중·일전쟁이 일어나자 홍콩으로 피신했다. 1939년부터 뇌병을 앓고, 광복 후에 귀국하지 못한 채 1949년 3월 상하이에서 사망했다. 그의 6남매 자녀 가운데 장녀 안미생(安美生, 1914~2007)은 쿤밍昆明의 서남연합대학西南聯合大學 영문과를 졸업한 뒤 김구의 비서가 되었다. 그리고 1940년 무렵, 김구의 장남 김인(金仁, 1917

근安恭根,[22] 어머니 조씨 세 사람의 구공'이 부쳐져 있다. 이 가운데 본문의 '二'와 〈四의 첨부서〉, 그리고 '五'의 순서로 살펴보자.

'二. 중근의 처자를 데려간 정대호'

그 내용은 이렇다(336): 정대호는 "수이펀허 세관에 봉직 중인데 이토 공의 만주행이 발표된 10월 13·14일경 임지를 떠나 17일 평양에 왔다. 자기 가족과 중근의 처자를 데리고 출발하여 안봉(安奉; 奉天⇔安東) 철도로 블라디보스톡 방면으로 향했다. …… 이번 흉행 내용을 알고 중근의 처자를 데려가는 임무를 띠었던 것으로 추정된다. 그러나 살해가 수행된 26일의 이틀 뒤 28일의 타전은 어쩌면 그가 아무것도 모르는 척 가장하려는 행위가 아니었을까 의심한다."

이처럼 사카이는 안중근의 처자를 데려간 정대호의 행적을 수사했다. 그런데 이보다 상세한 헌병대의 보고서가 있다. '헌밀憲密 제2159호 1909년 11월 9일'에 첨부된 '11월 7일부 진남포 분견 소장 보고'가 그것이다.[23] 그 제1보와 제2보 가운데 후자의 세 번째 단락만 보

~1945)과 결혼했다.

[22] 안공근(1889~1939)은 연해주에 망명한 뒤 교민 활동을 지도했다. 1921년에 상하이 임시정부의 주러시아 대사로 임명되어 이듬해 모스크바에 가서 항일 운동을 지원했다. 이후 김구가 결성한 한국 독립당, 한인 애국단의 재정을 담당했다. 그러나 재정 문제 등으로 김구와의 사이가 나빠졌다. 그러던 중 1939년 5월 30일, 누군가에 의해 암살되었다. 암살 배후는 아직도 밝혀지지 않고 있다.

[23] 《운동사》 자료 7, 166-170쪽.

자(168-169).

정대호는 10월 17일, …… 전화로 진남포 비석동 집에 있는 큰아버지 정서우鄭瑞雨를 불러내어 …… '안중근의 의뢰를 받아 그의 가족을 데리러 왔다. 나의 가족과 함께 평양 관동貫洞의 김윤호金允浩 댁까지 데리고 와 달라'고 부탁했다. 정서우는 그 뜻을 안중근 집에 통지했다. 안중근의 아내가 크게 기뻐하며 …… 〔두 아들과 함께〕 3명만 정대호와 같이 수이편허로 가기로 결성했다.24

이들 일행은 수이편허로 가는 도중 10월 27일, 하얼빈에 도착했을 때 체포되었다. 그리고 약 3개월 뒤 1910년 2월 1일 '오후 5시에 방면하여 순사 2명이 하얼빈까지 호송했다'고 한다.25 옥중의 안중근을 면회조차 못한 채 생이별해야 했던 것이다.

---

24 안중근의 아내 김아려(金亞麗; 세례명 마리아, 1878~1946)는 1894년에 결혼하여 1녀, 2남을 두었다. 정대호를 따라 망명길에 올랐을 때 당시 여덟 살이던 맏딸 현생(賢生, 1902~1959)은 프랑스 신부의 보호 아래 명동 성당의 수녀원으로 피신했다. 5년 후 1914년, 현생은 블라디보스톡에 거주하던 가족과 합류했다. 한편 망명 후 장남 문생(文生; 일명 芬道, 1905~1911)은 겨우 일곱 살에 사망했다. 그런데 막내 준생(俊生, 1907~1951)은 훗날 불미스러운 행적을 남기게 된다(후술).

25 《대한매일신보》 1910년 2월 9일자 '뤼순 통신(二)' 또는 《운동사》 자료 7, 480-481쪽 참조.

사진 15 정대호와 안중근 가족(부인 김아려, 문생, 준생). 안중근의 부탁으로 정대호가 안 의사의 처자를 만주로 데려왔다.

〈四의 첨부서〉

① '안정근의 구공' 28개 항목, ② '안공근의 구공' 3개 항목, ③ '어머니 조씨의 구공' 4개 항목으로 구성된다. ①의 제7항과 ③의 제1, 2항을 살펴본다. 먼저 ①의 제7항에 따르면 "형의 마음은 급격하고 일정치 않아서 사물에 염증내기 쉬운 성질이다. 의사意思가 투합하는 사람도 적어서 나는 형과 친한 사람을 모른다."(338)라고 안정근은 진술했다고 한다. 이런 진술이 얼마나 사실인지 …… 아무튼 '형과 친한 사람'들을 보호하기 위한 위장 진술이 섞여 있다고 봄이 옳다.

다만 홍[빌렘] 신부에 관하여 안정근은 이렇게 진술했다고 한다:
"[형은] 프랑스인 천주교 목사[신부]인 홍과는 신천(信川, 황해도 신천
군)에서 어렸을 때 교제했다. 홍은 지금도 신천에 있다."(338) '형과
친한 사람'들 가운데 (치외법권을 누리는) 빌렘 신부는 군이 보호할
필요가 없었을 것이다.

주목할 것은 ③ '어머니 조씨의 구공'이다.[26] 제1항에 따르면 안중
근 의거에 관한 의견을 묻자 "나는 모른다. 사실이라면 악행이
다."(344)라고. 제2항은 "모두 착한 자식들인데 중근만 악인임은 어
찌된 일인지. 어릴 때 성질을 말하면 중근 역시 다른 자식과 다르지
않았다."(344-345)라고 말했다고 한다. 물론 진심일 리 없다. 이와
전혀 다른 언행을 조성녀 여사는 보여 주고 있기 때문이다(후술).

'五. 내지 관계의 추정'

사카이는 "관계자의 취조로부터 추고推考하건대 이번 흉행은 직접
한국 내지와 연계되어 있다고 인정할 수 없다."(337)고 결론짓는다.
하지만 "음모에 교묘한" 한국인이니 "의문이 없을 수 없다."면서 이
렇게 말한다(337).

---

[26] 안중근의 어머니는 조성녀(趙姓女, 1862~1927), 세례명은 마리아이다. 조성녀 여
사는 1920년 5월에야 상하이로 망명할 수 있었다. 거기서 김구 등 임시정부 요인
들과 함께 살면서 항일 운동에 몸 바쳤다.

블라디보스톡 방면의 폭도, 프랑스인 신교사, 《대한매일신보》, 그리고 그(안중근)가 회원인 서북학회西北學會 사이에는 일련의 맥락이 통하고 있음은 의심할 여지가 없다.[27] 과연 그렇다면 이번 흉행은 이상과 같은 위험분자가 일찍이 기획하고 있었던 것이고, 이토 공의 여행은 우연히도 그들의 희망을 이루게 만든 것이라고 추정할 수밖에 없다. 따라서 본건과 한국 내지와의 직접적 관계를 인정할 수 있는 재료(증거)가 없긴 하나 음모적 근거가 이곳에 가득 차 있음은 의심할 여지가 없다.

하나 지적할 것은 위의 "음모에 교묘한"이란 말은 오히려 일본인의 몫이라는 점이다. 바로 '그러한' 계략으로 한국을 침략해 나갔기 때문이다. 이에 맞서 '항일 운동을 도모함'을 사카이는 '음모'라는 말로 바꿔친/덮어씌운 셈이다.

이상 임무를 끝낸 지 약 한 달 뒤 사카이는 뤼순으로 향한다. 아카시가 총무장관 이시즈카 에이조(石塚英藏, 1866~1942)에게 보낸 1909년 11월 23일자 '전보 27호(암호)' 지령에 따른 것이다.[28]

이번 임무는 안중근, 의거 관련자를 심문하는 일이었다. 이 가운데 '사카이 경시의 신문에 대한 안응칠의 공술(진술)'(12통)은 뒤의 제4절에서 살펴볼 것이다.

---

[27] 서북학회는 1908년 1월에 평안도, 황해도, 함경도 애국지사들이 조직했던 애국 계몽 운동 단체의 하나이다.

[28] 《운동사》 자료 7, 390쪽. 이시즈카는 1890년, 도쿄제국대학 법과를 졸업한 뒤 법제국法制局에 들어갔다. 1894년 12월부터 이듬해 7월까지는 갑오개혁 정부의 고문관을 지냈다. 1898년에 타이완 총독부의 참사관, 1907년 9월에 통감부 참사관을 거쳐 총무장관을 역임했다.

3. 미조부치溝淵 검찰관의 심문과 안중근의 역사 전쟁

《운동사》 자료 6에는 검찰관 미조부치의 '신문 조서'가 실려 있다. 약 40통의 이 조서는 안중근 11회, 우연준 4회, 조도선 5회, 유동하 7회 등으로 구성된다. 안중근의 첫 심문은 10월 30일, 하얼빈 주재 일본 총영사관 지하실에서 행해졌다. 이틀 뒤 11월 1일, 안중근 등은 뤼순으로 이송되어 3일부터 감옥에 수감되었다. 그곳에서 안중근의 심문은 11월 14일, 15일, 16일, 18일, 24일, 26일, 12월 20일, 21일, 22일, 그리고 이듬해 1월 26일로 이어졌다. 이 가운데 제1회(10월 30일), 제6회(11월 24일), 제8회(12월 20일), 제10회(12월 22일)의 '신문 조서'를 살펴보기로 한다.

제1회 심문: '이토의 죄악' 15개조, 역사 전쟁의 포문, 두 편의 문서

먼저 미조부치는 안중근의 내력, 관련 인물 등을 언급한 다음 이토를 "왜 적대시하는가"(3)라고 묻는다. 이에 대해 안중근은 '이토의 죄악' 15개조를 거론한다(3-4).

일, 10여 년 전(1895년) 이토의 지휘로 한국 왕비를 살해했다.
이, 5년 전 이토는 병력으로(강제로) 5개조 소약(을사늑약)을 체결했는데 그것은 모두 한국에게 매우 불이익한 조항이다.
삼, 3년 전 이토가 체결한 12개조 조약(정미 7조약 등)은 모두 한국에게 군사상 매우 불이익한 사항이다.

사, 강제로 한국 황제를 폐위했다.

오, 한국 병대를 해산시켰다.

육, 조약이 체결되자 한국민이 분개하여 의병을 일으켰다. 이를 구실로 한국의 양민을 수없이 살해했다.

칠, 한국의 정치와 그 밖의 권리를 약탈했다.

팔, 한국 학교에서 사용했던 양호한 교과서를 불태워 버리도록 지휘했다.

구, 한국 인민의 신문 구독을 금했다.

십, 한국민에게 알리지도 않고 〔일본의〕 제일은행권을 발행하고 있다.

십일, 국채 2〔1〕천 3백만 원을 모아 그 돈을 관리들에게 멋대로 분배했다고 들었다. 또한 토지를 약탈하기 위해서도 썼다고 들었다.

십이, 동양평화를 교란擾亂했다. 러일전쟁 당시 '동양평화 유지' 등을 선언했음에도 한국 황제를 폐위했으니 당초 선언과 정반대되는 결과이다.

십삼, 한국 보호를 명목으로 한국에 불리한 시정施政을 폈다.

십사, 42년 전에 현 일본 황제의 부군(父君, 〔고메이孝明 천황〕)을 이토가 없앴다.[29]

십오, 한국민이 분개하고 있음에도 불구하고 일본 황제나 기타 세계 각국에 대하여 한국은 무사하다고 기만했다.

하나하나가 일본인의 간담肝膽이 서늘할 '불편한 사실/진실'이다. 하지만 미조부치는 반발한다. "기차〔京釜線/京義線〕가 개통되고, 수도

---

[29] 그 사실 여부는 어쨌든 그런 소문이 퍼져 있었던 모양이다.

사진 16 귀순 감옥 안중근 의사 감방(왼쪽)과 안중근 의사 신문 조서

공사 등으로 위생이 완비되었다. 대한병원이 설치되었다.[30] 식산흥업
殖産興業은 점차 왕성해지고 있다."(4)라고. 이 모두가 나무만 보고
숲을 못 보는 '위선, 기만, 편견'에 찬 터무니없는 궤변이다.

다음으로 미조부치는 이렇게 묻는다: "한국 황태자는 일본 제실帝
室의 우대로 문명의 학문을 닦고 계신다.[31] 훗날 황위에 올라 세계

---

30 '대한병원'의 원래 명칭은 '대한의원醫院'이다. 1907년, 대한제국 정부가 내무부
   관할의 광제원(廣濟院, 1899년 설립)과 학부 소관의 경성의학교(京城醫學校, 1899년
   설립) 부속 병원, 그리고 궁내부 소속의 대한 적십자병원(1905년 개원)을 통합하
   여 의정부 직속으로 설립했다. '한국 강점' 후 '총독부 의원'이라 불렸으나 1911년
   부터 총독부의 '부속 의학 교습소'로 개칭되었다. 1926년 경성제국대학이 설립되자
   '경성제국병원'에 편입되어 대학 병원이 되었다. 1945년 해방 이후 '서울대학교 부
   속 병원'이 되어 현재에 이른다.

31 '한국 황태자'란 고종의 7번째 아들인 영친왕英親王 이은李垠을 가리킨다. 1907년

열국 간에 대립하여 명군으로서 욕됨없는 교육을 받고 계신데 그대는 어찌 생각하는가?"(4) 역시 터무니없는 궤변이다. 한국 황태자가 황위에 오르지 못할 것은 뻔한 사실이기 때문이다. 이에 안중근은 시비是非를 따져 밝히면서 답변한다.

우선 "한국 황태자가 일본의 우대로 문명의 학문을 닦고 계신 것은 한국민이 매우 감사하고 있다."(4)고 평가한다. 그런 다음 "총명하신 전 한국 황제를 폐하고 나이 어린 현 황제를 세워 양호한 성적을 올리지 못하게" 함은 "결코 진보가 아니다."(5)라고 비판한다. 그 취지는 이렇다: '양호한 성적을 올릴 수 있는 고종 황제를 폐위한 것은 한국의 진보를 막는 일이다. 현 황제인 순종은 손발 잘린 허수아비 같은 신세여서 양호한 성적을 올릴 수 없으니 역시 한국의 진보를 막는 일이다.'

반론없이 미조부치는 다른 질문을 던진다: "한국의 장래가 어떻게 되리라고 생각하는가?" 안중근의 대답은 단호하다. "이토가 생존하면 한국뿐만 아니라 일본도 마침내 멸망하리라고 생각한다." 이때 '이토'란 일본 제국주의를 상징한다. 그처럼 '제국주의를 지속하면 일본도 멸망하리라'는 예언적 경고를 던진 것이다.

10세 때에 이토 통감의 지시로 일본 유학을 떠났다. 사실상 정치적 인질이 되었음을 뜻한다. 1920년에 일본 황족인 나시모토노미야 마사코(梨本宮方子, 1901~1989; 한국명 李方子)와 결혼했다. 1926년에는 순종(純宗, 1874~1926; 재위 1907~1910)이 승하하자 제2대 창덕궁 이왕李王이 되었다. 일본의 육군사관학교를 졸업한 뒤 입대하여 중장中將에 이르렀다. 해방 후 귀국하지 못하다가 1963년에 대한민국 국적을 취득한 뒤 돌아왔다. 이후 투병 생활을 하다가 1970년에 사망했다.

이어서 안중근은 "이토가 죽은 이상 금후 일본은 충분히 한국 독립을 보호(보장)할 수 있으리니 한국에게는 큰 행복이요, 금후 동양의 다른 나라들도 평화를 보전할 것이라."(5)고 말한다. 이제부터라도 '제국주의를 버리고 한국 독립을 보장하여 동양평화를 보전하라'는 것이다. 이로써 당시 '뒤틀려 가는 역사'와 일본인의 그릇된 역사관(인식)을 바로잡기 위한 전쟁의 포문을 연 셈이다. 이러한 역사 전쟁은 심문, 공판 과정에서 수시로 벌어진다.

가령 안중근의 말과 의거의 뜻을 일본이 받들었다면 이후의 역사는 어떻게 되었을까? 일본은 '도리를 아는 나라'가 되어 신뢰와 존경을 얻게 되었을 것이다. 동양은 평화를 보전함과 함께 연대와 호혜의 공동체를 형성해 나갔을 것이다. 당연히 동아시아 근대의 '불행한 역사'도 오늘날 역사 문제도 생기지 않았으리라. 그러나 역사에는 가령(if)이 없다. 그래서 역사는 냉엄하다. 다만 미래의 역사에는 가령이 얼마든지 있을 수 있다.

안중근의 기세에 눌렸던지 미조부치는 "진술에 따르면 그대는 한국을 위해 실로 충군애국의 사士"라고 말한다. 거기에는 불순한 의도가 담겨 있다. 이런 질문을 던지고 있기 때문이다: "그대와 같은 생각을 가진 사람도 있을 것이다. 그런 사람들과 평소 교제를 하고 있었는가?" 관련 정보를 얻기 위함이다. 안중근의 대답은 이렇다: "그런 지사는 많다. 그중에서 나는 가장 지위가 낮다. 다른 사람들은 나보다 학식 높고 재산 있는 분이어서 교제는 없지만 그 씨명은 듣고 있다."(5) 그러면서 유명하거나 돌아가신 지사들만 골라서 예로 든다.

그러자 미조부치는 한동안 신상 정보, 관련 인물 등을 캐묻고 나서 "그대는 전부터 이토 공작을 한국 또는 동양의 적으로 삼아 없애고자 결심하고 저격했는가?"(9)라고 묻는다. 안중근은 대답한다: "그렇다. 나는 3년 전부터 이토의 생명을 없애고자 결심하고 있었다. 나는 처음엔 일본을 신뢰하고 있었다. 그러나 한국은 이토 탓에 점점 불리해질 뿐이었다. 그래서 마음을 바꿔 이토를 적시敵視하게 되었다. 이는 나뿐만 아니라 한국 2천만 동포 모두가 같은 마음이다."(9)

이어서 미조부치는 의거에 이르는 과정과 의거 장면에 관한 정보를 캐묻는다. 그리고 첫 심문은 이런 문답으로 끝맺는다(13).

> 문: 그대는 이토 공의 생명을 없앴으니 그 몸은 어찌할 생각인가?
>
> 답: 내 몸에 관한 일은 본시 생각한 적이 없다. 이토의 생명을 빼앗으면 나는 법정에 끌려 나갈 때 이토의 죄악을 낱낱이 진술하고, 내 몸은 재판관에게 맡길 생각이었다.

이처럼 안중근은 죽음을 각오하고 있었다. 다만 법정에서 이토의 죄악을 성토할 기회가 주어지기를 바라고 있었다. 이에 덧붙여 《안응칠 역사》의 기록을 인용해 보자(175).

> 검찰관은 다 듣고난 뒤 놀라면서 말하기를 "이제껏 진술한 말을 들으니 동양의사東洋義士라 할 만하다. …… 반드시 사형을 받으라 할 법은 없다. 우려하지 말라."고 했다. 나는 "내가 죽고 사는 일은 논하지 말라. 이 뜻만 빨리빨리 일본 천황 폐하께 아뢰어라. 속히 이토의 옳지 못한(不善) 정략을 고쳐서 동양의 위급한 대세를 바로잡기를 간절히 바랄 뿐이

<u>다.</u>"라고 말했다. 말을 마치자 다시 지하 감옥에 수감되었다.

　주목할 것은 위의 밑줄친 대화 부분이 '신문 조서'에는 보이지 않는다는 점이다. 일본 측에게 '불편한 사실'인 까닭이리라. 추정컨대 이를 '신문 조서'는 삭제한 듯하다. 이처럼 삭제한 곳은 적지 않으리라. 그 밖에 조작한 곳도, 은폐한 곳도 있을 것이다.[32]

　두 편의 문서

　첫 심문이 끝난 이틀 뒤인 11월 1일에 안중근 등은 뤼순으로 이송된다. 도착은 3일, 이날부터 뤼순 감옥에 수감된다.[33] 사흘 뒤 6일 오후 2시 30분, 안중근은 연필로 쓴 두 편의 한문 문서를 제출한다.[34] 하나는 첫 심문에서 거론했던 '이토의 죄악' 15개조를 재정리한 〈伊藤博文罪惡〉이다.[35] 또 하나는 〈韓國人安應七所懷〉로서 원문은 다음

---

[32] 실제로 심문, 공판 기록을 보면 '그런 곳'으로 추정되는 부분이 곳곳에 눈에 띈다.

[33] 고무라 외무대신이 소네 통감, 구라치 정무 국장에게 보낸 1909년 11월 3일자 전보 제169호와 제1호의 〈伊藤博文暗殺者安重根外旅順へ護送ノ件〉 참조. 김정명 편, 1972, 18–19쪽; 《운동사》 자료 7, 332–333쪽.

[34] 구라치 정무 국장이 고무라 외무 대신에게 보낸 1909년 11월 7일자 전보인 〈기밀 제1호〉 안에 '부속서'로 수록되어 있다. 김정명 편, 1972, 19–20쪽.

[35] 그 원문을 인용해 둔다: 一, 一千八百六十七年　大日本明治天皇陛下父親太皇帝陛下弒殺 大逆不道事. 二, 一千八百九十四(五)年　使人於韓國　驅兵突入于皇宮　大韓皇后陛下(閔妃)弒 殺事. 三, 一千九百〇五年　以兵力突入于大韓皇室　威脅皇帝陛下勒定五條約事. 四, 一千九百

과 같다.36

　　天生烝民 四海之內 皆爲兄弟. 各守自由 好生厭死 人皆常情. 今日世人 例稱
文明時代. 然我獨長嘆不然. 夫文明者 勿論東西洋賢愚 男女老少 各守天賦之性
崇尙道德 相無競爭之心 安土樂業 共享泰平 是乃文明也. 現今時代不然. 所謂上
等社會 高等人物者 所論者競爭之說 所究者 殺人機械. 故東西洋六大洲 砲煙彈
雨 無日不絶. 豈不慨嘆哉! 到今東洋大勢言之 則慘狀尤甚 眞可難記也. 所謂伊
藤博文 未解深料天下大勢 濫用殘酷之政策 東洋全幅 將來未免魚肉之場. 噫! 遠
慮天下大勢 有志靑年等 豈肯束手無策 坐而待死可乎! 故此漢 思之不已 一砲於
哈爾賓 萬人公眼之前 欲爲聲討伊藤老賊之罪惡 警醒東洋有志靑年等之精神的也.

　　하늘이 뭇사람을 내니 세상 사람들 모두가 형제이다. 각자 자유를 지
킴과 삶을 좋아하고 죽음을 싫어함은 누구나 공통으로 가진 정情이다.
오늘날 세상 사람들은 문명 시대라 일컫는다. 하지만 나는 홀로 그렇지

○七年 更加兵力突入于韓國皇帝 拔劍威脅勒定七條約後 大韓皇帝陛下廢位事. 五, 韓國內山
林川澤 鑛山鐵道 漁業農商工等業一一勒奪事. 六, 所謂弟一銀行券 勒用且擾行于韓國內地 枯
渴全國財政事. 七, 國債一千三百萬元 勒負于韓國事. 八, 韓國內地學校書冊 壓(押)收燒火內
外新聞不傳于民人等事. 九, 韓國內地許多義士蜂起 欲復國權者稱以暴徒或砲或絞殺戮不絶 甚
至於義士家眷前當奢(屠)戮者十餘萬人事. 十, 韓國靑年外國留學禁止事. 十一, 所謂韓國政府
大官五賊七賊等與一進會輩締結 韓人欲受日本保護云云事. 十二, 一千九百○九年 更爲勒定五
條約(己酉覺書)事. 十三, 韓國三千里疆土欲爲屬邦於日本之樣宣言事. 十四, 韓國自一千九百
○五年 都無安日 二千萬生靈哭聲振天 殺戮不絶 砲聲彈雨到今不息. 然獨伊藤韓國以太平無
事之樣 上欺明治帝事. 十五, 自此東洋平和永爲破傷 幾萬萬人種將未免滅亡事. 許多罪狀不可
枚擧 而前後所行如是 狂猾 外失信義於列强 內絶交宜於隣國 欲爲先亡日本後滅東洋全幅. 豈
不痛嘆哉! 東洋有志靑年諸公 深察之哉!

36 소회所懷란 '늘 품고 있는 생각'이란 뜻이다.

않음을 길게 탄식한다. 무릇 문명이란 동서양의 잘난이든 못난이든 남녀노소 논할 것 없이 각자 천부의 성性을 지키고 도덕을 숭상함을 뜻한다. 서로 경쟁하는 마음 없이 안정된 땅에서 생업을 즐기면서 함께 태평을 누림이 곧 문명이다. 오늘날 시대는 그렇지 않다. 이른바 상등 사회의 고등 인물이란 자들이 논하는 것은 경쟁설이요, 연구하는 것은 살인 기계이다. 그래서 동서양 6대주에 대포 연기와 탄환 빗발이 그칠 날 없다. 어찌 개탄하지 않으리오! 이제 동양 대세를 말하면 참상이 더욱 심하니 참으로 기록하기 어렵다. 이토 히로부미라는 자는 천하 대세를 헤아려 알지 못하고 잔혹한 정책을 남용했던 탓에 동양 전체가 장차 참상을 면할 수 없게 만들었다. 슬프다! 천하 대세를 멀리 걱정하는 뜻있는 청년들아 어찌 팔장만 끼고 아무 방책 없이 앉아서 죽음을 기다림이 옳겠는가! 그래서 나는 생각하다 못해 하얼빈에서 권총 하나로 만인의 눈 앞에서 늙은 도적 이토의 죄악을 성토하여 동양의 뜻있는 청년들의 정신을 일깨운 것이다.

먼저 '천생증민'은 《시경》 대아大雅에 나오는 "하늘이 뭇사람을 내니 만물에 법칙이 있다. 사람들은 상도常道를 지키며 이 아름다운 덕을 좋아한다(天生烝民 有物有則. 民之秉彝 好是懿德)."라는 구절의 첫 마디이다. 여기에는 천도天道, 도리를 추구하는 유교 문명과 사상을 받들려는 뜻이 담겨 있다. 다음으로 안중근은 《논어》 안연顔淵에 나오는 '세상 사람들 모두가 형제(四海之內 皆爲兄弟)'라는 말을 인용한다. 인류애와 평화 사상에 다름 아니다.

이어서 안중근은 '천부의 성을 지키고 도덕을 숭상함'을 문명이라 일컫는다. 그 바탕에는 성리학의 '성즉리性卽理' 명제나 유교의 '수기

치인修己治人'에 입각한 도덕 사상이 깔려 있다. 반면 '경쟁설'을 엄중하게 비판한다. 당시 유행하던 사회 진화론을 비판한 셈이다. 그는 '진보'를 긍정하고 근대 문명의 '정'을 수용하는 근대적 지식인이었다. 그러나 한편 그 '부'를 비판하는 반근대의 지식인이기도 했다. 특히 그가 '경쟁, 살인, 전쟁'을 일삼는 당시 시대상을 개탄함은 근대 비판 정신과 다름없다.

나아가 근대 문명의 '부'와 그 시대상에 편승하던 일본이 동양의 참상을 만들고 있음을 개탄하면서 '잔혹한 정책을 남용했던' 이토의 죄악을 성토한다. 거기에는 '불인인지심(不忍人之心; 남에게 차마 못하는 마음), 측은지심惻隱之心'(《맹자》 공손추公孫丑 상)이 듬뿍 담겨 있다. 끝으로 이토를 주살한 목적은 '동양의 뜻있는 청년들의 정신을 일깨우기 위함'임을 천명한다. 이는 '그들이 자기의 뜻을 이을 것'이라는 기대를 담고 있다.

이들 두 문서는 일본 당국을 당혹하게 만들었을 것이다. 그러나 〈한국인안응칠소회〉의 고매한 뜻을 이해하지 못했으리라. 또는 이해했어도 '소 귀에 경 읽기'였으리라. 오직 관심은 〈이등박문죄악伊藤博文罪惡〉에 쏠렸던 모양이다. 과연 문서가 제출된 지 18일 뒤인 11월 24일 제6회 심문에서 미조부치는 이토와 통감 정치에 관한 각종 변론을 시도한다.[37] 이로부터 두 사람의 문답은 치열한 역사 전쟁으로 이어진다.

---

[37] 그사이에 벌어진 제2~5회 심문은 의거와 그 연루자, 대동공보사 관련 인물 등 사항을 다루고 있다. 다만 검토는 생략한다. 이보다 상세한 사실은 '사카이 경시의 심문 공술서' 또는 안중근의 '공판 기록'을 통해 점차 밝혀질 것이기 때문이다.

제6회 심문: 치열한 역사 전쟁, 궤변과 반박, 의미심장한 논변

먼저 안중근의 의병 활동과 그 관련자, 의거에 이르는 행적, 의거 연루자, 대동공보사 관련 인물 등을 짧게 다룬다. 그런 다음 이토의 행적과 보호통치를 변론하면서 틈틈이 질문을 던지는 식으로 진행된다. 안중근의 답변은 대체로 간결하다. 이유는 쉽게 짐작된다. 의미 없기에 긴 답변이 필요 없다고 여겼기 때문이리라. 다만 '위선, 기만, 편견'에 찬 궤변이 넘치면 가차 없이 반박한다. 문답은 이렇게 시작된다(169).

　문: 그대는 일본의 근세사를 읽었는가?
　답: 대개 읽어 알고 있다.
　문: 그렇다면 이토 공작이 어떤 일을 하셨는지 알고 있는가?
　답: 잘한 일도 악한 짓도 다 알고 있다.

안중근은 이토의 '잘한 일'도 인정한다. 즉 전면 부정하지 않고 시비를 분별한 것이다. 이에 미조부치는 이토의 행적을 열거하면서 설득하듯 질문을 던진다. 그때마다 안중근은 '알고 있다.'고 대답한다. 이는 물론 납득을 뜻하지 않는다. '그 모두가 거짓되고 잘못된 일임을 알고 있다.'는 뜻에 가깝다. 이런 뜻을 알아챘는지 미조부치는 화제와 질문을 바꾸어 나간다(170).

　문: 일·청전쟁은 동양평화를 위한 것이라고 일본이 선언했던 일을 알고 있는가?

답: 그렇다. '동양평화를 유지하고 또한 한국의 독립을 도모한다.'는 것이
   었다.
문: 일·한 협약도 한국의 독립을 도모하기 위한 선언인 것은 알고 있는가?
답: 그런 선언인 것은 알고 있다. 하지만 그것은 신뢰할 수 없다.

과연 청·일전쟁 때 선포한 일본의 '선전 조칙'에는 '동양평화의 유
지, 한국 독립의 도모'라는 취지의 선언이 담겨 있다. 또한 1904년 3
월 23일 체결된 '한·일 의정서'에는 '동양평화의 확립'(제1조)과 '대
한제국의 독립과 영토 보전'(제3조) 등이 선언(규정)되어 있다. 그러
나 모두가 기만이요, 거짓임은 뻔한 사실이다. 특히 일련의 "일·한
협약도 한국의 독립을 도모하기 위한 선언"이란 완전한 거짓이다.[38]
   그런데 위 인용문을 보면 안중근은 "그런 선언인 것은 알고 있다."
라고 대답한 것으로 되어 있다. 이는 잘못된 통역이거나 조작된 곳
일 가능성이 있다. 하긴 그 뒤의 "하지만 신뢰할 수 없다."라는 안중
근의 말은 곧 '거짓 선언'에 대한 반박을 예고한다. 이를 피하려는
듯 미조부치는 다른 질문을 던진다: "국제공법을 알고 있는가?" 안중
근은 "일부는 알고 있다."라고 대답한다. 그러자 "일본이 제멋대로의
일을 말해도〔=꾸며도〕국제 협약에 가입하고 있는 열국이 묵시하지
않을 것도 알고 있는가?"라고 묻는다. 안중근은 "그것도 알고 있다."
고 대답한다. 이 대답 역시 반박을 예고한다. 그의 반박을 이어지는

---

38 말할 나위 없이 제1차(1904년 8월 22일), 제2차(1905년 11월 17일, 을사늑약),
   제3차(1907년 7월 18일, 정미 7조약) 등 일련의 일·한 협약은 "한국 독립을 도모
   하기"는커녕 침략하기 위한 강제 조약이다.

문답에서 확인해 보자(170-171).

> 문: 그렇다면 일본이 동양평화를 외쳐놓고 한국을 멸망시키거나 병합하
> 고자 해도 열국이 감시하고 있는 까닭에 그런 일은 할 수 없을 것임을
> 그대는 알고 있는가?
>
> 답: 나는 일본이 한국을 병합하려는 야심을 가지고 있음에도 불구하고 열
> 국이 묵시하고 있는 이유도 알고 있다.

미조부치의 질문은 터무니없는 궤변을 담고 있다. 당시 일본은 '한
국 강점'을 결정해 놓고 또 추진하고 있었다. 열국은 감시는커녕 '일
본의 한국 보호권, 병합'을 묵시하는 각종 밀약을 맺고 있었다.[39] 이
런 사실은 누구라도 짐작하거나 알고 있었다. 미조부치는 고급 관리
인 만큼 익히 알고 있었음에 틀림없다. 단지 모른 체 은폐/기만하고
있었을 뿐이다. 그런 작태가 한심하다는 듯 안중근은 '일본의 야심은
물론 열국의 묵시와 그 이유까지 알고 있다.'라고 대답한다. 이는 미
조부치의 은폐/기만과 궤변에 대한 통렬한 반박을 담고 있다.

아랑곳없이 미조부치는 궤변, 황당한 논리를 구사하면서 다그치듯
질문을 퍼붓는다. 안중근은 기가 막히는지 적당히 응답하다가 때가
오면 가차 없이 반박해 나간다. 예를 들어 보자(172).

---

[39] 예컨대 가쓰라 태프트(William H. Taft) 각서(1905년 8월 12일), 제2차 영일동
맹(1905년 8월 12일)이 있다. 또한 러일전쟁 이후 일련의 러일협상과 밀약 등도
있다.

문: 한국인노 어려서 부보와 헤어신 아이는 후견인을 실정해서 어린애를 보호하겠지?

답: 그렇다.

   ……

문: 어린애가 그 뜻을 받들어 잘 공부해서 지능을 닦고, 몸을 삼가하여 재산을 다스릴수 있게 되면 후견인을 벗어나 독립하여 가정家政을 줠 수 있다. 그러나 만약 …… 방탕한다면 언제까지고 후견인을 두지 않을 수 없지 않은가?

답: 그것은 그렇다.

문: 한국은 독립 자위를 못하는 어린애와도 같다. 그래서 일본이 후견인 되어 보호하는 것이다. 한국이 그 뜻을 잘 따르면 통감 제도도 오래 둘 필요 없다. …… 후견인 뜻에 반하는 행동을 하면 통감 제도를 폐지할 수가 없을 것이다. 그 이유는 알고 있는가?

답: 일본에서는 그럴 테지만〔=그런 궤변이 통하겠지만〕한국 입장에서 말하면 그렇지 않다.

이때 안중근의 '그렇지 않다.'란 '터무니없는 궤변 그만하라.'는 반박을 담고 있다. 이를 무시한 채 미조부치는 더 심한 궤변을 잇는다 (172): "열국이 승낙하고 있는 보호, 곧 통감 제도는 한국이 세계 대세에 통하여 자각할 때는 필요 없게 되겠지만, 한국이 세계 대세를 달관達觀하지 못한 채 완명頑冥한 생각을 가지고 있다면 끝내 통감 제도도 폐할 수 없게 되리니, 결국 일본이 한국을 망하게 하는 것이 아니라 한국이 스스로 망하게 하는 것이다. 그것을 알고 있는가?"

논리 바꿔치기를 구사한 궤변이다. '달관'이란 '깨달음, 득도의 경지에 달함'을 뜻한다. 그것을 일본적 선불교禪佛敎의 '체관諦觀, 곧 체념'의 뜻으로 바꿔친 셈이다.

위 인용문은 이런 황당한 논리를 담고 있다: '통감 보호통치는 세계 대세에 따른 것이니 체념하고 받들어라. 이에 거스르는 항일은 완명한 생각일 뿐 도리어 한국을 망하게 할 따름이다.' 안중근은 어이없는지 차라리 반박을 접은 채 대답한다: "그것〔한국의 망불망亡不亡〕은 한국인의 생각 하나에 〔달려〕 있음은 나도 알고 있다."(173) 이때 "생각 하나"란 '한결같은 항일 의지'를 표상한다. 그것만이 '한국을 망하지 않게 할 수 있다.'는 뜻이다.

그러나 미조부치가 비아냥거리듯 궤변을 잇자 안중근은 준엄하게 답변한다(173).

문: 그렇다면 통감 정치를 분개할 까닭 없이 자국민의 무능함을 뉘우쳐야 하지 않은가?
답: 나는 일본이 한국에 대해 야심이 있건 없건 그런 일은 눈에 두고 있지 않다. 다만 동양평화의 일을 안중眼中에 두고 이토의 정책이 그릇됨을 미워하는 것이다.

위의 반박은 반어적 언설과 함께 이런 경고를 담고 있다: '나무=한국만 보지 말고 숲=동양을 보라. 그러면 이토의 정책은 동양평화를 해치는 그릇된 야심이요, 소탐대실임을 알리라.' 이어서 답변한다: "한국은 금일까지 진보하고 있다. 다만 독립 자위自衛를 못함은 군주국인 결과〔탓〕이다. 그 책임이 위에 있는지 밑에 있는지는 의문일 것으로 믿는다." 즉 '독립 못함'의 책임은 당연히 '위=군주에 있다'는 것이나. 그럼에도 '진보하고 있음'의 요인은 '밑=국민에 있다.'라는 뜻을 담고 있다. 이를 보면 안중근은 '군주제를 없애고 공화정을 세워야 한다'는 견해를 가지고 있었음을 알 수 있다.

미조부치는 "독립 자위 못함을 아는 이상 일본이 보호함은 당연한 일이라 생각하는데 어떠한가?"라는 당치않은 질문을 던진다. 안중근은 우회적인 답변으로 반박한다(173) : "당연하다. 그러나 하는 짓〔방식〕이 몹시 잘못되어 있다. 〔예컨대〕 박영효와 같은 인물을 '조약을 집주(執奏, 〔받들어 아룀〕)하지 않았다' 하여 제주도로 유배시켰다.[40] 현재 이완용, 이지용 …… 따위의 아무 쓸모없는 자들을 내각에 두고 정치를 시키고 있다.[41] 그것은 〔통감〕 정부의 죄이다. 따라서 정부의 근본부터 타파하지 않으면 한국은 〔독립〕 자위自衛할 수 없을 것이다."

이때 '당연하다.'란 반어적인 뜻의 '당치 않다.'로 귀납한다. 위 답변의 골자는 이렇다 : '잘못된 짓하면서 죄짓고 있는 현 정부와 통감정치를 타파해야만 한국은 독립하고 진보할 수 있다.' 이를 무시한 채 미조부치는 궤변을 잇다가 궁금했던지 안중근의 '동양평화'를 묻는다. 그러면서 또 터무니없는 궤변을 잇는다. 그런 문답의 한 모습

---

[40] '조약을 받들지 않았다.'란 '정미 7조약, 고종 폐위에 반대했다.'를 뜻한다. 박영효는 1895년 7월 이래 일본에 망명해 있다가 1907년 6월 귀국했다. 그리하여 궁내부 대신에 임명된 7월, 헤이그 밀사 사건이 일어났다. 이에 이토가 정미 7조약, 고종 폐위를 강제하자 박영효는 반대했던 것이다.

[41] 안중근은 이완용(李完用, 1857~1926), 이지용(李址鎔, 1870~1928) 등 8명의 각료를 들고 있다. 모두 악명 높은 친일파, 매국노賣國奴들이다. 특히 이완용, 이지용은 '을사오적乙巳五賊'에 속한다.

을 살펴보자(174).

> 문: 일본이 세계 열국에 <u>선언</u>하고 있는 것은 '한국 보호는 동양평화를 위함'인데 어떠한가?
>
> 답: 세계에 대해서는 일본은 그렇게 <u>선언</u>하고 있는 듯하다.
>
> 문: 일본이 세계에 대해 그렇게 <u>선언</u>하면서 실제로는 한국을 병합하려 한다면 그것을 열국이 묵인하고 있을런지, 그런 일이 있을까?

위의 "선언"이란 '거짓 선전propaganda'으로 바꿔야 옳다. '실제로는 한국을 병합하려 함'과 "그것을 열국이 묵인하고" 있음은 미조부치 자신도 익히 알고 있었다. 따라서 "그런 일이 있을까?"란 '위선, 기만, 음모' 등을 담은 질문이다. 모르는 척 안중근의 의중을 떠보는 헛소리이다. 더는 못 참겠다는 듯 안중근은 의미심장한 논변을 전개한다.

의미심장한 논변

그의 논변은 삼형제의 우화로 시작되어 이토의 정책 비판, 관련 각국의 정세 분석 등으로 이어진다. 삼형제란 '맏형 중국, 둘째 한국, 셋째 일본.' 우화의 줄거리는 다음과 같다(174-175).

> 한 마을에 삼형제가 있었다. 맏형은 재산이 가장 많았고 둘째는 가난했다. 셋째는 약간 재산을 가지고 있었다. 그런데 어느 날 둘째 가족 간

에 다툼이 일어니지 맏형이 다툼을 제지했다. 이때 셋째는 맏형의 제지가 난폭하다고 오해했다. 마침내 맏형과 셋째가 싸움을 벌였다. 그러자 이웃 사람이 싸움을 말렸다. 그 사례謝禮로 맏형은 이웃 사람에게 땅을 주었다. 이에 불만을 품은 셋째는 싸움꾼이 되어 다른 사람과 다투었다. 그러다가 둘째의 재산을 횡령하려는 간책奸策을 써서 '둘째가 자기를 후견인 삼았노라'고 거짓 선전하면서 그 집에 들어가 제멋대로 횡포, 박해를 가했다. 둘째는 처음부터 끝까지 비분悲憤하고 있었다.

이 말뜻이 무엇인지는 쉽게 가늠할 수 있다. 이어서 가상과 현실을 섞어 가면서 '삼형제의 동심同心, 동양 각국의 협력'이 필요함을 논변한다(175).

느디어 사람들이 모여서 셋째를 징벌할 것을 상담하게 되었다. 어떤 〔서양〕 사람은 '징벌하는 김에 나머지 형제 둘의 재산도 횡령하자.'고 말했다. 이에 대해 근처의 〔동양〕 사람은 '셋째의 일족 모두가 나쁘지는 않다. 그 집의 이토라는 놈이 나쁘다.'고 말했다. 아무튼 셋이 형제임은 분명하니 동심同心으로 다른 사람을 상대하면 세 집을 안전하게 유지할 수 있다. 이와 같이 현재의 동양 각국이 모두 손잡고 협력하면 5억 인구가 되니 어떤 나라도 감당할 수 있다. 그럼에도 내 배만 고프다고 남을 먹이로 삼는다면 혼자서 일치一致를 방해하고 있는 셈이다.

이어서 경고한다: "이토의 하는 짓은 …… 둘째 형을 먹이로 삼는 셋째 동생과 같다. 이토의 정책이 나쁜 탓에 한국에서는 폭도〔의병〕가 일어나고 또한 인민의 주거도 안정될 수 없다. 보호 정책의 실적

이 오를 리는 전혀 없다." 그런 다음 관련 각국의 정세를 이렇게 분석해 나간다(175): "중국마저도 감정을 품고 있다. 현재 중국 일반은 청일전쟁의 원수를 갚겠다고 벼르고 있다. 이는 내가 중국을 순회하면서 확실히 알게 된 일이다. …… 미국도 일본을 배척하고 있다. 러시아도 일본을 결코 탐탁하게 여기지 않는다. 특히 한국의 일반 인민은 〔기어코〕 한번 일본과 교전하여 오늘의 불행을 만회하고자 밤낮 고심하고 있음은 내가 거듭 말할 나위도 없다."

나아가 미래를 예측한 징세 분석도 내놓는다(175-176): "일본이 영국과 동맹을 맺고 있으나 이는 자국 이익을 위한 것이니 신뢰할 만한 일이 아니다. …… 미국, 중국, 러시아가 연합하여 일본을 향한다면 일본은 이에 대항할 수 없다. 이런 상태로 열국은 조만간 일본을 적대할 각오이다. …… 이토의 정책은 크게 그릇된 것이다." 과연 그의 예측은 틀림없음을 훗날 역사가 증명한다. 역사의 쳇바퀴가 천천히 돌긴 했지만 …… 일본은 미국, 중국 등 연합국과 전쟁을 벌인 끝에 1945년 패전했다.

이러한 정세 분석을 무시한 채 미조부치는 묻는다(176): "이토 공을 죽이면 …… 보호 정책 즉 통감 정치가 폐지될 것으로 생각하고 있는가?" 안중근은 "그렇게 생각하고 있다."고 대답한다. 그러자 궤변을 잇는다: "폐지될 턱 없다. 세계 열국과의 약속도 있으니 이를 파기하지 않는 한 보호 협약은 결코 소멸하지 않는다." 안중근의 반박은 신랄하다: "그 협약은 이토가 병력으로 황상皇上을 강박強迫하여 승낙시킨 것이다." '강제 조약은 무효'라는 당시 국제법을 근거로 을사늑약의 '불법, 무효'론을 주장한 셈이다.[42]

이에 미조부치는 "한국이 독립할 수 없기에 강박하여 협약시킨 것이다. 조약이 강박에 의해 성립된 예는 많으니 결코 불법이 아니라 당연한데 어떠한가?"라고 반문한다(176). 그는 을사늑약이 '강제 조약'임을 인정한다. 그럼에도 '합법'이라니 그야말로 '제국주의와 힘의 논리'에 입각한 강변이다.[43] 안중근은 기가 막혔는지 반박을 접고, 이토를 성토한다. 미조부치는 각종 변론을 잇는다. 안중근은 하나하나 반박한다.

이처럼 어긋난 논쟁 끝에 안중근은 단호히 말한다: "나는 전혀 생각이 다르다. 좌우간 일본의 한국에 대한 정책은 잘못되어 있다." (178) 이에 미조부치는 체념했는지 심문 방향을 바꾼다. 그리하여 정대호를 불러들여 대질對質 심문을 진행하였다. 주제는 단지 동맹이었다. 단지 동맹에 관한 안중근의 기록을 여기에 인용해 둔다(《안응칠 역사》, 169).

이듬해 기유(己酉, 〔1909년〕) 정월, 연추(두만강 동쪽) 방면으로 돌아와 동지 12인과 상의했다: "우리가 요즈음 아무 일도 이루질 못했으니 남의 비웃음을 면하기 어렵소. 뿐만 아니라 어떤 특별한 단체가 없으면 무슨 일이건 목적을 달성하기 어려울 것이요. 오늘 우리가 '손가락을 끊고 함께 맹세함(斷指同盟)'의 자취를 표기한 다음 '한마음의 단체로 나라

---

[42] 을사늑약 등 일련 조약의 '불법, 무효'론에 관해서는 이태진 외, 《한국병합과 현대: 역사적 국제법적 재검토》, 태학사, 2009와 이태진, 《일본의 한국병합 강제 연구: 조약 강제와 저항의 역사》, 지식산업사, 2016 참조.

[43] 이런 강변은 변태된 채 오늘날 일본에 계승되어 있다. '도덕적으로 부당하긴 하나 법적으로는 합법'이라는 '합법, 부당'론이 그것이다. 이로 말미암은 한·일 간 역사 전쟁은 여전히 진행 중이다.

위해 몸 바침(一心團體 爲國獻身)'으로 기어이 목적을 달성하도록 함이 어떻소?" 모두가 따르겠다 하여 12인이 각각 왼손 약지藥指를 끊었다. 그 피로 태극기 앞면에 크게 '대한 독립' 네 글자를 썼다. 다 함께 '대한 독립 만세!' 삼창三唱하고 하늘과 땅에 맹세한 뒤에 헤어졌다.

제8회 심문: 미조부치의 변모, 오해/편견

이에 앞선 11월 26일의 제7회 심문은 《대동공보大東共報》와 헤이그 평화회의의 관계를 다루고 짧게 끝난다.[44] 같은 날 또 다른 심문이 시작된 까닭이다. 전술했듯 경무부가 파견한 사카이 경시의 심문이 이후 12월 11일 제11회까지 약 15일 동안 진행된다. 그 결과 제8회 심문은 12월 20일에야 재개되었다.

그런데 당일 미조부치는 다른 사람처럼 변했노라고 안중근은 기록한다(《안응칠 역사》, 177): "[12월 20일] 검찰관이 다시 와서 심문했다. 이때 그의 말과 모습이 이전과는 크게 달라졌다. 압제와 억설抑說로 능멸하고 모욕하는 태도가 뚜렷했다. 나는 '검찰관의 사상思想이 이렇듯 홀변함은 본정本情이 아니라 딴 바람이 불어닥친 탓이리라. 그야말로 "도심은 희미하고 인심은 위태롭다(道心惟微 人心惟危)."〔《서경書經》 대우모大禹謨〕라는 구절이 진정 헛된 문자가 아니로다.'라고 스스로 생각했다."

이렇듯 미조부치가 변모했던 주된 이유는 '안중근 극형'을 지령한

---

[44] 《대동공보》에 관해서는 뒤에서 살펴볼 것이다.

1909년 12월 2일자 전보에 접했기 때문이리라. 그리고 고등법원장 히라이시, 지방법원장 마나베와 같이 권력 앞에 굴복하여 '본정'을 버린 탓이리라. 하긴 그 '본정'은 안중근이 생각했을 '본연지성本然之性, 리理에 기초한 정'과 다른 일본적 정(情, 나사케)이다. 언제든 '도리없이, 어쩔 수 없이(仕樣/仕方なく), 한심하게(情なく)' 돌변할 수 있는 얄팍한 정이다.

아무튼 이날 12월 20일, 안중근은 '자신의 극형'을 직감한 듯 "분연憤然히 답했다."고 한다(《안응칠 역사》, 177): "일본이 백만 정병精兵과 천만 문門 대포를 가진들 안응칠의 목숨 하나 죽일 권세 말고 무슨 다른 권세 있겠느냐! 사람이 세상에 태어나서 한번 죽으면 그만이거늘 무슨 걱정 있을소냐! 나는 <u>다시 답할 말(辭) 없다. 너희 뜻대로 그것을 행하라!</u>" 밑줄 부분은 '지금껏 답한 말로도 내 뜻을 꺾을 수 없음을 족히 알리라! 그러니 압제, 억설 따위는 그만하고 너희 뜻대로 죽일 테면 죽여라!'는 뜻이다. 미조부치는 가슴이 섬뜩하고 양심이 찔렸으리라. 그것이 '불편한 사실'이기에 이 안중근의 답변은 제8회 신문 조서에는 (삭제한 듯) 빠져 있다. 이제 그 신문 조서를 살펴보자.

심문은 안중근의 가족 관계, 교제, 내력 등 조사로 시작된다. 공판에 대비할 셈이리라. 그러나 여전히 안중근을 설복시켜 보려는 미련을 버릴 수 없었던지 한·일 간 협약에 관한 궤변 섞인 질문을 던진다. 그리고 통감 시절의 이토가 행했던 연설들을 끌어들인다. 이를 장황하게 소개하자 안중근은 "그 모두가 거짓말이다. 만약 내가 현장에 있었다면 반대 연설을 하겠노라."(235)고 반박한다. 그럼에도 미조부치는 1909년 1월부터 2월에 걸쳐 순종 황제와 함께 남북한을

순행했던 때 이토가 대구와 평양에서 행한 연설 두 개를 끌어댄다.[45]

먼저 미조부치는 이토의 '대구 연설' 일부를 끌어댄다(숫자는 인용자. 이하 같음).[46]

만약 ① 남의 나라를 멸망시키려는 정책을 숨긴 채 그 나라를 돌보는 자가 있다면 어찌 그 국민의 교육과 산업을 진보시키고자 하겠는가. …… 여러분이 이를 거듭 숙고한다면 의심해야 할 사적事蹟이 있을 도리가 없다. 오늘날 일본이 한국에 요구하는 바는 종래 한국의 형세를 일변시켜 국민을 지식과 산업으로 이끌어 일본과 같은 ② 문명의 은택을 입도록 ③ 힘을 합하는 일이다.

그런 다음 "이것도 그대는 거짓이라 말하겠는가?"라고 묻는다. 안중근의 대답은 단호하다(235): "참뜻이라면 한국 관민에게 그대로 실행해야 하겠건만 단지 〔거짓〕 구실에 지나지 않는다. 그 탓에 한국민이 반감을 품는 것이다."[47]

---

[45] 남한 순행은 1월 7일~13일 대구, 부산, 마산 등을 돌았다. 북한 순행은 1월 27일~2월 3일에 평양, 신의주, 개성 등을 돌았다. 각지에서 한국인들이 반감을 다채롭게 표출했음은 물론이다. 특히 북한 순행 때는 폭탄 소동, 암살 계획 등 항일운동이 속출했다. 환영 행사에 동원된 학생을 비롯한 한국인들은 태극기만 흔들거나 또는 일장기를 내버리고 가는 일도 빈번했다고 한다. 남북한 순행은 이토에게 한국인의 항일 감정을 여실히 알리는 행사처럼 되고 말았다.

[46] 이 연설은 1909년 1월 12일, 대구 이사관理事官 관사에서 '군수郡守, 양반, 유생에게 행한 훈시'를 가리킨다. 그 전문은 다키이 카즈히로瀧井一博 편, 《伊藤博文 知の政治家》, 中央公論新社, 2010, 407-411쪽에 실려 있다.

위 인용문의 밑줄 부분을 검토해 보자: ①은 이토 자신이다. 누구나 환히 알고 있다. 그런 사실을 '손바닥으로 해 가릴듯' 숨기려는 이토는 안데르센 동화의 '벌거벗은 임금'에도 못 미친다. ②는 서양 제국주의 언설을 흉내낸 표현이다. 예컨대 쥘 페리(Jules Ferry, 1832 ~1893)의 '문명화 사명(mission civilisatrice),' 키플링(Joseph R. Kipling, 1865~1936)의 시詩 '백인의 부담(the White Man's burden)' 따위가 그것이다. 곧 '문명화=식민지화'를 뜻한다. ③은 '한국 강점에 대한 협력'을 뜻한다. 그 모두가 터무니없는 궤변일 따름이다.

다음으로 미조부치는 이토의 '평양 연설'을 언급한 뒤 "어떻게 생각하는가?"(236)라고 묻는다. 안중근은 "언사言辭로는 그렇게 말했는지 모르나 실제는 그대로 행하지 않는다. 심히 개탄해 마지 않는다."(236)라고 대답한다. 이때 '언사'란 다테마에=겉치레를 함의한다. 그것과 혼네=속셈은 다름, 그래서 "그대로 행해지지 않음"을 꼬집은 셈이다. 거기에는 이토를 비롯한 일본인의 습관적이자 병리적인 언행 불일치言行不一致에 대한 신랄한 비판이 깔려 있다.

그러자 미조부치는 한·중 간 책봉—조공 관계로 화제를 돌린다. "칭제를 못하고, 폐하 대신에 전하라 하고, 조선 왕은 중국 병부상서兵部尚書와 동격"(236-237)이라는 것이다. 여기에는 무지와 오해/편견이 담겨 있으나 안중근은 "그렇다."라고 대답했다고 한다. 과연 그랬는지 ('신문 조서'의 기록이) 의심스럽지만 이어진 문답을 보자(237).

---

47 실제로 '대구 연설'이 끝날 즈음 청중의 한 사람이 이토에게 '항의의 뜻을 개진開陣하고자 연단에 다가가서 발언하려다'가 제지당하는 소동이 벌어졌다.

문: 그렇다면 이미 그때(=과거)부터 조선에는 독립의 실實이 없는 것이 아닌가?

답: 그렇다. 부용국(附庸國, 〔vassal state〕)으로 취급당하고 있었다.

미조부치의 '과거부터 조선에는 독립의 실이 없다.'라는 말 또한 무지, 오해/편견이다. 조공국(tributary state) 조선은 '내치, 외교의 자주'를 누리던 나라였기 때문이다. 서양 근대 용어로 말하면 독립-주권국에 해당하는 나라인 까닭이다.[48] 위와 같은 안중근의 응답 역시 의심스럽지만 그의 참뜻을 확인할 길은 없다.

이어서 미조부치는 위선/기만의 궤변을 늘어놓는다. 예컨대 "일본 제국의 정책은 한국을 자주 독립시켜야 한다는 우의적인 연래年來의 국시에 따라 통감부를 설치하여 그 부액(扶腋, 〔곁부축〕)을 실현하고"(239) 있다면서 "그것을 알지 못하는가?"라고 묻는다. 안중근은 "알고 있으나 일본의 목적은 다른 데 있음을 〔또한〕 알고 있다." (239)고 논파한다. 아랑곳없이 통감부의 근대화 시책을 길게 거론하는 미조부치에게 안중근은 잘라 말한다. "나에게 말하게 해 준다면 그 이상의 반대 주장이 있다."(240)라고.

발끈했는지 "그대는 자기 생각만이 유일한 진리라고 생각하고 있는가?"라고 미조부치는 묻는다. 안중근의 대답은 냉철하다(240): "그런 일은 없다. 의견을 들어 보면 알 것이다." 과연 '지기 생각만이

---

[48] 그 상세는 김봉진, 〈사대의 재해석: 동주의 사대론, 사대주의론을 계기로〉, 서울대학교 국제문제 연구소 엮음, 《한국 국제정치학, 미래 백년의 설계》, 사회평론 아카데미, 2018 참조.

유일한 진리'라는 독선/아집에 빠진 자가 누구인지는 자명하다. 그러나 미조부치의 궤변은 끈질기게 이어진다. 어떻게든 이토를 변호하려고 애쓴다. 이에 안중근은 줄기차게 반론한다. 반론은 이렇게 끝맺는다(245): "이토의 행위는 잘못된 것이다. 비유컨대 도둑을 경계하러와 있던 자가 도리어 도둑질을 벌이는 것과 다름이 없다."

이후 제8회의 나머지 심문은 의거 경위와 관련 인물 등을 확인하는 일로 채워진다. 제9회, 제10회 심문 역시 마찬가지다. 그런데 제10회 심문의 끝부분에서 미조부치와 안중근 사이에는 이토의 주살을 둘러싼 논쟁이 벌어진다.

제10회 심문: 이토의 주살을 둘러싼 논쟁

그 논쟁을 이루는 일련의 문답을 살펴보자.[49]

문: 이토를 죽인 것은 정당행위正當行爲라고 생각하는가?
답: 나는 처음부터 그런 생각으로 했던 것이므로 잘못이라 생각하지 않는다.
문: …… 정치상 목적에서 나온 것이라고 할 수 있다. 그럴지라도 그것이 인도人道에 반하는 일임에는 틀림없다. 그래도 그대의 비非를 깨닫지 못하는가?
답: 나는 인도에 반한 일을 했다고 생각하지 않는다. 다만 유감된 것은

---

[49] 《운동사》 자료 6, 284-285쪽.

내가 살의殺意를 갖게 된 이유를 이토에게 말하고 의견을 토론할 수 없는 것뿐이다.

먼저 '정당한 행위인가.'라는 물음에 안중근은 단호하게 대답한다. '정당하며 잘못 없다.'라고. 다음으로 인도를 거론하자 그 대답 역시 단호하다. '인도에 반한 죄는 이토가 범했노라.'고. '한국 독립과 동양 평화를 파괴한 자'요, '한국 강점의 기반을 닦은 원흉'이니 온갖 궤변으로 이토를 변호하려 애쓴들 아무 소용없다는 뜻이다. 이에 미조부치는 심술궂게도 천주교를 끌어댄다.

문: 그대가 믿는 천주교에서도 사람을 죽이는 것은 죄악이겠지?
답: 그대로이다.
문: 그렇다면 그대는 인도에 반한 행위를 한 것이겠지?
답: ……《성서》에도 사람을 죽임은 죄악이라 한다. 그러나 남의 나라를 탈취하고 사람의 생명을 빼앗고자 하는 자가 있는데도 수수방관袖手傍觀하는 것은 죄악이므로 나는 그 죄악을 제거한 것뿐이다.

안중근의 대답은 명료하다: '천주교를 끌어댈 것 없이 살인은 죄악이다. 다만 이토처럼 엄청난 만행을 범하는 자를 주살함은 결코 죄악이 아니다. 그의 죄악을 막기 위해 불가피한 것일 따름이다.' 미조부치는 비아냥거리듯 묻는다(285): "그대가 믿는 홍 신부가 이번 흉행을 듣고 '자기가 세례한 사람 중 이런 자가 나온 것은 유감이라'고 한탄했다고 한다.[50]
그래도 그대는 자기의 행위를 인도나 교지(敎旨, 〔교리〕)에 반하지 않는다고 생각하는가?" 이에 안중근은 "잠자코 대답하지 않았다."고 한다.

이때 안중근이 '대답하지 않았음'은 착잡한 심정을 표상한다. 그는 천주교도로서 이렇게 항변하고 싶었으리라: '이토가 살아 있다면 더 많은 죄악을 범할 것이요, 죽은 뒤 천주님의 더 큰 벌을 받을 것이다. 그 전에 미리 주살했노라.' 한편 이런 고해告解도 하고 싶었으리라: '감히 천주님을 대리하여 주살했음은 교리에 반할지 모릅니다. 그렇다면 죄값은 달게 받겠습니다.' 과연 안중근 의거가 천주교 교리에 반할지 아닐지는 천주님 외에 누구도 언급할 수 없다.

마지막 제11회(이듬해 1월 26일) 심문은 몇몇 사실만 캐묻고 끝낸다.[51] 그 검토는 생략하고, 다음 절에서는 '사카이 경시의 심문에 대한 안중근의 공술서'를 살펴보기로 한다. 거기에는 의거 경위와 관련 사항/인물 등에 관하여 더욱 풍부한 내용이 담겨 있다.

---

50 '홍 신부'는 본명 빌렘(Nicolas J. F. M. Wilhelm, 1860~1936), 한국명은 홍석구洪錫九이다. 그는 파리 외방 전교회 신학교를 졸업하고 1883년 사제 서품을 받았다. 1888년 입국하여 선교하다가 귀국한 뒤 1891년에 재입국했다. 1896년 황해도로 파견되어 당시 해주 청계동에 거주하던 안중근의 아버지 안태훈과 친분을 맺었다. 이때 안태훈과 그의 가족 여럿은 이미 천주교 신자였던 듯하다. 안중근은 17세 때(1896년) 빌렘 신부의 세례를 받고 함께 선교 활동을 벌이기도 했다.

51 그 일련의 심문을 끝낸 미조부치는 1910년 2월 1일, '안중근 외 3명의 공판 청구서'를 관동 도독부 지방법원에 제출한다. 《운동사》 자료 6, 307쪽.

4. 사카이 경시의 심문과 안중근의 진술

뤼순에 도착한 사카이는 11월 25일에 우덕순, 조도선을 시작으로 26일부터 12월 11일까지 안중근을 11회에 걸쳐 심문했다. 이 가운데 '사카이 경시의 신문에 대한 안응칠의 공술(진술)' 11통은 《운동사》 자료 7, 392-444쪽에 실려 있다. 주요한 내용을 살펴보자. 또한 그 뒤에 이어진 '보완 진술'도 살펴볼 것이다.

미리 말하면 사카이는 안중근의 진술을 듣고 기록할 뿐 반박하는 일이 거의 없다.[52] 오로지 정보 수집에만 집중했기 때문이리라. 또한 다음과 같은 이유도 있었던 듯하다.

> 한국 내부(內部)(경무부)의 경시 사카이 씨가 왔다. 한국어를 아주 잘했고, 날마다 만나 이야기(심문+진술)했다. 비록 한일 두 나라 사람이 상대했어도 의견을 나눠 보니 실은 정략의 기관(機關)은 서로 크게 다를 망정 인정으로 말하면 차츰 가까와져서 옛 친구의 의(誼)와 다름없었다(《안응칠 역사》, 176).

이처럼 두 사람은 친밀한 우의 관계를 맺게 되었다는 것이다. 다만 사카이의 친밀함은 그 바탕이 '인정'이라 해도 어차피 정보 탐문을 위한 수단이었을 것이다.

---

[52] 예외적으로 제6회 진술 중에 그가 안중근의 이토 비판을 '반박했다.'는 기록이 나온다(후술).

제1회 신술: 성보 남문, 위상 신술

11월 26일의 이 진술은 12개 단락으로 구성된다. 대부분은 안중근
의거에 이르는 약 3년 동안의 행적과 의병 활동에 관한 내용이다.[53]
그 사이에 안중근이 만났거나 같이 활동했던 인물이 여럿 등장한
다.[54] 또한 안중근과 관련 있든 없든 국내외 애국지사들도 다수 등장
한다. 그 관련 정보를 사카이가 탐문한 것이다. 안중근은 그들에게
피해 없도록 위장 진술을 섞기도 한다. 예컨대 제6 단락은 이범윤,
홍범도에 관해 이렇게 진술한다(396).[55]

① 이범윤은 재작년[1907년] 11월경 블라디보스톡의 자택에서 만났으나
　의견이 달라서 의병을 일으킬 적에도 같이 행동한 일이 없다.
② 홍범도는 그로부터 [함경도] 회령會寧에서 회견하자는 요구가 있어 만
　난 적이 있으나 의병으로 같이 행동했던 일은 없다. 그때 그는 수천 명
　의 부하를 거느리고 있었고, 함경북도 도대장都大將을 칭하고 있었다.

앞서 《안응칠 역사》(161)에서 보았듯 그는 이범윤과 함께 의병을

---

[53] 이와 같은 내용은 진술의 처음부터 마지막까지 일관되게 등장한다.

[54] 또한 안중근이 거쳐갔던 지명, 여정旅程 등도 나온다. 특히 제5단락에는 하얼빈까
지의 여정이 날짜 별로 밝혀져 있다.

[55] 홍범도(洪範圖 또는 洪範道, 1868~1943)는 '정미 7조약'이 늑정된 뒤 1907년 11
월, 함경도에서 의병을 일으켰다. 그리고 1910년에 북간도로 망명한 뒤 군대를 양
성했다. 1920년 6월 봉오동鳳梧洞 전투와 10월 청산리靑山里 전투에서 －김좌진(金
佐鎭, 1889~1930)과 함께－ 대승을 거둔 사실로 유명하다.

일으킨 적이 있다. 따라서 ①의 후반부는 위장 진술이다. 한편 ②의 진술은 사실이라고 본다. 그런 사실을 말해도 홍범도에게 피해 없으리라고 안중근은 판단했을 것이다.

다음으로 제7~9의 세 단락은 최재형에 관한 진술이다. 제9 단락만 살펴보자(396): "최재형은 러시아에 입적(귀화)한 사람이며, <u>한국을 생각하는 지성至誠은 우리와 같지 않다.</u> 그러니까 그가 혼자서 신문의 자본을 부담할 이유가 없다. 《대동공보》는 이름대로 공보共報로서 _곳 동포의 공동 사업이므로 새력의 나소에 따라 경비를 부남하고 있었다." 밑줄 부분은 위장 진술이다. 나머지는 최재형에게 피해가 가지 않도록 노력한 흔적이 보이는 진술이다. 최재형은 자산가로서 연해주 지역 항일 운동의 지도자였다.[56] 또한 동의회의 총재이자

---

[56] 최재형은 노비 출신 최형백의 둘째 아들로 함경도 경원에서 태어났다. 9살 때인 1869년, 연해주로 가서 정착했다. 11살 때 블라디보스톡에서 러시아 상선의 선원이 되어 상트 페테르부르크까지 두 차례 항해하는 등 견문을 넓혔다. 1878년 무렵 세례를 받고, 표트르 세묘노비치라는 이름을 얻었다. 대리 부모가 된 선장 부부는 그를 친구 사업가에게 추천하여 취업시켰다. 이후 1882년, 러시아 건설국의 통역으로 취직했던 그는 한인 노동자의 권리 보호를 위해 힘썼다. 또한 교육, 문화, 산업, 국적 취득 등에도 힘썼다. 이렇듯 러시아 정부의 신임을 얻은 그는 여러 사업을 일으켜 자산을 축적했다. 1900년대부터는 항일 운동의 지도자가 되어 동의회 총재, 《대동공보》 사장 등을 지냈다. 1910년대에는 권업회(勸業會; 1911년 12월 설립) 회장을 맡았다(부회장 홍범도). 3·1운동 후 '대한국민의회'의 명예 회장을 맡았고, 임시정부의 초대 재무 총장에 임명되었다. 그러나 1920년 4월 7일, 연해주에 침입한 일본군에 의해 총살당했다. 그 상세는 반병률, 《최재형崔在亨, 최표트르 세묘노비치 – 러시아 고려인 사회의 존경받는 지도자》, 국가보훈처, 2006 참조.

《대동공보》의 사장으로서 그 경비 대부분을 부담하고 있었다.

이어지는 제10 단락은 이강(李剛, 1878~1964)에 관한 진술이다(396).[57]

신문사[대동공보사]와 이강과는 아무런 관계가 없다. 나는 그들처럼 〔민지(民智)〕 개발을 목적으로 하는 자가 아니다. 나의 목적은 어떻게든 이토의 정책을 파괴하는 데 있다. 그 목적이 자연히 달라서 그들과 깊이 계획한 일은 없다.

위의 밑줄 부분은 사실이긴 하나 위장 진술이 섞여 있는 셈이다. 후술하듯 이강 등 대동공보사 사원들은 안중근 의거와 깊은 관계를 맺고 있었다.

---

[57] 이강은 평안남도 용강(龍岡) 출신이다. 1903년에 하와이로 갔다가 이듬해 샌프란시스코로 이주했다. 그곳에서 안창호가 결성한 상항친목회(桑港親睦會, 1903년 9월 창립), 공립협회(共立協會, 1905년 4월 창립)에 가담하여 기관지인 《공립신문》(1905년 11월 창간)의 주필로 활약했다. 1907년 초에 안창호가 신민회를 조직하고자 귀국하자 뒤이어 귀국하여 그를 도왔다. 그리고 블라디보스톡으로 건너가 신민회 지부를 설립했다. 1909년 2월에 공립협회가 신민회 외곽 단체인 국민회로 – 1910년 2월에는 '대한인국민회'로 – 개편되었다. 그러자 1909년 4월, 블라디보스톡의 신민회 지부를 재러시아 '대한인국민회'로 재편하고 기관지인 《대동공보》의 간행을 주도했다. 이후에도 러시아 지역에서 항일운동을 벌였다. 그러다가 1919년 9월, 강우규(姜宇奎, 1855~1920) 의사가 새 총독으로 부임한 사이토 마코토(齋藤實, 1858~1936)에게 폭탄을 투척했던 사건 연루자로 체포되어 국내로 압송되었다. 1919년 말에 석방된 뒤 상하이로 건너가 임시정부 의정원의 의원, 부의장, 의장을 역임했다.

마지막 제12 단락은 다음과 같다(397): "재작년 봄쯤 평양에서 서
북학회에 입회했다. 그때 안창호와 두세 번 만난 적이 있으나 의견
교환은 없었다. 재작년 여름쯤 그가 진남포에 와서 연설했을 때 답
사答辭한 일은 있다. 함께 연설하며 돌아다닌 적은 없다." 여기에도
위장 진술이 섞여 있다고 본다. 전술했듯 사카이는 그의 '복명서'에
서 안중근을 '안창호와 제휴했던 인물'로 여기고 있었다. 그리하여
안창호를 체포할 구실을 노렸을 것이다. 이를 피하고자 안중근은 안
창호와의 관계를 축소했던 셈이다.

제2회 진술: 안중근의 관련 인물, 대동공보사 관계자들

11월 27일의 이 진술 16개 단락에는 안중근과 관련된 인물 약 70
명이 등장한다. 또한 여러 단체도 등장한다. 그 가운데 제8, 제11 단
락만 살펴보자(399).

8. 《대동공보》의 미하일로프는 그 신문사의 사장이라 들었으나 교제한
   일은 없다.[58] 신문 광고를 보니 변호사였던 듯하다. 본디 육군 사관이
   었다는 말도 들었다.
11. 공립회(공립협회)는 미국(샌프란시스코)에서 발기했다. 거기에 본부를

---

[58] 미하일로프(Konstantin Petrovic Mikhailov, 생몰 미상)는 《대동공보》 사장이 아
   니라 발행인을 맡고 있었다. 그는 안중근 의거 후 여러 활동을 펼치게 된다. 제3
   장 제2절 참조.

두고, 그 밖에 한민이 거주하는 각지에도 설치되어 있을 것이다. 블라디보스톡에는 《해조신문海潮新聞》을 개제改題한 《대동공보》가 있고, 〔'대한인국민회'도〕 조직되었다고 생각된다.[59]

《대동공보》는 1908년 6월, 블라디보스톡에서 이강이 설립한 신민회 지부의 기관지로 창간되었다. 한글 신문이며 수요일과 일요일에 발행되었다. 초대 사장은 차석보(車錫甫, 1864~?), 편집인 유진률(俞鎭律, 1866~?), 주필 윤필봉(尹弼鳳, 생몰 미상) 등이 발행했다. 대동공보사는 1910년부터 재정난에 빠졌으나 이를 구제한 사람이 최재형이다. 그는 사장직을 인수받아 경영을 쇄신하고 편집진을 새롭게 정비했다. 1910년 8월 18일에는 《대동신보大東新報》라고 개제했다. 그러나 같은 해 9월 10일, 러시아 총독의 명령에 의해 폐간되고 말았다. 일본 측 공작이 있었기 때문이리라.

제3회 진술: 안중근의 의견 진술, 요구 사항

11월 29일의 이 진술은 21개 단락인데 그 일부를 살펴보자. 먼저 제3 단락에는 "총은 부령(富寧, 〔함경북도〕)에서 이토 살해를 결의했을 때 윤치종(尹致宗, 〔생몰 미상〕)이 가지고 있던 것을 나에게 넘겨준

---

[59] 《해조신문》은 1908년 2월 26일부터 5월 26일까지 총 71호가 간행되었다. 안중근의 제5회(1909년 12월 2일) 공술에 따르면 그 신문사 '사주社主는 최봉준(崔鳳俊, 1859~1917)'이었다고 한다(413).

것이다. …… 총과 함께 탄두에 십자가 새겨진 탄환 약 20발을 얻었다."(404)라는 진술이 나온다. 이를 보면 안중근 스스로 탄두에 십자형을 새긴 것이 아님을 알 수 있다.[60]

다음으로 제7 단락에는 안중근의 의견 진술이 나온다(404): "나를 폭도라고 지칭함은 이미 일본인의 도량이 작음을 보이고, 타인을 모함하는 것이다. 나는 의병이지 폭도가 아니다. …… 일본병이야말로 폭도이다. 이토는 그 거괴巨魁이다. 이토가 이끄는 일본병은 타인의 나라를 빼앗은 자로서 폭도가 아니고 무엇이냐! 나는 국난을 구하려고 거병한 자이다. …… 이것이 의병이 아니겠는가!" 이런 진술을 사카이는 아무런 반박 없이 기록한다. 어쩌면 반박할 도리가 없음을 알고 있었을지도 모른다.

이어서 여러 애국지사에 관한 의견 진술이 나온다. 그러다가 제16 단락에 이르러 전명운(田明雲, 1884~1947)이 등장한다. 안중근은 이렇게 진술한다(408): "전명운은 올해(1909년) 봄에 블라디보스톡에서 3, 4회 만나 의견을 교환했다. 아직 젊어서 일정한 생각은 없는 듯했다. 그러나 심사心事 강정强情한 인물인 것 같았다." 전명운은 '스티븐스(Durham W. Stevens, 1851~1908) 암살 의거'와 관계된 인물이다.[61]

---

[60] 실제로 안중근은 제6회 공술에서 "탄두에 십자형이 새겨 있는 것은 내가 일부러 한 것이 아니다."(426)라고 진술한다. 또한 1910년 2월 7일 첫 공판에서도 같은 취지의 진술을 하고 있다(《운동사》 자료 6, 322-323쪽).

[61] 스티븐스는 1904년 12월에 대한제국 외부(外部; 외교부)의 고문관으로 임명된 이래 통감부 정책에 봉사했다. 그런 탓에 1908년 3월 23일, 일시 귀국했을 때 샌프란시스코 선착장에서 전명운과 격투를 벌이게 되었다. 마침 그곳에는 장인환(張仁煥, 1876~1930)이 스티븐스를 암살할 목적으로 와 있었다. 결국 그는 장인환의

의거 후 무죄 선고를 받고 풀려난 전명운은 한동안 블라디보스톡에 이주했다. 이때 "3, 4회 만나 의견을 교환했다."는 것이다. 다만 "아직 젊어서 일정한 생각은 없는 듯"이란 위장 진술인 셈이다. 아무튼 '스티븐스 암살 의거'와 안중근 의거와의 관련성은 일제 당국의 큰 관심사였던 모양이다.

그런데 안중근은 제19~21 단락에서 다음과 같은 요구사항을 내놓는다(408).

19. 아우 정근과 공근을 여기로 불러와서 정근에게는 판결이 나올 때까지 변호사에게 의뢰하는 등 주선하게 하고, 공근은 법정에서 통역하게 하고 싶다.
20. 우리 동포로서 일본에 유학하여 법률학(과)을 졸업한 자가 동양 대세에 대해 우리와 소감(뜻)을 같이하는 일본인 변호사를 데려와서 나를 위해 변호할 방법이 없는지, 당로자當路者의 조치를 바라고 싶다.
21. 아우들이 올 때 한인韓人 변호사를 대동帶同해 오도록 말해 주기 바란다. 비용 등으로 데려올 수 없다면 아우 둘이라도 오도록 조치해 주기 바란다.

이즈음 안중근은 재판에 대비하고 있었음을 알 수 있다. 그의 요구가 효력이 있었는지 …… 후일 두 아우는 뤼순에 와서 안중근을 면회한 뒤 한국인 변호사를 초청하게 된다. 여기서 그 경위의 일부를 살펴보기로 하자.

총탄을 맞고 이틀 뒤 사망했다.

두 아우의 면회와 한국인 변호사 초청

안중근은 일제 당국이 두 아우의 뤼순행을 통제하고 있음을 감지했던 듯하다. 실제로 박은식의 《안중근》 제18장(〈이제지면회二弟之面會〉)을 보면 '두 아우는 일제 당국에 의해 진남포에서 여러 날 구금당했다가 석방되었음'을 알 수 있다. 석방된 뒤 그들은 뤼순으로 떠났다. 이런 사실을, 《대한매일신보》 1909년 12월 17일자 '형제 공회(孔懷, 〔형제 간 우애〕)'라는 기사는 "형을 면회하기 위해 13일 아침, 인천을 거쳐 다롄으로 향하였다더라."고 보도하고 있다.

《안중근》 제18장에 따르면 그들의 뤼순행은 수난의 연속이었다. "도중에 인천항을 지나다가 일본 경찰서에 구류되어 심문을 받았다. 조금이라도 강경하게 답변하면 경찰들은 때리기도 하고 발길질도 하면서 혹심하게 학대했다. 여러 날 심문해도 수상한 데가 없었기에 두 아우는 석방되어 길을 떠났으나 일본 경찰 두 사람이 뒤를 따랐다."라는 것이다.

12월 13일에 인천을 떠난 두 아우는 늦어도 18일 이전 뤼순에 도착했다. 12월 19일, 미조부치 검찰관은 안정근을 심문했다는 기록이 있기 때문이다. '참고인 신문 조서, 참고인 안정근'(《운동사》 자료 6, 222-228)이 그것이다. 안정근의 진술 하나만 보자(224): "7, 8년 간 한문을 배운 뒤 경성의 양정 의숙養正義塾에서 법률을 배우고 있었다. 이번 사건 때문에 정학停學했다."

이튿날 12월 20일, 미조부치는 안공근을 심문했다. 그 '참고인 신문 조서, 참고인 안공근'(《운동사》 자료 6, 229-231)의 머리말에는 "일본어를 〔이〕해하므로 통역 없이 신문한 것"(229)이라 한다. 그의 진술 하나만 보면 이렇다(229): "진남포의 학교에서 배운 뒤 경성 사범학교에 들어갔다. 졸업 후 진남포의 공립학교에서 교편을 잡았다. 이번 사건으로 사직했다." 덧붙이면 12월 20일은 미조부치가 안중근의 제8회 심문을 행했던 날이다. 전술했듯 이날의 미조부치는 마치 다른 사람처럼 변모했노라고 한다(《안응칠 역사》, 177).

위와 같은 심문이 끝난 뒤에야 두 아우는 안중근과의 면회를 허락받았다. 안중근은 이렇게 기록한다(《안응칠 역사》, 177): "11월(양력 12월 하순)쯤에 이르러 내 아우 정근, 공근이 한국 진남포로부터 이곳에 와서 상봉하고 면회했다. 서로 헤어져 3년 만에 보는지라 생시인지 꿈인지 분간하지 못할 정도였다." 그리고 "이로부터 늘 4, 5일마다 또는 10여 일 만에 만나 이야기를 나누었다."[62] 그 사이 "한국 변호사를 청해 올 일과 천주교 신부를 모셔다가 성사聖事를 받을 일을 부탁했다."고 한다. 이에 따라 모셔온 분이 빌렘 신부이다.[63]

그 요청에 응한 변호사는 안병찬(安秉瓚, 1854~1921)이다.[64] 1910년 1월 7일자《대한매일신보》의 두 기사에 따르면 그가 뤼순에 가게 된 경위는 다음과 같다.

---

[62] 그들의 면회는 이듬해 3월 26일, 안중근이 사형당한 날까지 계속되었다.

[63] 빌렘 신부의 뤼순 도착과 면회 등은 제4장 제3절 참조.

[64] 안병찬은 평안북도 의주 출생이다. 평리원平理院 주사主事, 법부法部 판임관判任官 등을 역임했다. 1905년 11월, 을사오적의 처형을 요구하는 상소를 올렸다. 1907년 7월, 정미늑약이 체결되자 사직한 뒤 8월 30일에 변호사 인가를 얻었다. 1909년, 일진회 회장 이용구를 '대역미수大逆未遂, 국권손괴國權損壞'의 죄목으로 경성지방재판소에 고소했던 적이 있다. 이후 평양으로 이주하여 1909년 7월 3일부터 평양지방 재판소 검사국의 변호사로 일하고 있었다.

안씨 호안護安

평양 변호사 안병찬 씨는 뤼순에 잡혀 있는 안중근 씨를 변호하겠다고 청원하여 허가를 얻었다. 조만간 이사청理事廳에 여행권을 얻어 출발할 계획이다. 여비는 자기 십 소유를 기울여[담보로] 금액 백원을 얻어 갖추었다고 한다.

안씨 기서

아우 정근 씨는 현재 뤼순 교도정鮫島町 보풍寶豊 객잔(客棧, [여관])에 머물고 있다. 그저께[1월 5일] 한성에 있는 법학 협회에 장서長書 한 통을 보내어 변호사회辯護士會로 전달해 주기를 요구했다고 한다.

위의 안정근이 보낸 편지는 《대한매일신보》 1월 11일자의 '안씨 함사函辭'라는 기사로 실려 있다. 그 일부를 인용해 본다: "[한국인 변호사의] 허가 여부를 협의 중인데 '2주 내로 결정할 것이오, 공판 기한이 아직 멀었으니 변호사를 뜻대로 청구하여 응청應請 여부를 물은 뒤 기일에 맞춰 신청함이 타당하다.'라는 법원의 명령을 얻었습니다. …… 회원 변호사의 선송選送 여부를 바로 회시回示하시길 업드려 비옵니다."

아울러 《대한매일신보》 1월 29일자 '시모시자是母是子'라는 기사에는 "안중근 씨의 어머니가 변호를 위탁하고자 평양에 도착했다. 그런데 안병찬 씨와 교섭할 때 그곳 경찰서, 헌병대는 순사, 헌병을 파송하여 여러 차례 힐문詰問했다."고 한다. 기사는 다음과 같이 이어진다.

부인은 용모자약容貌自若하고 응대여류應對如流하게 대답했다: "중근의 이번 소행은 유래가 오랜 것이라. 러·일전쟁 이후 밤낮 말하던 것이 오로지 '위국헌신' 사상이다. 평일 집에 있을 때에도 매사에 정당주의正當主義만 쓸 뿐 사정私情을 쓰지 않아 집안이 늘 숙연했다. …… 이렇듯 안씨의 역사를 거리낌 없이 설명하니 순사, 헌병들도 서로 돌아보며 책책(嘖嘖, 〔칭찬〕)하기를 "안중근이 행한 일은 우리들이 이미 크게 경탄한 바이나 그 어머니의 사람됨도 매우 드문 인물이로다."라고 하였다더라.

이를 보면 안중근과 어머니는 어떤 인품, 사상을 지녔는지 알 수 있다.

제4회 진술: 의거의 목적

12월 1일의 이 진술은 두 단락뿐이다. 제2 단락만 인용해 보자(410): "하얼빈에서 거사한 것은 우리를 깊이 동정하는 '러시아인의 재판을 받고자 예기豫期해서 그곳을 선택한 것 아니냐.'고 하나 결코 그렇지 않다. …… 왜냐면 이토를 죽이고 잡히는 날에는 〔어디에서 재판을 받든〕 내가 일찍이 생각한 동양의 정략을 말할 기회를 얻기 때문이다. 그리하여 먼저 일본의 천황과 정부에게 이토의 실정失政을 고발한 다음 온 천하를 향해 한국의 국정國情을 호소하려는 것이기 때문이다." 이렇듯 거침 없는 안중근의 진술 앞에 사카이는 할 말을 잃었던 듯하다. 그래서 심문할 의지를 상실했는지 …… 이날의 심문은 짧게 끝났다.

제5회 진술: '친일당親日黨' 비판과 애국지사 인물평

12월 2일의 이 진술에도 70여 명 인물이 등장한다. 그중에는 '친일당'에 속한 자들도 있다. 이들을 안중근은 신랄하게 비판한다. 예건대 제15 단락은 다음과 같다(415-416): "이완용(李完用, 〔1856~1926〕)은 망국적亡國賊의 거괴巨魁이다. 이토에게서 자기 직무를 사고, 자기 처를 데리고 이토의 기분을 사는 놈이다. …… 김가진(金嘉鎭, 〔1846~1922〕)은 친일당 혹은 사회당社會黨이 되니 그 진의를 알 수 없다. 그가 주재主宰한 대한 협회는 변신적變身的 친일당이다. 그 기관〔지〕인 《대한민보大韓民報》는 배일排日을 가장하나 실은 친일이다. …… 송병준(宋秉畯, 〔1858~1925〕)은 일본을 위해 생겨난 인물이므로 아무리 헐뜯어도 부족하다."

이완용, 송병준은 '을사오적'의 매국노이다. 다만 김가진 비판은 지나친 느낌이 있다. 그는 갑오개혁 정부의 농상공부 대신을 역임했고, 이후에도 나라를 위해 힘썼다. 예컨대 1896년 7월에 창설된 독립협회의 위원으로 활동했다. 1904년 3월, 농상공부 대신으로 복귀하여 9월에는 법부 대신이 되었다. 을사늑약을 반대한 뒤 지방으로 좌천되었다. 1907년 고종 황제가 폐위되자 관직을 버렸다. 1908년 6월, 대한협회의 회장이 되어 (대표적 친일 단체) 일진회와는 대립했다.[65]

---

[65] 그리고 '한국 강점' 후 남작 작위를 받기는 했으나 은거 생활에 들어갔다. 1919년 3·1운동 후 비밀 조직인 대동단大同團이 결성되자 그 총재가 되었다. 같은 해 10월에 상하이로 망명하여 임시정부의 고문으로 활동했다. 1922년 7월, 순국하자 임시정부는 성대한 장례식을 올렸다.

그럼에도 "변신적 친일당"이라는 안중근의 비판을 면할 수 없었던 것이다.

한편 제15 단락에는 여러 애국지사에 대한 안중근의 인물평이 실려 있다. 그 가운데 민영환(閔泳煥, 1861~1905)에 대한 평가는 시니컬하다: "충신이라고 말할 수밖에 없을 것인가. 자기 혼자 죽었으니 국가에 끼친 어떤 공이 있다고 말하겠는가. 그의 죽음은 국가에 덕德되는 것이 없다. 그는 죽은 뒤 충신의 이름을 얻었다. 혹평하자면 그 때문에, 자기 명예를 위해 자복(自服, 〔자결〕)한 것 아닐까."(416) '살아서 투쟁했어야'라는 뜻의 혹평이다. 그의 혹평은 민영환을 깊이 애도하는 심정의 반어적 표현일지도 모른다.

이어지는 인물평을 살펴보자(416-417). 예컨대 허위(許蔿, 1854~1908)는 "진충갈력盡忠竭力의 용맹한 기상"을 지닌 "고등高等 충신"이라 평가한다.[66]

민긍호(閔肯鎬, 1865~1908)는 "국가에 진췌(盡瘁, 〔몸과 마음을 바침〕)한 의사로서 부끄럽지 않은 인물"로 평가한다.[67] 이강년(李康秊,

---

[66] 허위는 1904년, 대한제국의 최고 사법기관인 평리원(平理院; 1899년 설립, 1907년 폐지)의 재판장 서리로 임명되었다. 1907년 7월, 고종 황제가 폐위되자 경기도 지역에서 의병을 일으켰다. 이후 13도창의군의 한성 진공 작전에 참가했다가 총대장 이인영이 사임하자 직무를 대행하여 항일 전쟁을 계속했다. 1908년 6월, 일본군에게 체포되어 10월에 '경성 감옥'(=서대문 형무소)의 제1호 사형수로서 교수형을 당했다.

[67] 민긍호는 대한제국 진위대鎭衛隊의 정교正校였다. 1907년, 강원도 지역에서 의병을 일으켜 13도창의군의 대장직을 맡았다. 1908년 2월, 일본군의 습격을 받고 죽음을 당했다.

1858~1908)은 "국가 위기에 임하여 진충갈력함으로써 국민의 의무를 다하였다."고 평가한다.[68] 특히 최익현(崔益鉉, 1834~1906)을 드높게 평가한다(417).

이름높은 사인士人이다. 격렬한 상서上書를 여러 차례 했다. 도끼를 들고 대궐大闕에 엎드려 '신의 목을 베소서'라고 요구한 적이 있으니 참으로 국가를 우려한 인사이다. 또 5조약(을사늑약)에 반대하여 상서했다. 마침내 뜻대로 행해지지 않자 의병을 일으켰다 일본병이 그를 체포했으나 '나라의 의사'라 하여 일본 부간도(府間島, [대마도])로 보내 구수拘囚하였다. 그는 백이伯夷, 숙제叔齊보다 나은 인물이다.

최익현은 유교 문명의 정正을 지키고자 근대 문명의 부負=사邪를 배척했던 위정척사파의 대표적 인물이다. 따라서 안중근의 개화파 성향과는 어긋나는 면이 있다. 그럼에도 그를 "근세 제일의 인물"(417)로 칭송한다. 이를 보면 안중근은 '국권 수호, 항일'을 위한 위정척사파의 강렬한 의지를 매우 존중하고 있었음을 알 수 있다. 그리고 '국권 수호'라는 공통 목표를 위해 여러 항일 노선을 단합시키고 싶어 했었음에 틀림없다.

---

[68] 이강년은 유인석의 문인門人으로서 1880년, 무과에 급제했다. 1884년의 갑신정변 이후 관직을 버리고 고향(경상북도 문경)에 돌아갔다. 1895년 을미사변이 일어나자 유인석과 함께 의병을 일으켰다. 1907년에도 다시 의병을 일으켜 13도창의군에 가담했다. 1908년, 체포되어 경성 감옥에서 교수형을 당했다.

제6회 진술: 안중근의 이토 비판과 사카이의 궤변

12월 3일의 이 진술부터 제8회까지는 의거에 이르는 여정, 행적에 관한 진술이 펼쳐진다. 그에 앞서 "필생의 원願"이니 "통감부나 일본 정부의 당로자(當路者, 〔담당자〕)에게 전해 주기"를 바란다면서 이렇게 진술한다(421): "우리 동양은 일본을 맹주로 하되 조선, 청국과 정립 鼎立하여 평화를 유지하지 않으면 백년 대계를 그르칠 것을 우려한다.69 이에 반해 이토의 정략은 함부로 한국을 병합하는 데 급급하여 다른 것을 고려할 틈조차 없다. 동포를 살륙하고 황제를 위박威迫하여 그 횡포가 이르지 않은 곳이 없다. 그가 취했던 방침을 고치지 않고 이대로 가면 우리 동양은 3국이 다 같이 쓰러져 백색 인종의 유린蹂躪에 맡기고 만다."

이처럼 '동양 3국의 연대'를 내걸고 이토를 비판해 나갔던 모양이다. 그래서 당황했을 사카이는 "도도滔滔한 수만 언言, 피눈물로 울며 외치는 바는 오해이긴 하나 한 가닥 지성至誠을 인정할 수 있었다." (421-422)는 주기를 부치고 있다. 그토록 비장한 열변 …… 그러나 사카이의 반응은 차갑고 시니컬하다.70 그의 "오해"라는 말은 차가운 반응이다. "한 가닥 지성을 인정"함이란 그의 동정이 섞인 듯하나 어차피 시니컬한 반응이다.

---

69 이는 '일본 맹주론'인 듯하나 중점은 조선, 청국의 자주 독립을 전제로 하는 동양 3국의 연대에 있다.

70 이런 반응은 안중근의 열변 앞에 간담이 서늘했음에도 이를 뒤틀어 보려는 속셈에서 나온 것이라 여겨진다.

그리하여 사카이는 (미조부치와 마찬가지로) 터무니없는 궤변을 늘어놓는다(422). "이토 공의 정책은 한국 병탄에 있지 않다는 것. 한국 태자太子를 교육하여 백년 기초를 굳게 하고, 형제가 서로 제휴하여 동양평화를 유지한다는 것. 그러니 공은 한국과 그 황실의 대은인大恩人이라 반박했노라."고. 이에 안중근은 "쉽사리 찬성하시 않았으나 약간 누그러진 모습을 보였다."라고 한다.[11] 그래서 "이 기회를 놓치지 않고" 의거의 "진상을 말함이 어떠냐."고 했더니 안중근은 "어찌 지의(遲疑, 〔의심해 망설임〕)할 필요가 있겠는가."라면서 진술해 나갔다고 한다.

그 첫 마디는 다음과 같다(422): "먼저 이번 사건부터 말하겠다. 하얼빈에서 포박되던 그때부터 서적(鼠賊, 〔좀도둑〕) 취급을 받은 탓에 약간 뜻밖인 느낌이 있어 사실을 내뱉지 않았다. 또 일단 말한 것은 끝까지 고지固持할 생각도 있었으니 오늘까지 진술한 것은 대개 허위이다. 우〔덕순〕를 보호하기 위한 것"이다. 여기서 "오늘까지 진술한 것은 대개 허위"란 과장된 말이자 또 다른 위장 진술이다. 이후 안중근의 진술을 보면 남에게 피해를 주지 않을 만한 사실로 채워져 있음을 알 수 있다. 이윽고 제4 단락부터 의거에 이르는 여정, 행적을 진술하기 시작한다(422-425).[12] 그것은 제7회(4일), 제8회(5일) 진술로 이어진다.

---

[11] 이것은 안중근이 반론할 가치조차 없는 사카이의 궤변에 낙담했음을 뜻하리라.

[12] 마지막 제5 단락은 단지 동맹의 단원 12명, 그들의 피로 '대한 독립'이라고 쓴 태극기, 주의서主意書 등에 관한 진술이다(425-426).

제7회 진술: 의거에 이르는 여정, 행적

제1단락에서 안중근은 연추를 떠나 블라디보스톡에 도착한 날이 10월 19일이었음을 밝힌다(427). 당일 행적을 상세하게 진술한 제6단락만 인용해 보자(428-429).

블라디보스톡에 착선着船하여 상륙한 뒤 곧바로 정해진 숙소인 이치권 (李致權, 〔생몰 미상〕) 댁에 갔다.[73] 그랬더니 그가 '이번에 이토가 〔여기로〕 오는데 너의 의견은 어떠하냐.'고 했다. 나는 '그런 말은 입에서 내지도 말라. 이토 한 사람 죽여도 일본에는 많은 이토가 100인도 200인도 있다. 이번에 장가들 작정으로 왔다. 괜찮은 부인이 있으면 주선周旋하라.'면서 일부러 냉담한 척 희롱했다. 한편 이토가 오는 것이 사실인지 확인하고자 《대동공보》, 《원동보》, 《東京每日〔日日〕新聞》[74] 등을 주인에게 가져오게 해서 봤다. 과연 '이토는 하얼빈에서 〔방문 목적을 마친 뒤〕 블라디보스톡으로 올 예정이다. 이미 일본을 출발, 다롄으로 향했다.'라는 기사가 있었다. 그때 나는 마음속으로 기뻐하며 이 기회를 놓쳐서는 안 된다고 결심했다.

[73] 19일부터 21일 아침에 하얼빈으로 떠날 때까지 이틀 동안 안중근은 블라디보스톡에서 여관을 경영하던 이치권의 집에서 묵었다. 그런데 소노키가 1910년 10월 25일자로 작성한 〈보고서〉를 보면 안중근은 그 '숙박료를 지불하지 못했음'을 알 수 있다(후술).

[74] 《東京日日新聞》은 1872년 2월 21일, 도쿄에서 창간된 일본 최초의 일간지였다. 1942년 12월 31일에 폐간된 이후 《大阪每日新聞》과 합동한 다음 《每日新聞》으로 개제하여 지금껏 발행되고 있다.

이렇듯 안중근은 블라디보스톡에 체류하는 동안 '자신의 계획을 감추는 한편 이토의 만주행에 관한 정보를 수집 분석하면서 의거의 기회를 노리고 있었다.'는 것이다.

제8회 진술: 대동공보사 관계자들과의 관련성 부인

세1단락은 블라디보스톡에서 하얼빈에 이르는 열차 행로, 요금, 그리고 안중근 일행의 소지금 등을 밝히고 있다(431). 제2단락에는 하얼빈에 도착한 다음 날 10월 23일, 김성백에게 50원 차용을 요구했던 일이 나온다(431). 제3, 4단락을 보면 사카이는 미하일로프 등 대동공보사 관계자들과의 관련을 의심했음을 알 수 있다. 심문 내용은 "첫째로 50원을 차용할 방도를 대동공보사 기자 이강에게 강구한 연고緣故, 둘째로 '사세가辭世歌'를 《대동공보》에 기서寄書한 일,[75] 셋째

---

[75] 안중근은 '사세가'를 동봉한 기서를 대동공보사에 부치려 했다가 그만두고 유동하에게 맡겼다. 그런데 10월 26일, 의거가 일어난 뒤 유동하는 하얼빈에서 체포되었다. 이에 따라 기서는 압수되었다. 그리하여 아카시 육군 소장이 통감부 총무장관 이시즈카에게 보낸 '발發 제5호'(1909년 11월 16일)에 첨부되기에 이르렀다. 그 내용은 이렇다(377): "경계敬啓 이번 달 9일(=양력 10월 22일) 오후 8시 이곳(하얼빈)에 안착하여 김 노옹老翁 성백 댁에 체류하고 있습니다. 《원동보》를 살펴보니 이토는 이번 달 12일(10월 25일) 관성자(寬城子, (장춘 북쪽))를 떠나 러시아 철도 총국의 특별 열차에 탑승해서 같은 날 오후 11시 하얼빈에 도착한다는 취지입니다. 저희는 조도선과 함께 '가족을 영접하기 위해 관성자로 간다'고 (거짓으로) 칭했소. 관성자에서 몇십 리 앞쪽 어느 정거장(채가구 역)에서 의거를 결행할 심산이니 그리 아시기 바랍니다. 일의 성패는 하늘에 있으니 동포의 기도와 도움

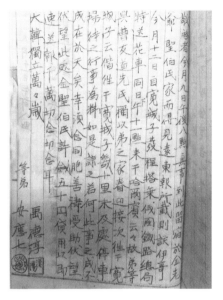

사진 17 대동공보사 차용 전보

로 …… 러시아인 미하일로프가 변호인이 될 것을 지원한 일"(432)
등이다.

안중근은 첫째의 연고는 의거 계획을 감추고자 "신문사의 이름을
이용했을 따름"이요, 둘째의 일은 의거의 "주지主旨를 천하에 발표하
려고 의뢰한 것"이라고 진술한다.[76] 셋째의 일에 관해서는 다음과 같

으로 다행히 성공하기를 바랄 뿐입니다. 그리고 김성백 씨로부터 50원을 차용했으
니 속히 갚아 주시기를 간절히 부탁드립니다. 대한 독립 만세. 9월 11일(10월 24
일) 오전 8시. 우덕순(印), 안중근(印) 돈수頓首. 블라디보스톡 대동공보사 이강
귀하."

[76] 이런 사실은 아카시가 이시즈카에게 보낸 '발 제4호'(1909년 11월 15일)에 첨부
된 '정보 제3' 속의 '유강로[유동하] 공술 요지'(369-371)에 자세히 나온다. 거기

이 진술한다(432): "신문사는 한인을 문명으로 인도하려는 기관이다. 한인 계발啓發을 임무로 하는 자가 수수방관하는 따위의 이치가 있겠는가. 특히 미하일로프는 한국인과 친근하다. 또 한국인을 문화로 인도하려는 유지가有志家로서 우리를 위해 진력함은 당연한 일로 믿는다." 그 요지는 '미하일로프는 의거와 아무 관련이 없다. 그가 나의 변호인이 되는 것을 지원한 일은 당연/자연스러운 행위일 따름이니 달리 의심하지 말라.'는 것이다.

연추에서 블라디보스톡에 도착한 이튿날 즉 20일 정오경에 신문사를 방문하여 사원 중에서 가장 친근한 김만식(金晩植, 〔생몰 미상〕)을 만난 적이 있다. 그 자리에는 다른 사원도 여럿 있었는데 김이 나를 보자마자 '이번에 이토가 온다는데 〔그를 없애려고〕 왔는가.'라고 물었다. 나는 '아니 그렇지 않다. 신문에서 이토가 온다는 것은 보았으나 이토 한 사람 죽였다 해서 어떻게 할 것인가.'라고 대답했다. …… 또 이강의 근황을 물었더니 '병으로 사내社內의 안방에서 누워 있는 중'이라 해서 면회하지 않았다(432).

에는 "안응칠이 유동하에게 준 돈지갑 속에 무봉無封한 채로 발견"(371)이라는 주기가 붙어 있다. 또 '우연준(우덕순)이 지은 노래'도 첨부되어 있다(371-373). 그 일부를 인용해 보자: '만났도다. 만났도다. 원수 너를 만났도다. …… 네 목숨을 내 손으로 끊었으니 너 또한 무념하리라. …… 아아 우리 동포요! 일심단결하여 바깥 구적仇敵을 전멸하고 우리 국권 회복하여 부국 강민强民 도모하면 세계 안에 누가 우리 자유를 압제하고 하등 냉대하겠는가! 어서 빨리 합심하여 그들 무리를 이토와 같이 일격으로 주誅하라! 우리 할 일 하지 않고 평안하게 앉아 있다면 어찌 저절로 국권 회복되겠는가! 용감하게 힘을 내어 국민 의무를 다해 보자!' 이 노래는 우덕순의 '거의가擧義歌'로 알려져 있다.

즉 블라디보스톡에 도착한 이튿날 20일, 대농공보사 사원들을 만나긴 했으나 의거 계획은 철저히 숨겼다. 또한 《대동공보》의 간행을 주도했던 이강과는 만나는 것조차 않았다면서 그를 보호하고자 했음을 엿볼 수 있다.

평소 블라디보스톡에 있었을 때는 가끔 출입한 일도 있으나 실내는 좁고, 각자 맡은 일에 바빠서 하릴없이 담화를 나눌 수도 없었다. 다만 《해조신문》에 한 번 기서한 일은 있다.[77] 그것은 검찰관(미조부치)의 손에 있다. 또한 너희들이 신문사를 지목하여 (의거와) 깊은 관계가 있는 것처럼 추찰함도 무리는 아닐 듯하다. 그 신문(사)은 우리 한인의 생명인 배일排日의 일대一大 기관이기 때문일 것이다.

이렇듯 대동공보사는 의거와 아무런 관련이 없다.'는 것이다. 특히 미하일로프와의 관련은 다음과 같이 부인한다(433): "미하일로프 씨는 신문사에 출근하는 일은 거의 없다. 그를 신문사에 들인 것은 아마 러시아인의 압박에 대한 고안(대책)에서 비롯되었으리니 사무社務에 관계할 리도 없을 것이다. …… 미하일로프 씨는 육군 부령副領으로 변호사이다. '사장은 명예직이며 봉급은 받지 않는다.'라는 신문

[77] 그 기서란 《해조신문》 1908년 3월 21일자의 '안응칠 긔서'를 가리킨다. 그 결론 부만 인용해 보자: "여보시오, 우리 동포. 지금부터 시작하여 불합不合 두 자 파괴하고, 단합 두 자 급성急成하여 …… 청년 형제는 결사結社하여 우리 국권을 어서 빨리 회복하고, 태극 국기를 높이 단 후 처자권속妻子眷屬 거느리고 독립관에서 재회하여 '대한제국 만만세'를 육대부주六大部州 흔동欣動하게 일심단체一心團體 불러 보세."

기사를 본 일이 있다." 즉 '나는 이전에 미하일로프를 만난 적이 없다. 따라서 의거와 관련이 있을 수 없다.'는 것이다. 이상과 같은 안중근의 진술에도 불구하고 일제 당국은 미하일로프 등 대동공보사 관계자들을 '의거의 교사자, 연루자'로 추정하고 있었다(후술).

제9회(6일) 진술은 안중근의 의병 활동에 관한 것이다. 흥미로운 내용도 있으나 제1장 제1절에서 살펴본 《안응칠 역사》의 해당 부분과 겹치는 곳이 많다. 제10회(9일) 진술은 '이석산의 신상 정보'와 안중근이 '이강에게 부치려 했던 편지'에 관한 사항으로 구성된다(검토 생략).

제11회 진술: 안중근의 비판, 경고

12월 11일의 이 진술은 4개 단락으로 구성된다. 제1, 2 단락은 단지 동맹에 관한 진술이다. 그 검토는 생략하고 제3, 4 단락을 살펴보자. 제3 단락은 다음과 같다(443-444): "① 어찌 무모하게 타인의 생명을 빼앗을 자가 있겠는가! 이토의 정책이 동양평화에 지대한 해를 끼치는 까닭에 일신, 일가를 돌볼 여지가 없어서 결행한 것이다. ② 한인은 〔누구나〕'충군 애국'을 말한다. 나는 3천리 산하, 3천만 동포를 위해 희생되려는 자일 뿐 황실을 위해 죽으려는 자가 아니다. 오늘날 한국의 쇠운衰運을 불러온 것은 누구의 죄이더냐. 귀국인의 귀국 황실에 대한 관념으로 한국인을 파악하려 들면 안 된다."

먼저 ①은 이토의 주살은 결코 '무모한 살인'이 아니요, '동양평화를 위해 결행한 의거'임을 밝힌다. 다음으로 ②는 '충군 애국'에 대한 안중근의 견해이다. 충군을 접고 애국, 동포애를 취하겠다는 것이다. 거기에는 '한국 황실'은 충성 대상이 아니라는 뜻이 깔려 있다.[78] 또한 "귀국 황실에 대한 관념", 곧 일본인의 '무조건 충성, 절대 복종'에 대한 비판의 뜻도 담겨 있다.

제4 단락은 엄중한 경고로 이어진다(444): "우리 동지, 결사대 다수는 아직 강동江東에 있음을 말했다. 그들은 오로지 〔일본〕 당로자當路者가 이토 정책에 반대하여 그것을 바꾸기를 바라고 있을 따름이다. 그렇다. 우리 결사대는 12명뿐이라 생각치 말라. 강동으로 이주한 백만 동포 모두가 결사대임을 각오하지 않으면 안 된다."

보완 진술: 안중근의 의견 진술과 사카이의 보고서

위의 제11회 진술로써 사카이의 심문은 일단락된 셈이다. 하지만 이후에도 그의 심문은 거듭되었던지 일부 기록이 남아 있다. 다만 대체로 이전 진술을 확인하여 보완하는 수준이다. 예컨대 '기밀수機密受 제5호, 1910년 1월 4일'은 첫머리에 "1909년 12월 27일, 뤼순 감옥에서 사카이 경시 신문에 대해 제13회〔제12회?〕로 안응칠이 공술한 요지"(450)라고 기록한다. 그 본문은 11개 단락이나 앞선 진술을 보완하는 공술에 해당한다. 예외적으로 제11 단락은 다음과 같은 안

---

[78] 그 배경에는 '군이 군답지 않으면 떠난다'는 유교의 가르침이 깔려 있다고 본다. 공자는 "以道事君, 不可則止"(《논어》先進), 곧 '도로써 군을 섬기되 그것이 불가능하면 그만둔다.'라고 가르친다.

중근의 의견 진술로 구성된다(451–452).

① 두 아우가 여기에 온 것은 물론 자기들이 희망한 까닭일 것이다. 그러나 실제는 그들 어머니의 뜻을 받은 것 같다. …… 사체死體를 본국으로 운반할 생각과 나의 처자를 처리(處理, 〔조치〕)할 생각으로 왔음은 두 아우의 말투로 보아 명백하다.

② 나는 애초부터 한국이 독립하지 않으면 다시 그 땅을 밟지 않겠다고 결심한 사람이다. 설사 사형을 당해도 사체가 고국으로 들어가는 것을 바라지 않는다. 하얼빈의 길거리, 이토를 죽인 지점에 나의 시체가 묻히기를 바라고 있다.

③ 나를 암살 자객이라고 말하는 자가 있다더라. 그 말이 얼마나 무례한가! …… 이토의 한국 점령군에 대항하길 3년, 각처에서 의군을 일으켜 고전분투했다. 하얼빈에서 승리하여 그를 죽인 나는 독립군의 주장主將이라 할 것이다. 많은 눈이 쌓였던 하얼빈을 이용한 독립군의 공명정대한 행동은 각국 사람들이 시인할 것이다. 이 땅에 시신을 묻어 소지素志를 관철케 하고 태극기가 높이 빛을 퍼뜨리기를 원하노라!

이를 보면 안중근 가족은 모두 그의 사형을 각오하고 있었음을 알 수 있다. 특기할 것은 ②의 '하얼빈의 이토를 죽인 지점에 묻히기'라는 진술이다. 관련하여 《대한매일신보》 1910년 2월 9일자 '뤼순 통신(二)'의 '차시소지此是素志', 곧 '이것이 품은 뜻'이라는 기사는 이렇다: 안중근은 두 아우에게 "아한독립我韓獨立 이전에는 나의 시체를 본국으로 가져가지 말고 하얼빈 공원〔=자오린 공원〕 부근에 묻어 세계의 망국 인종으로 하여금 경성警省하게 하라."고 부탁했다고 한다.[79]

마무리 심문과 보고서

마침내 사카이는 공판이 결정된 날인 2월 1일부터 공판 전날 2월 6일 사이에 마무리 심문을 행했다. 그 목적은 통감부 산하 헌병대와 경무국이 정탐한 "헌기 제147호와 경무국 제3 정보"(《운동사》 자료7, 461)의 진위를 확인하는 일이었다. 그 결과 보고서는 29개 단락으로 구성된다(461-468). 주로 대동공보사 관계자들에 관한 내용이다. 그 둘째 단락만 살펴보자(461-462): "① 작년 10월 10일, 블라디보스톡의 대동공보사 사무소에서 사장 미하일로프, 발행인 유진률 …… 등 8명이 일단이 되어 국사國事를 담론한 일이 있다고 하나, ② 미하일로프는 신문사에 출무出務하는 일이 없다." ①은 헌병대와 경무국이 대동공보사 관계자들을 의거 연루자로 지목했음을 뜻한다. 이를 반박하는 뜻으로 안중근은 ②와 같이 진술한 것이다.

이상의 심문을 모두 끝낸 날인 2월 6일, 사카이는 경무 국장 마쓰이에게 '고비수高秘收 제1022호의 1'을 보냈다. 마쓰이는 이 보고서를 이튿날 7일, 총무 장관 이시즈카 앞으로 통보했다. 그 결론부는 다음과 같다(472): "공판은 화요일(7일)부터 개정하여 1주일 이내로 형을 선고할 예정이다. 안은 사형 언도가 내려지면 곧 공소할 의사를 가지고 있다. 그러므로 재판 확정은 이달 말에 이를 전망이다. …… 더 이상의 체재滯在는 아무런 이익이 없을 듯하다. 만족스런 결과를

---

79 참고로 박은식은 《안중근》 제24장 〈重根之最終〉에서 "내 뼈를 하얼빈 공원 곁에 묻었다가 국권이 회복되거든 고토(고국)에 돌려보내 묻어다오(我骨於哈爾濱公園之傍, 待國權回復而返葬故土也)."라고 기록한다.

얻고 돌아가지 못해 사명을 욕되게 했으니 황공해 마지 않는다." 사카이의 예상대로 공판은 2월 7일부터 14일까지 7일 만에 속성으로 끝났다. 다만 그의 예상과 달리 안중근은 공소를 포기하게 된다.

제3장

뤼순 법원의 왜곡된 재판

1910년 2월 1일, 미조부치는 다음과 같은 '공판 청구서'를 관동 도독부 지방법원, 곧 뤼순 법원에 제출했다(《운동사》 자료 6, 307).

공판 청구서

살인죄: 안응칠이라는 안중근, 우연준이라는 우덕순, 조도선, 유강로라는 유동하

머리말의 피고 사건을 공판에 부치기 위해 일체의 소송 기록 목록과 함께 송치하오니 피고인을 호출하시기 바랍니다.

메이지 43(1910)년 2월 1일

관동 도독부 고등법원 검찰관 미조부치 다카오

관동 도독부 지방법원 귀중貴中

재판관은 마나베 주조(眞鍋十藏, 1870~?). 검찰관은 미조부치. 통역은 소노키 스에요시(園木末喜, 1883~1952),[1] 서기는 와타나베 료이치(渡邊良一, 생몰 미상). 변호는 미즈노 기치타로(水野吉太郎, 1874~1947), 가마타 마사하루(鎌田正治, 생몰 미상) 두 명의 관선 변호사

---

[1] 소노키는 당시 통감부의 한국어 통역생이었다. 통감부는 의거 직후 그를 뤼순에 파견했다. 그는 안중근이 사형되는 날까지 통역을 담당하면서 각종 전보와 보고서를 작성하는 등 많은 기록을 남겼다(후술).

사진 18 관동도독부 지방법원(현 뤼순 관동법원 구지 박물관)

가 담당했다.[2]

공판은 '왜곡된 재판'이었다. 그렇긴 하나 6회에 걸친 재판 기록은 큰 가치를 지닌다. 의거의 진상을 상세하게 확인할 수 있기 때문이다. 특히 제1회, 제3회, 제5회 기록의 가치는 더 크다. 안중근의 공판 투쟁과 역사 전쟁을 음미할 수 있는 까닭이다. 그 재판 기록을 살펴보기에 앞서 다루고 싶은 사항이 두 가지 있다. 하나는 '재판 관할권'의 불법성이다.[3] 또 하나는 미하일로프, 안병찬 등 변호사의 행적이다.

---

2 미즈노와 가마타의 경력은 나카노 야스오(1996), 152−153쪽 참조.

3 안중근 재판의 불법성에 관해서는 이태진 외(2010), 제2부의 도츠카 에츠로戸塚悅郎 논문 참조.

1. 재판 관할권의 불법성

의거 이튿날 27일, 고무라 외상은 소네 통감에게 '전보 제153호'를 보냈다. 그 내용은 다음과 같다(《운동사》 자료 7, 472): "메이지 41〔1908〕년 법률 제52호 제3조에 의거하여 본 대신〔고무라〕이 관동도독부 지방법원에게 재판케 하기로 결정했다. …… 도독부는 흉행자와 연루자를 수취受取하기 위해 헌병 사관 1명, 헌병 10명을 급파할 것이다. 이들은 도차하는 대로 러시아 관헌으로부터 인취引取하여 헌병에게 인도引渡할 것이다."

위의 '법률 제52호'란 '만주에서의 영사 재판에 관한 법률(滿洲二於ケル領事裁判二関スル法律)'을 가리킨다.4 제3조는 '만주 주재 영사관 관할에 속하는 형사 사건에 관하여 국교國交상 필요할 때 외무대신은 관동 도독부 지방법원에게 그 재판을 시킬 수 있다.'라는 내용이다. 거기에 '한국인에 대한 재판 관할권'을 합법화할 문구는 없다. 따라서 안중근 등에 대한 재판이 '만주 주재 영사관 관할'에 속한다는 근거가 될 수 없다. 더욱이 안중근 의거는 '형사 사건'의 범주를 넘어서 있다.

과연 '법률 제52호'로는 미흡하다는 논의가 벌어졌던 모양이다. 그래서 다른 근거를 끌어댔다. 이런 사실은 뤼순에 파견된 구라치가 11월 7일, 이시이 기쿠지로(石井菊次郎, 1866~1945) 외무 차관에게 보낸 '전보 제3호, 흉도 처벌에 관한 외무성 의견의 조회照會 건'에서 확인할 수 있다(474-475).5

---

4 '법률 제52호'의 본문 4개조와 부칙은 《속기록》, 204-205쪽에 실려 있다.

이토 공에 대한 흉도 처벌은 '제국 형법에 의거할 것인가'를 지금 [관동] 도독부에서 고구考究하고 있다. 검찰관이 공소를 제기할 때까지 이를 결정할 필요가 있다. 그러므로 형법 3조, 한·청 조약 5조 …… 등을 참조한 후 본성(本省, [외무성])의 의견을 지급 전보하길 바란다.

이처럼 '형법 3조, 한·청 조약 5조' 등을 끌어댄 것이다. 먼저 '형법 3조'란 메이지 40(1907)년 법률 제45호(메이지 40년 4월 24일 공포, 메이지 41년 10월 1일 시행)의 제3조를 가리킨다. 다음으로 '한·청 조약 5조'란 광무 3(1899)년 9월 11일에 체결된 한·청 간 통상 조약(전문과 15개조) 제5관款을 가리킨다. 이는 양국의 영사 재판권을 상호 인정한 조항(4개 항)이다. 제1항에는 "중국에 있는 한국 사람이 범법하면 한국 영사관이 한국 법률에 따라 심판한다(韓國民人在中國者 如有犯法之事 韓國領事官按照韓國律例審辦)"라는 규정이 나온다.

위의 '한·청 조약 5조'는 근거가 될 수 없다고 판단했으리라. 이시이는 이튿날 8일, 다음과 같은 '해석'을 회답한다(475): "한국은 일본의 보호국이 된 결과 제국의 [사]법권에 속한다. 따라서 그 [안중근의] 범죄는 형법 제1조의 '제국 내의 범죄'로 간주하고 당연히 제국 형법을 적용할 것이다. 형법 제1조, 제2조, 제3조의 이른바 제국 내외의 구별은 원칙으로 제국 영토 내외의 구별을 가리킨다. …… 제국 법권에 속하는 한국인도 제국 신민과 동일한 지위에 있으므로 …… 제국 형법의 적용을 받는다고 해석한다."

위 인용문의 밑줄 부분을 두 명제로 추려 보자: ① 한국은 일본

---

5 고무라 외상은 의거 이튿날 27일, 통감부 정무 국장 구라치를 뤼순에 파견했다(전술).

의 보호국이다. 따라서 일본 영토이며 일본 사법권에 속한다. ② 한국인은 일본 신민이니 일본 형법을 적용한다. 즉 을사늑약을 근거로 '형법 제1조, 제2조, 제3조'를 적용하겠다는 것이다.6 그러나 이것은 논리 비약에 의한 '억지 해석'에 다름 아니다. 그 이유는 다음과 같다.

무엇보다 을사늑약은 '강제=불법, 무효' 조약이다. 그렇지만 접어두고, 당시 한국이 일본의 보호국이었다고 치자. 그래도 '일본 영토=식민지'는 아니었다. 한국인은 '일본 신민'이 아니었다. 주권 일부를 빼앗겼다 할지언정 대한제국은 존재했다. 을사늑약 5개조 어디에도 '한국인에 대한 재판 관할권'을 합법화할 만한 조항은 없다. 예컨대 제1조는 '일본국 외교 대표자와 영사는 외국에 있는 한국 신민과 이익을 보호'라는 내용이다. 이렇듯 '재외 한국인과 이익의 보호'를 규정할 뿐이니 근거가 될 수 없다. 즉 안중근 등에 대한 '재판 관할권'은 불법인 것이다.

그 불법성을 안중근은 명백한 근거로 논파하고 있었다. 《안응칠역사》에 따르면 제3회 공판날 2월 9일, 그는 이렇게 생각했다고 한다. "나는 당당한 대한국 국민인데 왜 오늘 일본 감옥에 갇혀 있는 것인가. 더욱이 일본 법률의 재판을 받는 까닭이 무엇인가. 내가 언제 일본에 귀화라도 했단 말이냐."(178)라고. 그리고 제5회 공판날 2

---

6 '형법 제1조, 제2조, 제3조' 내용은 이렇다: 제1조(국내범) 1항은 '일본 국내에서 죄를 범한 자 모두에게 적용된다.'라는 내용이다. 제2조(모든 국외범)는 '일본 국외에서 다음과 같은 죄를 범한 자 모두에게 적용된다.'라면서 8종류의 죄목을 나열한다. 제3조(국민의 국외범)는 '일본 국외에서 다음과 같은 죄를 범한 일본 국민에게 적용된다.'라면서 16종류의 죄목을 나열한다.

월 12일에는 다음과 같이 주장한다(180): "나는 대한국 의병으로서 …… 포로가 되어 이곳에 온 것이다. 뤼순 지방 재판소와는 전혀 관계가 없다. 마땅히 만국공법, 국제공법에 따라 판결해야 옳다."[1]

2. 서양인, 한국인 변호사의 배제: 일본 측의 변심과 방해

《대한매일신보》는 1909년 11월 18일자 '변사辯士 고빙설雇聘說'이라는 기사에서 "안중근 사건에 대하여 러시아 지방에 거류하는 한인 민단에서 의연금을 모집하여 러시아인 변호사를 고용한다는 설이 있다더라."고 보도하고 있다. 이런 활동은 대동공보사 관계자들이 주도했다. 그 발행인 미하일로프는 스스로 변호를 담당하고자 나섰다. 또한 상하이로 가서 영국인 변호사 더글러스(G. C. Douglas; 생몰 미상)의 협력도 얻어냈다.

한편 전술했듯 안중근의 두 아우는 한성의 법학협회에 편지를 보내어 한국인 변호사를 요청했다. 이에 응한 안병찬은 뤼순행을 서둘렀다. 그러자 통감부는 방해 공작을 폈다. 그런 모습을 총무 장관 이시즈카가 외무 차관 이시이에게 보낸 1910년 1월 7일자 '전보 제2호(암호)'를 통해 살펴보자(《운동사》 자료 7, 521−522): "안병찬이란

---

[1] 이때 '만국공법, 국제공법'이란 당시의 전시 국제법, 곧 '헤이그 육전陸戰 조약'을 가리킬 것이다. 이것은 1899년의 제1회 만국평화회의에서 채택된 '육전 법규, 관례에 관한 조약(9개조)'과 부속서인 '육전 규칙(56개조)'으로 구성된다.

자가 안중근의 변호를 그의 어머니로부터 인수하고 뤼순으로 출발한다는 정보에 접했다. 이 자는 1905년 한·일 협약(을사늑약) 때 반대 상소의 극단極端 행동을 했던 적이 있다. 늘 배일 사상을 가진 자이다." 즉 '변호를 허가하지 말라.'는 것이다. 결국 안병찬은 변호 신고조차 못하게 된다.

변호사 미하일로프의 행적

대동공보사 관계자들은 "어떻게든 사형에 처해지지 않을 방법"을 위해 변호사를 선임했다. 그 경위는 다음과 같다(《운동사》 자료7, 250): "미하일로프는 상하이로 가서 미국인〔실은 영국인〕 변호사 더글러스에게 문의했더니 곧 변호의 쾌락을 얻었다. 또한 상하이 재류 한국인 민영철閔泳喆[8], 민영익閔泳翊[9], 현상건玄尙健[10] 등은 서둘러 재

---

[8] 민영철(1864~?)은 민비 척족戚族으로서 1885년에 과거에 합격했다. 1902년에 군부대신이 된 다음 군무총장, 철로 총재 등을 역임하다가 을사늑약 이후 상하이로 망명했다고 한다.

[9] 민영익(1860~1914)은 민비 척족의 최고 실력자였다. 온건 개화파였으나 김옥균(金玉均, 1851~1894), 박영효 등 급진 개화파가 일으킨 1884년 갑신정변 때 칼을 맞아 중상을 입었다. 회복 후 관직에 복귀했으나 1886년, 홍콩으로 건너갔다. 1889년 귀국한 뒤 1898년에는 의정부 찬정贊政이 되었다. 을사늑약이 체결되자 다시 홍콩으로 건너갔다. 이후 상하이에서 체류하다가 1914년에 사망했다.

[10] 현상건(생몰 미상)은 역관譯官 출신이다. 1903년 8월, 러·일전쟁의 기운이 감돌자 고종 황제의 밀사로 러시아와 프랑스에 파견되었다. 목적은 대한제국의 국외 중립을 승인받는 일이었다. 귀국 후 1904년 2월, '한·일 의정서'가 체결되자 상하이로

류자로부터 금 일만 원을 모금해서 미하일로프를 경유하여 더글러스에게 주고 변호 계약을 맺었다.”

위 인용문은 '헌기 제2634호'(1909년 12월 30일)에 첨부된 '별지 제2호'의 '제2, 흉행 후 동지의 행동'이라는 항목 일부이다. 그 다음 항목인 '제3, 블라디보스톡과 하얼빈 재류 한인의 감상과 러시아 관헌의 의향'은 이렇게 보고한다(251–252).

재류 한인은 도처에서 안중근의 흉행을 상양賞揚하고 있다. 블라디보스톡에서는 '안중근은 미하일로프와 더글러스의 변호에 의해 반드시 무죄가 될 것이다. …… 사형에 처해지는 일이 있다면 열국은 결코 이를 간과하지 않을 것이다.'라는 공론이 있다. 2, 3인만 모이면 '나라가 장차 망하여 돌아갈 천지가 없다. 검을 갈고 총을 저축하면서 자손에게 서로 전하여 장래 한 번은 일본과 대전쟁을 벌여서 국권을 회복하자.'고 말하는 것이 상례라고 한다. 또 하얼빈에서도 안중근을 상양하여 서로 모이기만 하면 '어떻게 안중근을 뤼순 감옥에서 구출할 것인가.'를 말하면서 주먹을 불끈 쥐며 비분하고 있다.

이를 통해 안중근의 변호와 구출을 바라는 재외 한국인의 열정을 엿볼 수 있다. 이윽고 미하일로프와 더글러스는 12월 1일, 재판관 마나베를 면회하고 변호 허가를 받게 된다. 그 대화를 기록한 문서가 있다. 통감부 통역관 도리이 타다요시(鳥居忠恕, 생몰 미상)가 작성하여 아카시 육군 소장에게 보낸 '보고서'가 그것이다.[11]

<hr />

망명했다. 이후 항일 운동에 힘썼고, 상하이 임시정부 수립에도 공헌했다.

R: 블라디보스톡에 있는 안중근의 지인들로부터 …… 변호를 맡도록 의뢰받았다. 나는 이를 승낙하고 더글러스 씨를 동반하였다. 안의 사선私選 변호인으로서 …… 나는 성의, 양심, 상식으로 호소하고, 더글러스는 오로지 법률상 견지에서 변론을 시도할 것이다. 귀관들과 안의 승낙 얻고자 하니 …… 허가하길 바란다.

A: 본 건의 공판을 행할 때 우리 법원은 따로 관선 변호인을 붙이지 않을 전망이다. 따라서 귀하들이 스스로 사선 변호인이 되려고 하는 것을 굳이 방해하지 않을 것이다. 안의 승낙만 얻는다면 우리 법원은 이를 허가하겠다. 그리고 사선 변호인으로서 일본인도 한 사람 참가하기로 결정하고 있다.

이어진 대화는 다음과 같다(518-519).

R: 후의에 매우 감사한다. 그러면 오늘 안에게 가서 …… 승낙을 얻고자 하는데 어떠한가?

A: 그것도 우리 법원에서 승낙한다. 단, 공판정에서는 귀하들 스스로 일·한·영 세 언어의 통역을 선정하여 데려와야 한다.

R: 후의에 매우 감사한다. …… 선정하여 데려오되 일단 귀관들의 검열을 거친 다음 쓰기로 한다. …… 공판정이 열리면 더글러스 씨는 그가 아는 신문사 통신원을 데리고 와서 법정의 기사를 각지에 송신할 것을 희망하는데 괜찮은가?

---

11 《운동사》 자료 7, 517-518쪽. 대화는 미하일로프의 요청(R)에 마나베가 답변(A)하는 식으로 행해졌다.

A: 대저 변호인 선정은 공판이 열릴 때 하는 것이나 오늘은 편의로 특별히 승낙한다. 그러니 지금부터 감옥에 가서 친히 면회하고 안의 승낙 여부를 묻도록 허가한다. …… 또한 공판정이 열릴 즈음 새로 통신원을 데리고 와서 공판정의 기사 검열을 거쳐 발신하는 것도 괜찮다.

이런 대화가 끝난 뒤 도리이는 소노키 통역생과 함께 두 변호인을 안중근에게 데리고 가서 이들의 면담을 통역해 주었다(519-520): "미하일로프는 더글러스와 상의한 뒤 러시아어로 안에게 말했다: '나는 블라디보스톡에서 사는 미하일로프라는 사람이다. …… 변호 의뢰를 받고 그대로부터 승낙받기 위해 왔다. 승낙하겠는가?' 이를 소관小官은 일본어로 소노키 통역생에게 전하고, 통역생은 한국어로 안에게 전했다. 안응칠은 '귀하가 오신 뜻에 매우 감사한다. 사선 변호인으로 공판장에 나와 주심을 삼가 승낙한다.'라고 대답했다."

두 변호사와 안중근은 '변호 신고申告'를 작성했다.[12] 한편 안중근은 "사선 일본인 변호인의 허가를 검찰관에게 청원해 두었는데 이는 어찌 되었는가?"라고 물었다. 미하일로프는 "검찰관 등이 허가한다고 했다."라고 대답했다. 그러자 안중근은 이렇게 말한다: "검찰관은 물론 전옥 이하 일본 관리 일동은 나를 극히 후대하여 의외의 환대를

---

12 그 내용은 다음과 같다: "상하이 주재 영국인 더글러스, 블라디보스톡 주재 러시아인 미하일로프: 이들을 이번 본인의 살인 피고 사건에 대한 공판이 개정되면 변호인으로 선정하고자 연서連書하여 이에 신고합니다. 관동 도독부 감옥서, 1909년 12월 1일, 형사 피고인 안응칠. 관동 도독부 지방법원 마나베 주조 앞."《운동사》자료 6, 306쪽.

받고 있다. 몸도 건전하다. 블라디보스톡의 지인들에게 이를 전해 주시길 바란다."[13]

이런 소식들을 《대한매일신보》는 속속 보도하고 있었다. 예컨대 1909년 12월 11일자 '변시辯士 뤼순 착'이라는 기사는 이렇다: "러시아인 미하일로프 씨가 영국인 더글러스 변호사를 대동하고 상하이로부터 뤼순에 도착하여 안중근을 변호할 뜻으로 관동 도독부에 허가를 신청했다." 또한 1909년 12월 16일자의 '일사日士 변호'라는 기사는 "일본 변호사 기시紀志는 안중근 변호를 신청했는데 관동 도독부 법원에서 허가를 주었다더라."고 보도한다.[14]

그런데 '변호 신고'의 허가로부터 한 달쯤 지난 1910년 1월 8일, 경무 국장 마쓰이는 총무 장관 이시즈카에게 '고비발高秘發 제19호'를 보고하였다. 거기에는 '미하일로프에 관한 조사 사항'을 통보한 '별지'가 부쳐져 있다(《운동사》 자료 7, 523): "미하일로프는 1904년 일·로전쟁 당초 헌병대 사령관으로 블라디보스톡에 와서 일본군의 정황 정찰을 맡았던 자이다. …… 〔전쟁이 끝난 뒤〕 일본으로 갔다가 다시 한국으로 전임되어 경성, 평양에서 오래 숨어 지냈다. …… 퇴직 후에는 변호사를 개업하여 한국인을 보호하는 한편 러시아 고등

---

13 안중근은 두 변호사가 돌아간 뒤의 감상을 이렇게 표현한다: "마음속으로 크게 놀라는 한편 약간 이상스레 여겼다. '일본의 문명 정도가 여기까지 왔단 말인가? 내가 시난날 미처 생각하지 못한 일이다. 오늘 영국과 러시아 변호사를 허용함을 보니 과연 세계 일등 국가의 행동이라 할 만하다. 그렇다면 내가 오해했던 것인가? 과격한 수단을 쓴 것이 망동妄動이었던가?'하고 너무도 의심스럽게 생각했다."《안응칠 역사》, 176쪽.

14 이 '기시'라는 사람이 누구인지는 알 수 없다.

정찰偵察 관헌의 뜻에 따라 한인을 조종하고 있었다는 소문이 있다."
결국 '변호 신고'는 1910년 2월 1일, 마나베의 번복 결정으로 취소되
고 만다.[15]

변호사 안병찬의 행적

안병찬이 뤼순에 가게 된 경위는 《대한매일신보》 1월 7일자 기사
에서 이미 살펴보았다. 그 뒤의 기사들을 통해 그의 행적을 살펴보자.
먼저 1910년 2월 2일자 '저인행지沮人行止'는 다음과 같이 보도한다.

　　〔1월 10일, 평양 역을〕 출발할 즈음 한국인 순사가 기차 안까지 따라
　　와 지갑 등을 압류하고 "일본인 경부警部가 곧 올 것이니 잠시 남아 기
　　다리라."고 말했다. 안 씨는 "경부의 요청으로는 내가 하차할 리 없다.
　　체포장을 내고 결박이라도 하면 하차하리라."면서 서로 다투었다. ……
　　부득이 하차했다. 과연 일본인 경부가 인력거를 몰고 바삐 오는지라. 안
　　씨는 〔당국이〕 "행리(行李, 〔여행 허가?〕)를 내주었다."면서 한바탕 꾸짖었

---

[15] 《운동사》 자료 6, 307-308쪽. 그 취소에 대해 미하일로프와 더글러스는 항의했
　　다. 앞장선 사람은 더글러스였다. 《대한매일신보》의 1910년 2월 12일자 '영변호英
　　辯護 불평'은 이렇게 보도한다: "더글러스 씨는 지난 8일, 상하이로부터 뤼순에 왔
　　다. …… 변호사 불허가를 불평하는 소회를 진술하고 안 씨의 공판 중지를 요구
　　했다." 한편 2월 15일자 '관할 문제 논란'은 "더글러스 씨는 금번 안중근 재판에
　　대한 관할 문제를 제출했는데 일본인 변호사 미즈노, 가마타 두 사람과 이를 둘러
　　싼 논란을 벌였다더라."고 보도한다.

다. 그러자 일본인 경부는 묵묵히 말도 못한 채 실례했음을 사죄하고 역장에게 "이미 구매한 차표로 다음 기차편에 사용할 수 있도록 하라."고 하였다더라.

다음으로 1910년 1월 27일사에는 '안씨 소식'과 '뤼순 정보' 두 기사가 나온다. 전자는 이렇다: "안병찬 씨와 사무원 고병은高秉殷 씨는 지난 17일 오전 9시 뤼순에 도착하여 그곳 노기쵸乃木町 보래관寶來館에 묵고 있다.[16]

18일과 19일에 관동 도독부 고등법원과 지방법원, 뤼순 민정서民政署와 경찰서를 방문하여 안중근 씨를 변호할 목적을 설명했다. 공판이 끝날 때까지 약 60일 동안 체류하겠다더라." 후자의 '뤼순 정보'는 다음과 같다.

안중근 씨 사건이 아직 검찰관 수중에 있는데 그 조사(심문)가 겨우 끝났다. 그러므로 이달 하순에 히라이시 법원장이 도쿄로부터 돌아온 후 즉시 예심에 부쳐 내달 중순에 공판을 개시할 듯하다. 일본 변호사 기시도 변호하기를 지원했고, 영국·러시아 변호사도 변호할 목적으로 안중근 씨를 면회한 뒤 귀국하여 공판 때 다시 오기로 약속했다. 그런데 변호사의 정식 허가는 히라이시 법원장이 돌아온 후에 결정할 것이라 한다.

---

[16] 고병은(1870~1942)은 평안남도 상원祥原 출신이다. 그의 경력은 별로 알려진 것이 없다. 뤼순에서 귀국한 뒤 안병찬과 함께 활동했을 것이다. 그리고 안병찬이 3·1운동 이후 만주로 망명하여 항일 운동을 벌이는 동안 그는 국내에서 지원하고 있었다고 한다.

주목할 것은 히라이시 법원장의 도쿄 출장이다. 그 목적은 본국 정부의 방침을 확인하고 공판에 관한 지령을 받는 일이었을 것이다. 과연 그가 돌아온 뒤인 2월 1일, 미조부치는 '공판 청구서'를 제출했고, 마나베는 '변호 신고'를 취소하는 '결정'을 내렸다.

같은 날, 미조부치는 안병찬의 변호를 불허한다는 법원 결정을 통보했다. 《대한매일신보》 2월 8일자의 '뤼순 통신(一)'은 이렇게 보도한다: "면회 전말 – 지난 〔2월〕 1일 정오에 변호사 안병찬, 사무원 고병은, 안정근, 안공근 제씨는 뤼순 감옥에서 안중근을 면회했다. 그 상세한 전말에 따르면 당시 사건의 주임인 검찰관 미조부치, 전옥 구리하라 사다키치, 소노키 통역생 등이 입회했다고 한다." 이날 면회에 앞서 안병찬은 미조부치와 다음과 같은 대화를 나누었다.

미조부치: 공公이 피고 안응칠을 변호하러 와서 변호를 출원했다. 그러나 현재 우리 법원은 외국 변호사를 불허하고, 재판관 직권으로 법원 소속 변호사 중에서 변호인을 선임하기로 결정했다. ······ 관선 변호인을 통해 간접으로 의견을 진술함은 좋다.

안병찬: 대저 사람은 신체와 명예를 방위하는 권리가 있다. 그러므로 공판에 임하는 형사 피고인은 변호인을 뜻대로 선정하여 변호의 도道를 다한 뒤 그에 상당하는 형을 받는 것이 당연하다. ······ 피고 안응칠은 자기의 정당한 권리를 보호하기 위해 한국과 외국 변호사에게 의뢰하기에 〔나도〕 출원했다. 그것을 마땅히 허가해야 하거늘 어찌 불허하고 피고가 원하지도 않는 일본 변호사를 관선하였는가!

미조부치: 영국 러시아 스페인 3국의 변호사도 이 사건에 출원했다. 그러나 모든 외국인 변호는 허가하지 않기로 법원에서 결정했으니 이제

긴 말이 필요없다.

이렇듯 미조부치는 '불허'를 통보한 뒤 안중근의 면회를 허락한 것이다. 이 자리에서 안병찬은 먼저 "어머니 말씀"을 전한다: "네가 국가를 위해 이런 지경에 이르렀으니 '죽거든 오히려 영광〔死猶榮光〕'이니라. 〔우리〕 모자가 현세에서 다시 만나지 못하겠으니 그 정리情理를 어찌 당할 것이 있으리오!" 다음으로 이런 대화를 나눈다.

> 안병찬: 내가 공을 변호하기 위해 지난달 10일 발정發程하여 17일 이곳에 도착했는데 현금 법원에서 변호를 불허해서 목적을 달성하지 못하니 이를 개탄할 따름이오.
> 이에 안중근의 심장心腸으로도 비감悲感을 이기지 못한 듯 안색이 언뜻 변했다가 한참 지난 뒤에야 강하게 말했다.
> 안중근: 공이 동정同情하여 찬 날씨와 먼 길을 오로지 나를 위해 오시니 황송하기 그지없소. …… 허가받지 못했을지라도 공판 전에 환국하시지는 말기를 희망하외다.
> 안병찬: 그것은 생각하고 헤아려 처신하겠소. 혹시 떠나더라도 마땅히 면회하고 작별하리라.

면회를 끝낸 뒤 안병찬은 의분을 누를 수 없었으니 …… 2월 9일자 '뤼순 통신(二)'의 첫째 항목인 '안 씨가 뜨거운 피를 토하다.'의 일부를 인용해 보자: "안병찬 씨가 안중근 씨를 면회하고 여관으로 돌아와 그 목적을 달성하지 못함을 분개하여 하염없이 울었다. 그러다가 끝내 뜨거운 피를 한 사발 토한 뒤 약 30분 간을 기색氣塞하여

불성인사(不省人事, 〔기절〕)했다.[17]

마지막으로 2월 13일자 '안 변호사의 귀기歸期'는 이렇게 보도한다: "안병찬 씨는 분통憤痛이 회복되자 돌아가려 했다. 이에 정근·공근은 '공판이 결심結審된 뒤 회국回國하시라.'고 만류했다. 그 정을 차마 물리치지 못해 짐싸기를 중지했는데 공판이 끝나는 즉시 돌아올 예정이라더라." 안병찬이 빨리 돌아가려 했던 이유는 무엇일까? 공판의 불법성을 국내에 알림과 함께 항일 운동에 더욱 힘쓰고 싶었기 때문일 것이다.[18]

---

[17] 이와 관련하여 박은식의 《안중근전》(제19장)에 따르면 안병찬은 재판관 마나베를 찾아가서 이렇게 꾸짖었다고 한다: "일본은 일마다 이런 불법을 뭇 한국인에게 가하고 있다. 한국인의 격분은 날이 갈수록 커질 것이며 장래에 몇천, 몇만의 안중근이 생길지 모른다." 그리고 "여관으로 돌아와 피를 여러 사발 토한 다음 기색했는데 한참 지나서야 의식을 회복했다." 윤병석 역편(1999), 242쪽.

[18] 안병찬이 뤼순에서 귀국한 뒤의 행적은 다음과 같다: 1910년 4월에 (이완용을 칼로 찌른) 이재명(李在明, 1890~1910) 의사의 변호를 담당했다. 1911년 9월, 이른바 데라우치 암살 음모 사건의 혐의자로 체포되어 고문을 당했다. 1915년 10월부터 평안북도 신의주에서 변호사를 개업했다. 1919년 3·1운동에 참가한 뒤 만주로 망명했다. 같은 해 4월 안동安東현에서 대한 독립 청년단을 조직하여 활동하다가 8월에 체포되어 1년 6개월 금고형을 선고받았다. 병보석으로 가출옥하여 탈출한 뒤 1920년에는 관전寬甸현에서 조직된 대한청년단 연합회의 총재가 되었다. 그리고 9월, 상하이 임시정부의 법무 차장에 임명되었다. 1921년, 이르쿠츠크 공산당 대표 회의에 참석한 뒤 고려 공산당을 조직하여 중앙위원이 되었다. 같은 해 여름 상하이로 돌아와 활동하던 중 암살되었다.

3. 공판 기록: 안중근의 공판 투쟁

《대한매일신보》 2월 9일자 '뤼순 통신(二)'의 둘째 항목인 '안 씨의 공판'은 다음과 같다.

안중근은 살인, 우연준과 조도선은 살인 예비, 유동하(유강로)는 살인 방조의 죄명으로 예심을 거치지 않고 바로 공판할 뜻으로 지난 1일 발표한지라. 주임 재판장은 지방법원장 마나베 주조, 검찰관은 미조부치 다카오, 서기는 와타나베, 통역은 소노키 통역생 등이오. 관선 변호사는 미즈노 기치타로, 가마타 쇼지[正治, 마사하루]로 결정되었다. …… 제1회 공판은 이달 7일 오전 9시부터 고등법원 제1호 법정에서 열린 다음 연일 개정할 터이다. 방청권은 매일 300매를 발행하여 방청을 허가한다 하나 공판 기일이 급박하니 구미 각국인은 와서 볼 수 없을 듯하다더라.

공판은 1910년 2월 7일부터 14일에 걸쳐 여섯 차례 진행되었다. 제1회(7일), 제2회(8일), 제3회(9일), 제4회(10일), 제5회(12일)의 다섯 공판은 대체로 오전 9시부터 (12시~오후 1시 점심 시간) 오후 4시나 5시 즈음까지 진행되었던 모양이다. 단, 날마다 그 시간은 조정 또는 변경되었다.

안중근(에 대한) 공판은 실질적으로 제1회 한 차례로 끝난다. 그마저도 "내가 상세한 의견을 더 말하려고 하면 재판관은 마냥 회피하며 입을 막은 탓에 미처 설명할 수가 없었다."(《안응칠 역사》, 178)라고 한다. 그럼에도 불구하고 안중근은 틈틈이 공판 투쟁(제1탄)을 전개한다.

세2회는 오전, 오후의 우덕순 공판과 오후 끝 시간의 조도선 공판으로 이루어진다. 제3회는 오전의 유동하 공판으로 시작된다. 오후에는 각종 증거물을 제시한 뒤 네 명의 심문, 문답이 이어진다. 어느덧 공판은 시간 때우기로 변질된다. 이에 안중근은 '신립(申立〔모시다데〕), 곧 의견 진술'로 공판 투쟁(제2탄)을 전개한다. 그러자 재판관 마나베는 '진술 정지, 청중 퇴정'으로 응수한다. 나머지 공판은 비공개로 진행된다. 제4회는 검찰관 미조부치의 논고만으로 끝난다.[19]

제5회는 두 변호사 변론이 오전, 오후에 걸쳐 진행된다. 그리고 약 1시간 안중근의 '신립'이 이어진다. 마지막 공판 투쟁(제3탄)인 셈이다. 제6회는 14일 오전 10시 마나베가 '판결 주문主文'을 낭독함으로써 형량을 언도하고 형식적 절차를 거친 뒤 폐정된다. 이들 일련의 공판 모습을 뤼순 법원은 《안중근 등 살인 피고의 공판 기록》으로 남겼다.[20]

그런데 이보다 상세한 기록이 있다. 만주일일신문사 편, 《안중근사건공판속기록安重根事件公判速記錄》(약칭, 《속기록》)이다. 《속기록》은 공판의 문답, 진술 등을 법정에서 바로 기록한 것이다.[21] 그런 만큼 각

---

[19] 당일의 공판을 안중근은 이렇게 기록한다: "검찰관은 피고의 죄상을 설명하길 종일토록 쉬지 않고 입술과 혓바닥이 닳도록 기진해서야 끝냈다. 마지막 요청은 나를 '사형에 처하는 것'일 따름이었다. 사형을 청하는 이유란 '이런 사람이 세상에 살아 있으면 수많은 한국인이 그 행동을 본뜰 것이니 일본인은 겁나서 견딜 수 없다'는 것이었다." 《안응칠 역사》, 179쪽.

[20] 이를 한국어로 번역한 《운동사》 자료 6은 '공판 청구서'와 제1~6회 '공판 시말서' 등을 싣고 있다. 단, 제6회 공판에서 언도된 '판결 주문'은 《운동사》 자료 7, 487-497쪽에 실려 있다.

색된 부분이 적을 것이다. 이와 대조하면 '공판 시말서'에는 각색이나 축약 부분이 적지 않다. 따라서 《속기록》을 중심으로 살펴보고자 한다.

한편 《대한매일신보》(약칭, 《신보》)는 2월 12일자부터 26일자에 이르기까지 공판에 관한 일련의 기사를 보도하고 있다. 이로써 공판의 문답이나 진술 요지를 알 수 있다. 특히 이들 기사 곳곳에는 -'공판 시말서'나 《속기록》에는 없는- 법정 안팎에서 생긴 일이 보도되어 있다. 이러한 기사들을 적절히 소개하기로 한다.

제1회 공판: 그 모습과 공판 투쟁(제1탄)

《신보》는 '안중근의 공판(제1일 오전)'이라는 기사(2월 12일자)로 보도한다.[22] 그 첫머리는 이렇다: "안중근 외 3인은 체포 당시의 복장을 색깔만 바꿔 입고, 일본에서 새로 도착한 마차를 타고 왔다. 일본 경부警部의 순사, 헌병이 말타고 호위했다. 8시 지나 관동 도독부 고등법원의 제1법정에 들어서자 요승腰繩을 풀었다." 그리고 "9시 20

---

[21] 또한 《속기록》 곳곳에는 증거 자료로 제출된 각종 물품, 증언, 서한, 시 등도 삽입되어 있다.

[22] 기사 끝에는 방청석 모습이 이렇게 묘사되어 있다: "방청자는 다롄 등지에서 어젯밤부터 왔는데 오늘 아침 6시에는 방청표가 모자랐다. 그냥 돌아간 자가 담[墻]처럼 많았다. 고등관高等官 방청석도 꽉 찼다. 부인婦人 방청자는 20여 명이었다. 외국인은 다롄 〔주재〕 러시아 영사 부부와 한 명의 러시아인〔미하일로프?〕이오, 한국인은 변호사 안병찬과 중근 씨의 두 아우뿐이라."

분부터 먼저 안중근 씨의 공판을 열고 일정한 순서를 거친 뒤 심문했다."고 한 다음 마나베와 안중근의 문답을 이렇게 보도한다.

답: 3년 전 블라디보스톡으로 갔다. 생활은 처음엔 고향 재산으로 한 뒤 우인의 보조로 지냈다. 교육은 가정에서 《천자문千字文》《동몽선습童蒙先習》《맹자》 등 옛 학문을 배웠다. 그 뒤 천주교 선교사로 온 프랑스인〔빌렘 신부〕에게 프랑스어를 배우고, 17세 때에 천주교에 입교하여 세례를 받았다.

문: 나라를 떠난 뒤 3년 동안은 무슨 일을 했는가?

답: 나의 목적을 위한 일을 했다. 하나는 외국에서 사는 동포의 교육이오, 또 하나는 의군義軍의 경영이다.

문: 독립 사상은 언제부터 생겼는가?

답: 나의 이 사상은 수년 전부터 품었다. 특히 러·일전쟁 이후 한일 5조약〔을사늑약〕과 〔정미〕 7조약이 체결됨에 따라 격렬해졌다. 1895년 일본 천황의 조칙은 '동양평화와 한국 독립을 위함'이라 했거늘 이토가 내한來韓하여 병위兵威를 써서 두 조약을 체결했다. 그래서 7조약 체결 당시 암살할 뜻이 생긴 이래 계속된 것이다.

이토록 도도滔滔한 수천언數千言을 연설조로 내뱉고 나서 〔의거〕 실행 당시의 일을 심문하자 대기염大氣焰을 이렇게 토했다고 한다. '그런 사실은 인정하나 발포 뒤 이토가 어찌 되었는지 모른다. 단, 이 의거는 대한독립의군 참모 중장의 신분으로 행한 것이오, 결코 개인으로 한 것이 아니다. 오늘 여기에 피고의 하나로 서 있음은 내 본뜻〔素志〕과 크게 어긋나는 일이다.

이렇듯 첫날 오전 공판의 문답을 요령껏 정리해 주고 있다. 좀 더 자세히 살펴보자. 오전의 문답을 《속기록》은 19개 항목으로 분류한다.[23] 먼저 9개만 들면 '(1) 안중근 신문, (2) 교육과 신앙, (3) 3년간의 목적, (4) 분개 이유, (5) 이토 공 암살의 목적, (6) 흉행 전의 소재, (7) 《대동공보》와의 관계, (8) 블라디보스톡 부근의 교우, (9) 발포 사실을 자인自認함' 등이다.[24] 이런 순서로 '의거 경위, 관련 인물' 등을 확인한 것이다. (9) 하나만 인용해 보자.[25]

문: 검찰관의 기소에 따르면 그대는 구력 9월 13일, 일본력 10월 26일, 곧 작년의 일인데 하얼빈 정거장에서 이토 공작을 총기로 살해하고, 그 수행원 몇 명을 부상시켰다고 한다. 그대는 그 사실을 인정하는가?

답: 그렇다. 나는 저격했으나 그 뒤 어떻게 되었는지는 모른다.

문: 이런 일을 한 것은 앞서 말한 '3년 전부터 생각하고 있었던 바를 실행했음'에 지나지 않는가? 또는 새로운 생각으로 일으켰던 것인가?

답: 그것은 3년 전부터 생각하고 있던 바를 실행했음에 다름 아니다. 더욱이 나는 의병 참모 중장으로서 하얼빈에서 독립 전쟁을 행하여 이토 공을 죽인 것이다. 사적으로 행한 것이 아니라 참모 중장 자격으로 결행했으니 실은 포로로 취급해야 마땅하다. 그럼에도 오늘 이렇게 살

---

[23] 앞으로 편의상 인용문의 항목을 분류하기 위한 숫자나 기호를 적절히 부쳐 두기로 한다.

[24] 《대한매일신보》 2월 12일자 기사는 (2), (3), (4), (5), 그리고 (9) 항목의 문답 요지에 해당한다.

[25] 《속기록》, 12쪽.

인 피고인의 하나로 이곳에서 취조를 받는 것은 크게 잘못되어 있다
고 생각한다.

위의 인용문에 해당하는 '공판 시말서'의 문답은 다음과 같다(《운
동사》 자료 6, 313).

문: 그대는 작년(1909년) 10월 26일 오전 9시를 지나 러시아 동청 철도
   하얼빈 역에서 미리 준비한 권총을 발사하여 추밀원 의장 공작 이토
   히로부미를 살해하고, 그 수행원이었던 총영사 가와카미 도시쓰네, 궁
   내 대신 비서관 모리 야스지로, 남만주 철도 주식회사 이사 다나카 세
   이지로의 수족, 흉부 등에 각각 총상을 입혔다는데 어떠한가?
답: 그대로 발사했으나 뒷일은 모른다. 이는 3년 전부터 내가 국사國事
   를 위해 생각하고 있었던 일을 실행한 것이다. 그러나 나는 의병 참모
   중장으로서 독립 전쟁을 하여 이토를 죽였다. 참모 중장으로서 계획한
   것이니 이 법원 공판정에서 심문을 받는다는 것은 잘못이다.

서로 대조해 보면 문답이 어떻게 각색 또는 축약되어 있는지 알
수 있다.
이어서 《속기록》은 '(10) 우덕순과의 관계, (11) 이토 공 래동來東
의 보도, (12) 출발 준비, (13) 안과 유(유동하)와의 관계, (14) 안과
정(정대호)와의 관계, (15) 안의 하얼빈 도착 후, (16) 조도선과의
관계, (17) 남행(南行, 채가구 행) 여비, (18) 이강에게 보낸 서면書
面, (19) 하얼빈으로부터 남행' 등을 기록한다. 이들 항목을 확인한
다음 "재판장은 '일시 휴게하고 오후 1시부터 다시 개정한다.'는 뜻

을 고했다."고 한다.[26]

오후의 문답을 《속기록》은 '① 안중근의 취조, ② 단총과 탄약, ③ 3년의 숙망宿望, ④ 흉행의 준비, ⑤ 결행의 순간, ⑥ 포박당하는 모양, ⑦ 단지 동맹, ⑧ 안중근의 신립, ⑨ 독립 의군의 참모' 등으로 분류한다. 안중근의 공판 투쟁(제1탄)에 해당하는 ⑨ 하나만 살펴보자(36):

"독립군 의병의 참모 중장으로서 이토 공을 죽였다. …… 나는 특파 독립대獨立隊로 와서 결행했다. 그러나 만약 시간이 있었다면 상당한 병사를 모집할 수 있었을 것이다. 또는 나에게 병력이 있었다면 대마對馬 해협에라도 나아가 이토 공이 타고 오는 배를 격침시켰을지 모른다." 이런 일련의 진술을 《신보》의 2월 12일자 기사는 '대기염'이라고 표현한 것이다. 이어서 몇 마디 문답을 나눈 뒤 "오후 4시 20분"에 첫날 공판은 폐정되었다고 기록한다.[27]

제2회 공판: 우덕순, 조도선의 심문

당일 오전 공판을 《속기록》은 '(1) 우연준의 소성素性, (2) 블라디보스톡에 다다름, (3) 안중근과의 관계, (4) 흉행 밀의密議, (5) 안의 흉행 원인, (6) 이토 공을 노린 이유, (7) 5개조〔을사늑약〕가 대불평大不平, (8) 안중근에 동의함, (9) 하얼빈 행 여비, (10) 피스톨과 탄환,

---

[26] 《속기록》, 25쪽.

[27] 《속기록》, 37쪽.

(11) 기차 안의 안과 우, (12) 러시아어를 못함, (13) 하얼빈 토착 후의 우, (14) 이토 공 도착 날짜, (15) 하얼빈 형세를 엿봄, (16) 조도선을 찾아감, (17) 사진 촬영, (18) 이토 공을 조롱하는 노래를 지음, (19) 안중근 서한, (20) 하얼빈 출발, (21) 채가구 도착, (22) 하얼빈에 타전함' 등으로 분류한다. 이를 통해 안중근 의거의 경위를 자세히 알 수 있으나 그 검토는 생략한다.[28]

오후 공판에서도 우덕순에 대한 심문, 문답이 계속된다.[29] 이를 《속기록》은 '① 채가구에 남겨짐, ② 독력獨力 결행을 꾀함, ③ 우禹 도 이토 공을 모름, ④ 암살 준비, ⑤ 조도선과 우덕순, ⑥ 채가구에 서 〔체포된 뒤의〕 검사, ⑦ 조曺와 서로의 경력을 이야기함, ⑧ 부득 이 단념함, ⑨ 일본 대관大官의 〔채가구〕 도착, ⑩ 한국인 모두 체포, ⑪ 국민으로서의 의거, ⑫ 집금괘集金掛 1개월, ⑬ 이석산을 모름' 등으로 분류한다. 이 가운데 ⑪의 문답을 인용해 보자(62).

문: 어세 안중근이 말한 바에 따르면 '이번 일은 전부 의병으로서 행했 노라.'고 한다. 그대는 의병의 일에 관하여 무언가의 관계가 있는가?
답: 안중근은 의병으로서 행했을 것이다. 의병이란 한국을 위한 의군義軍 이다. 하지만 나는 국민의 한 사람으로서 행하고자 생각했을 뿐이다. 의병이라서 하고, 의병이 아니라서 안 할 까닭은 없다.

---

28 그 대강의 내용은 제1장 제1절에서 살펴본 셈이다.

29 《속기록》에는 당일 오후 공판이 열린 시각이 기록되어 있지 않다. 그런데 《신보》 2월 16일자의 '안중근의 공판(제2일 오후)'이란 기사는 "오후 1시 40분"에 열렸다 고 보도한다.

문: 안이 말한 바에 따르면 안은 '의병 안에서도 다소의 자격을 지니고 있다'는데 그대는 안이 지닌 자격의 명령을 따라서 동의했던 것이 아닌가?

답: 결코 그럴 까닭이 없다. 나는 안의 명령을 받을 의무가 없다. 또 명령을 받을 의무가 있었다 해도 이런 일은 명령으로 행할 수 있는 것이 아니다. 나는 마음으로부터 행했던 것이다.

우덕순의 당당한 모습을 엿볼 수 있다. ⑬의 문답은 다음과 같다(63).

문: 그대는 블라디보스톡을 왕래하는 이석산이란 자를 모르는가?

답: 모른다.

문: 어제 그대도 들었듯 안은 '이석산으로부터 백 원을 빌렸다.'고 진술했는데 그대는 모르는가?

답: 그런 일은 조금도 모른다. 다만 '여비가 있는가.'고 물었더니 '충분히 있다.'고 대답했을 뿐 누구에게 빌렸는지 받았는지, 그러한 일은 모른다.

과연 안중근은 제1회 오전 공판에서 "이석산이란 사람이 블라디보스톡에 와 있었기 때문에 그를 찾아가 돈을 빌려 왔다."라고 진술했다.[30] 그러나 《안응칠 역사》(170)에서 이미 보았듯 안중근은 그로부터 여비를 빼앗았다.

위와 같은 문답을 마친 뒤 마나베는 심문 대상을 조도선으로 바꾼

---

[30] 《속기록》, 14쪽.

다. 그 문답을 보면 조도선의 경력, 의거 계획에 참가하게 된 경위, 채가구에서 우덕순과 함께 의거를 수행하려 했던 행적, 체포 과정 등을 알 수 있다. 이로써 제2회 공판은 "오후 4시 30분"에 폐정되었다고 한다.[31]

그런데 《신보》 2월 13일자 '안제安第 퇴장'에 따르면 제2회 공판 법정에서는 다음과 같은 소동이 벌어졌던 모양이다: "지난 8일 뤼순 공판정에서 안정근, 안공근 양씨가 같이 방청할 때 정근 씨는 소리 내어 울면서 형 중근 씨를 부르며 '형님이여, 우리 두 동생을 위해 우리들과 한 번 면회하겠다고 청함이 어떠하오.'라고 말하자 법정에서 정근, 공근 양씨를 퇴장시키도록 했다더라." 이를 통해 두 아우의 애끓는 심정과 함께 법정의 싸늘한 공기를 느낄 수 있다.

제3회 공판: 유동하의 심문과 공판 투쟁(제2탄)

'공판 시말서'는 "오전 9시"(365)에 개정하여 "정오"(376)에 휴정했다고 한다. 한편 《신보》 2월 17일자 '안중근의 공판(제3일 오전)'은 당일 오전 공판의 개정 모습을 이렇게 보도한다: "9일 안중근 씨 등의 제3회 계속 공판을 개정했는데 방청인은 비가 왔던 전날과 마찬가지로 법정 안에 가득 찼다. 영국 변호사 더글러스 씨는 통역과 함께 한국 변호사 안병찬 씨 등과 같은 열에 착석했다. 안정근, 안공근 양씨도 방청석에 앉았다. 오전 9시 30분 피고인 4명이 출정出廷

31 《속기록》, 71쪽.

한 뒤 40분부터 유동하 씨의 심문을 시작했다." 이어서 공판의 개략을 전한 다음 심문이 끝난 시각은 "오전 11시 반"이라고 보도한다.

다른 한편 《속기록》은 "9시 50분"(71)에 개정되어 "11시 35분"(86) 부터 휴식에 들어갔다고 한다. 여하튼 당일 오전 공판은 유동하의 심문을 중심으로 행해졌다. 《속기록》은 '(1) 유동하의 신립申立, 유의 이력, (2) 교육과 신앙, (3) 안과 우와의 관계, (4) 하얼빈으로 출발, (5) 하얼빈에서의 안중근, (6) 여비를 빌리고자 함, (7) 편지와 노래, (8) 전보료를 받음, (9) 전보이 의미, (10) 안의 하일빈 새귀再歸, (11) 안의 서한, (12) 안의 유류품遺留品, (13) 유동하가 예심〔의 진술〕을 부인함, (14) 위명僞名〔=유강로〕의 이유, (15) 아버지 앞으로 편지를 씀' 등으로 분류한다(75-85). 이를 보면 유동하의 이력과 함께 그가 안중근 일행을 동행하면서 어떤 체험과 심부름을 했는지 알 수 있다(검토 생략).

당일 오후 공판은 '공판 시말서'에 따르면 "오후 1시"(376)에 개정했다고 한다.[32] 한편 《속기록》은 "오후 1시 10분"(86)에 개정, "오후 4시 25분"(110)에 폐정했다고 한다.[33] 그 사이에 네 명에 대한 심문, 그리고 우덕순과 안중근의 '신립'이 전개된다. 그런데 '공판 시말서' 와 《속기록》의 해당 기록을 대조하면 그 분량의 차이가 크다. 특히 《속기록》은 '공판 시말서'에는 없는 내용을 듬뿍 담고 있다.[34]

---

[32] 폐정 시각은 기록되어 있지 않다.

[33] 덧붙이면 《신보》 2월 18일자 '안중근의 공판(제3일 오후)'은 개정 시각이 "오후 1시 15분"이고, 폐정 시각이 "오후 4시 25분"이라고 보도한다.

[34] 그렇지만 '공판 시말서'에만 있는 내용이 있다. 전술했듯 당일 오후 안중근의 '신

《속기록》의 내용은 '① 증거 취조取調, ② 안(중근)의 단총, ③ 관방장官房長의 증언, ④ 러시아 군조軍曹의 증언, ⑤ 식당 주인〔등 러시아인의 증언〕, ⑥ 후루야 히사쓰나 씨〔의 증언〕, ⑦ 수행 의사〔고야마의 증언〕, ⑧ 공작의 상처 부위, ⑨ 모리 씨의 상처 부위, ⑩ 가와카미 영사의 증언, ⑪ 다나카 만철 이사, ⑫ 목격한 일본인' 등으로 이어진다. ③④ 두 항목만 살펴보자.

③에는 이런 내용이 나온다(87): "〔의거〕 당일 동 판사〔스트라조프〕는 증인으로 러시아 대장 대신 관방장官房長 리오크(リオーク)라는 사람을 취조했다. 증언에 따르면 그 사람도 '공작과 나란히 러시아 대장 대신의 뒤를 따라 플랫폼에 내려서 러시아 군대 앞을 지나 외국 환영단 앞으로 갔다. …… 발포한 듯한 두 발의 낮고 미미한 소리를 들었다. 곧바로 그쪽을 보니 양복 입은 일본인 같은 한 사람이 공작과 대신을 보면서 발포함을 알아차렸다.'라는 말이 적혀 있다." 이에 안중근 등은 "알아들었소."라고 대답했다고 한다.

④는 "채가구 주재의 〔러시아〕 군조 우신(ウシン)"의 증언이다(88): "〔1909년 10월 24일〕 일본인 같은 자 3명은 삼협하(三挾河35)행 차표를 갖고 있었건만 채가구에서 내렸다. …… 이튿날 그 가운데 한 사람〔안중근〕이 하얼빈으로 돌아가고 나머지는 여전히 구내의 세미요로프라는 자의 집에 머물고 있었다. 군조는 '이들 행동이 의심스럽다.'는 말을 듣고 정거장 구내와 세미요로프 집 주위에 보초를 배치하여

립'을 마나베는 '진술 정지, 청중 퇴정'으로 중단시킨다. 이후 비공개로 진행된 탓에 '공판 시말서'에만 기록되어 있는 것이다.

35 삼분하(三岔河, 산차허)로도 불리며 길림성 송원시 부여현 삼분하진에 속해 있다.

감시하도록 했다. 또한 세미요로프에게 명령하여 '그들을 결코 내보내지 말라.'고 말해 두었다. 이토 공의 열차가 10월 26일 오전 6시 무렵에 도착했다. 도착 전에 조[도선]라는 자가 '용변用便하고 싶다.'면서 외출하려 했으나 주인은 이를 허락하지 않았다."

이를 통해 채가구 역에서 거사를 도모했던 우덕순과 조도선이 어떤 처지에 놓여 있었던지 엿볼 수 있다. 증언은 이렇게 이어진다(88-89): "같은 날 9시쯤 '이토 공작은 한국인에 의해 살해되었다.'는 전부가 도착했다. 그래서 곧바로 두 명이 한국인을 나포拿捕하고 나서 신체 검사를 했다. 그랬더니 조도선은 탄환 5발을 장치한 권총을 지니고 있었다. 다른 한 사람[우덕순]은 도합 8발을 장치한 것 외에 탄환을 가지고 있었다. 탄환 8발 가운데 6발쯤은 십자형 자국이 있었다. 그 사이 두 사람에게 '이토 공작은 하얼빈에서 살해되었다.'고 말했더니 그들은 매우 기뻐하면서 '자기들이 채가구에 왔던 것도 오로지 그 목적이었다. 그렇다면 하얼빈의 친구 한 사람이 목적을 달성했다는 것이리라.'고 말했다."

위의 ①~⑫ 항목 뒤에는 세 자료가 실려 있다(94-96). (A) '안, 우 연명連名의 서한' (B) '안중근 자작의 시' (C) '우연준의 작가作歌'가 그것이다. (A)는 '안중근이 대동공보사 이강에게 보낸 편지'를 가리킨다. (B)는 안중근의 '사세가,' 그리고 (C)는 우연준의 '거의가'를 가리킨다.[36] 그 뒤에는 이어진 심문의 15개 항목이 나오나 그다지 의미 있는 내용은 아니다.[37] 어느덧 공판은 시간 때우기로 변질되어 있

---

[36] (A)와 (C)는 제2장 제4절의 '제8회 공술'에서, (B)는 제1장 제1절에서 인용해 두었다.

었던 셈이다. 이에 안중근은 더 이상 참을 수 없었던 모양이다. 작심한 듯 공판 투쟁(제2탄)을 전개해 나간다.[38] 그 시작은 이렇다(107).

안: …… 결코 나는 사람 죽이기를 좋아했던 까닭이 아니다. 큰 목적이 있어서 그 목적을 발표하려는 한 수단으로 살해했을 따름이다. 오늘 말할 기회를 얻은 이상 세계 사람들에게 오해되지 않을 범위에서 의견을 진술할 필요가 있으리라 생각한다.

변호사를 향하여: 어떠한가, 그런 일을 지금 여기서 진술해도 좋겠는가?

미즈노 변호사: 내일 진술시킬 참이지만 아직 시간이 있는 듯하니까 ……

이렇게 발언권을 얻은 안중근은 먼저 의거의 목적을 밝힌다(107-108): "이토 공작을 죽인 일은 한 개인을 위해서가 아니라 동양평화를 위해서 했던 것이다. 러·일전쟁 개전 당시 일본 천황 폐하의 선전 조칙은 '동양평화를 유지하고 한국 독립을 공고히 한다.'고 선언하고 있었다." 그럼에도 이를 묵살한 채 "강제로 전 황제를 폐위시키고 더욱 방약무인한 행동거지를 했다. 그래서 한국 인민은 통감을 오랜 원수처럼 여기고 있었다."라고 이토를 성토한다.

더불어 재판의 불법성을 이렇게 논파한다(108): "이토 공을 하얼빈에서 살해했음은 한국 독립 전쟁의 의병 참모 중장 자격으로 했을

---

[37] 그래서인지 '공판 시말서'에는 이들 15개 항목에 해당하는 내용이 대폭 축약되어 있다.

[38] 이를 《속기록》은 '중근의 기염氣焰'이라는 소제목으로 분류하고 있다.

따름이다. 오늘 이 법정에 끌려나와 있음은 전쟁에 나아가 포로가 된 것이라 여기고 있다. 자객(刺客, 〔테러리스트〕)으로서 심문을 받고 있을 리는 없다고 생각하고 있다." 나아가 '한·일 양국 관계'의 파탄 이유도, '한국과 일본과의 전쟁' 원인도 이토의 만행에 있다고 성토한다. 이윽고 이토가 "일본에서도 한국에서도 역적"(109)인 이유를 거론하려 하자 마나베는 황급히 재판 공개를 정지한다. 그런 모습을 《속기록》은 다음과 같이 묘사한다(110).

> 안: 이토 공작은 일본을 위해 대단한 공로를 쌓은 사람이라 듣고 있다. 그러나 또한 일본 황제에 대해서는 대단한 역적이라는 것도 듣고 있다. 그 황실에 대해 역적이라는 것은 현 황제의 앞[前] 〔고메이〕 황제를 ……(소노키 통역생이 통역하는 사이에)
> 마나베: 피고의 진술은 공적 질서에 방해가 된다고 인정되므로 공개를 정지한다. 방청인은 모두 퇴정 ……(이때 오후 4시 25분)

이처럼 안중근의 성토가 '이토의 고메이 천황 암살설'에 이르자 마나베는 재판을 정지하고, 방청인을 퇴정시켰던 것이다.[39] 이때 신문사 기자도 모두 퇴정했기에 《속기록》은 위와 같이 끝맺을 수밖에 없었던 까닭이다. 하지만 '방청인을 퇴정시킨' 뒤에도 공판은 계속되었다. 그 기록은 '공판 시말서'에서 볼 수 있다. 그것은 마나베와 안중근의

---

[39] 안중근은 미조부치 검찰관의 제1회(1909년 10월 30일) 심문에서 '이토의 죄악' 15개조의 하나로서 '이토의 고메이 천황 암살설'을 거론한 적이 있다. 제2장 제3절 참조.

문답으로 시작된다.[40]

> 문: 그대가 정치상의 의견을 발표하고 싶다면 상세하게 서면으로 제출하
> 면 어떠한가?
>
> 답: 그렇게 주의를 받을 만한 것도 아니지만 나는 문장을 쓸 수 없다.
> 또 옥중에서 이 한천寒天에 조금도 쓰고 싶은 기분도 없다. …… 이
> 번 거사도 우리들 의견을 진술할 기회를 얻기 위한 것인데 공개를 금
> 지한 이상 진술할 필요는 없다고 생각한다.
>
> 문: 그러면 그대는 계속해서 진술할 의견은 없는가?

이에 안중근은 "많이 있으니 말하겠다."면서 다시금 '의거의 목적'
을 밝힌다(386-387): "일본 4천만, 한국 2천만 동포를 위해 또 한국
황제 폐하와 일본 천황에 충의를 다하기 위해 이번 거사를 일으켰다.
이제까지 여러 번 말한 대로 나의 목적은 동양평화라는 문제에 있다.
…… 한국 독립을 공고케 함은 나의 종생終生의 목적이자 종생의 일
이다." 그리고 나서 이토의 만행을 거듭 성토함으로써 안중근은 '의
견 진술'을 끝맺는다.[41] 거기에는 '동양평화와 한국 독립'을 파괴하고
있던 일본 제국주의에 대한 신랄한 비판이 담겨 있다. 이와 함께 뒤
틀려 가는 역사와 그 미래를 우려하는 애끓는 심정이 넘치도록 담겨
있다.

마침내 마나베는 "정사상政事上에 관한 의견은 사건을 재판하는데

---

[40] 《운동사》 자료 6, 386쪽.

[41] 그 뒤에는 우덕순의 진술이 이어지는데 그 취지는 안중근과 거의 마찬가지다.

더 이상 깊이 말할 필요가 없다고 생각한다. 그대 역시 후일 거듭 이것을 진술할 뜻이 없다면 심리(審理, 재판)를 공개해도 지장이 없다.”고 제안한다. 안중근은 이렇게 응답한다(387-388).

나는 사적인 원한에 의해 살해한 것이 아니다. 정치상의 관계(이유)로 본건이 일어났던 것이다. 그러므로 정치상의 의견을 말할 필요가 있다고 생각한다. 하지만 이제 공개를 금지한 원인도 대개 추지(推知)했고, 또한 명예 있는 인물을 헐뜯는다는 것은 유감이라 생각한다, …… 이후는 이런 말을 하지 않을 심산이다.

이처럼 안중근은 ‘의견 진술과 함께 공판 투쟁’을 벌인 셈이다. 물론 일본 당국에게는 뚜껑 덮을 ‘불편한 진실’이요, ‘소용없는 일’임을 알고 있었다. 그래서 더 이상 ‘이런 말을 하지 않으리라’ 다짐했던 모양이다. 그러나 제5회 공판의 마지막 약 1시간 동안 다시금 ‘의견 진술, 마지막 공판 투쟁(제3탄)’을 전개하게 된다. 후술하듯 그럴 만한 상황이 벌어진 탓이다.

제4회 공판: 검찰관 미조부치의 논고

《속기록》은 “9시 40분에 개정”했다고 한다(110). 공판은 온종일 미조부치의 논고로 행해진다. 그 논고를 《속기록》은 ‘제1 사실론’(110-122)과 ‘제2 법률론’(122-131)으로 분류한다.

‘제1 사실론’은 ‘① 각 피고의 성격, ② 범죄 동기, ③ 범죄의 결

의, 보양, 일시, 장소, ④ 범죄의 기회와 행위의 상태' 등으로 구성된
다. 앞선 공판에서 이미 밝혀진 내용이다.[42] 따라서 살펴볼 가치는
거의 없다. 그렇긴 하나 ②의 일부만 살펴보자. 그 첫머리는 이렇다
(113-114): "안중근, 우덕순의 이번 범죄는 …… 이토 공의 인격과
일본의 국시國是 선언, 열국 교섭, 그리고 국제 법규가 무엇인지에
관한 지식 결핍에서 생긴 오해, 완미자존頑迷自尊한 배일 신문과 논
객의 설에 맹종한 오해의 결과이다. 한국의 은인인 이토 공을 원수
로 여기고 그 과거의 시설(施設[=施政])에 대해 복수하려는 것이 그
동기이다."

이렇듯 (미조부치의 심문에서도 보았듯) 터무니없는 궤변을 늘어놓
는다. 이어서 "한국사[의 책]를 펴서 읽으면 권卷마다 탄식할 것이
많다."라는 뒤틀린 역사관을 내건 다음 일본의 "국시는 한국 독립의
공인과 그 옹호에 있다."라고 강변한다(114). 그리고 이토의 각종 만
행을 마치 공적인 양 나열한 뒤 "이토 공이 일본의 국시에 반하고
동양평화를 어지럽힌다는 것은 실로 일소 一笑의 가치조차 없다."(116)
라고 마무리한다.

'제2 법률론'은 '(1) 소송법상 문제, (2) 실체법상[=실정법상] 문제'
의 두 항목으로 구성된다. 제목에서 보듯 '재판 관할권'을 따지면서
일본의 '영사 재판권, 법률=형법 적용'의 합법화를 도모한 내용이다.
그 요지는 (논리 비약과 억지 해석이 담긴) 외무성의 견해와 마찬가
지다.[43] 따라서 그 불법성을 번복하여 검토할 가치는 없다. 이러한 논

---

[42] 그 때문이리라, '제1사실론'은 '공판 시말서'에는 나오지 않는다. 모두 삭제된 것
이다.

고의 결론으로 미조부치는 '안중근 사형, 우덕순과 조도선 2년, 유동하 1년 6개월'의 구형을 요구한다(130-131).

·

제5회 공판: 일본 변호사들의 변론과 마지막 공판 투쟁(제3탄)

《속기록》에 따르면 개정 시각이 "9시 35분"(131), 폐정 시각은 "오후 4시 15분"(182)이라고 한다.[44] 당일 공판을 《속기록》은 '가마타의 변론, 미즈노의 변론' 그리고 '공판 최후의 1시간'의 세 항목으로 분류한다.[45] 이로부터 주목할 만한 곳을 뽑아 보자.

가마타의 변론

'서론과 본론: 선결 문제, 본안의 변론'으로 구성된다(131-157). 주목할 곳은 본론의 '선결 문제'이다. 거기서 가마타는 '(a) 일본의 재판 관할권은 합법인가, (b) 일본 형법의 적용은 가능한가'라는 문

---

[43] 여기서 외무성의 견해란 앞서 제1절에서 검토한 '이시이 외무 차관의 회답'을 가리킨다.

[44] '공판 시말서'에는 개정 시각 "오전 9시"(《운동사》 자료 6, 390쪽), 폐정 시각은 기록되어 있지 않다. 《신보》 2월 20일자의 '안중근의 공판(제5일 오전)'은 개정 시각을 "오전 9시 반," 그리고 '안중근의 공판(제5일 오후)'은 오후 공판이 "1시 반"에 열렸고, "4시 20분"에 폐정했다고 보도한다.

[45] 그 요지를 추린 듯 '공판 시말서'의 내용은 매우 간결하다.

제를 다루고 있다. 그의 답은 '(a) 불법, (b) 적용 불가'이다. 그야말로 법조인의 양심에 입각한 올바른 견해이다.

먼저 '(a) 불법'의 근거는 이렇다(134): "메이지 29년〔1896년〕 7월 21일 체결된 일·청 통상 항해 조약 제22조에는 '청국에서 범죄 피고가 된 일본국 신민은 일본국 법률에 의해 일본국 관리가 이를 심리하고 유죄일 때는 처벌한다.'라고 되어 있다. 〔이렇듯〕 외국인에 대해 일본의 재판권을 행사하는 일은 인정되어 있지 않다." 그 취지는 '안중근 등 피고인은 한국인이요, 일본국 신민이 아니다. 따라서 이들 외국인에 대해 일본은 영사 재판권을 행사할 수 없다.'는 것이다

다음으로 가마타는 '(b) 적용 불가'의 근거를 '광무 3(1899)년의 한·청 통상 조약'에서 구한다. 그 제5관 제1항을 인용한 다음 "한국인이 청국 영토에서 범죄를 범했을 경우 적용해야 할 실체적 형벌법이 한국법임은 참으로 명백하다."(135)라고 주장한다.⁴⁶

나아가 그는 을사늑약 제1조의 "법률적 의미"를 "한국의 위임에 의해 한국의 권리 이익을 보호한다."는 것이라며 이렇게 해석한다(136-137): "그것으로 한국의 대외적 권력, 곧 주권의 일부가 소멸한 것은 아니다. 사법상私法上의 용어로 표현하면 일종의 대리 관계에 지나지 않는 것"이니 형법상으로는 "한국 고유의 법익 자체에 대해 일본 제국의 관헌이 보호를 해 주는 것"이 마땅하다. 따라서 "적용해야 할 형벌법은 물론 한국 형법"(138)이라고 거듭 주장한다.

그런데 한국 형법에는 "본건에 대해서 벌할 규정이 없다"(138). 따라서 "무죄의 변론을 하지 않을 수 없다."(139)고 결론짓는다. 법

---

⁴⁶ 그 제5관 제1항은 앞서 제1절에서 언급한 적이 있다.

리法理에 합당한 결론이다. 그렇건만 그의 '무죄의 변론'은 아무런 효력이 없었다. 어차피 일본 정부의 방침, 권력 앞에 무력할 수밖에 없는 탓이다.

미즈노의 변론

'머리말, 본론(10개 항목), 결론'으로 구성된다. 그 '머리말'에서 미즈노는 "앞 변호인의 소론所論과 같이하고 있다."(157)고 말한다. 가마타의 견해, 결론에 찬동한다는 말이다. 그러나 실은 겉치레일 뿐 속셈은 그렇지 않다. 그는 "법률의 견해는 사람마다" 다르다며 이렇게 말한다(157-158). "검찰관 논고대로 일본 형법을 적용해야 한다고 가정하고 …… 어떤 형벌을 과해야 할런지 이른바 형의 양정量定에 관하여" 자신의 견해를 표명하겠노라고. 그것이 표명된 곳이 '본론'의 5번째 항목 '작량酌量 감형'이다.

그는 안중근에 대한 "징역 3년"을 요청함과 함께 "오히려 크게 작량 감형의 여지가 있다."(164)고 변론한다.[47] 주목할 곳은 그 이유를 거론한 부분이다.[48] 안중근이 "잘못을 저질렀음"은 그의 "오해" 탓이니 이를 "민량(憫諒, [가엾게 여김])"하여 감형해 달라는 것이다(164).

---

[47] 미즈노는 '결론'(173-174)에서 안중근 외의 피고들에게도 '가벼운 처분'을 내릴 것을 요청한다.

[48] 이와 다른 이유를 미즈노는 '본론'의 6번째부터 10번째 항목에서 장황하게 나열한다(166-173). 검토 생략.

이런 터무니없는 궤변은 다음과 같이 이어진다(164-165): "교육은 겨우 《통감通鑑》 여덟 권까지인데 이것으로 세계 대세를 알 턱이 없음은 당연하다. 피고의 교육이 아주 유치한 까닭은 한국 교육제도의 불비불완不備不完 탓이다. 만약 피고가 일본 등 문명한 나라에서 태어났다면 …… 이런 오해에 빠졌을 리 없다."

나아가 "피고가 깊은 미혹의 바닥에 빠져 있는 심사心事는 민량하고도 남을 일"(166)이라고 변론한다. 그의 변론은 어이없을 따름이요, 따라서 진정성이 느껴질 턱이 없다. 이와 관련하여 《신보》 2월 26일자의 기사 '안씨 정색正色'을 인용해 보자.

안중근 씨 공판에 앞서 이곳 법원은 일본인 가운데 한국어 능통한 자를 3일 또는 5일 전에 안 씨에게 보내어 좋은 얼굴로 권유하되 "이토를 살해한 일은 그의 정책을 오해함이라고 공판정에서 한 마디만 해 주면 무사 방면되리라."고 했더니 안 씨가 정색하며 "내가 이토를 죽임은 실로 3대 목적이 있거늘 어찌 정책을 오해했다 하리오.'라고 대답했다.[49]

뤼순 법원의 누구였던지 …… 위와 같은 비열한 제안을 했던 모양이다.[50] 물론 안중근은 '정색하며' 거절했다는 것이다. 이러한 사연이 깔려 있었던 까닭이리라. 안중근은 '공판 최후의 1시간'의 '신립' 첫 항목인 '나는 오해하지 않음'에서 미즈노와 미조부치의 궤변을 뒤

---

[49] 그 뒤에는 "마침내 공판이 종결되어 사형을 선고할 때에 안 씨는 빙그레 웃으면서 '이보다 극심한 형은 없느냐?'고 되물었노라고 한다.'라는 보도가 이어져 있다.

[50] 그런 제안의 주모자는 미즈노 또는 미조부치였을 확률이 높으리라 여겨진다.

엎어 버린다.

공판 최후의 1시간: 마지막 공판 투쟁(제3탄)

'안중근의 신립'은 본문 7항목으로 구성된다.[51] '① 나는 오해하지 않음, ② 〔을사〕 5개조는 폭력, ③ 〔정미〕 7개조는 협박, ④ 한민韓民 10만 살해, ⑤ 일본 국내의 원성怨聲, ⑥ 하물며 한국민에서랴, ⑦ 나는 포로이다.' 등이다. 첫 항목 ①에서 안중근은 이렇게 말한다 (176): "바로 전의 변호사 〔미즈노의〕 변론과 〔그저께의〕 검찰관 논고의 대요를 들으니 양쪽 모두 '이토 공작의 시정 방침은 완전무결한데 이에 대해 〔내가〕 오해를 품고 있다.'고 하지만 당치 않다. …… 전혀 오해한 일 없다. 나는 이토 공의 시정 방침을 충분히 꿰뚫어 알고 있는 사람이다." 여기에는 '너희들이야말로 오해하고 있다. 터무니없는 궤변으로 나에게 덮어씌우지 말라.'는 신랄한 비판과 준엄한 경고가 용솟음치고 있다.

나머지 항목은 제3회 공판의 '신립' 등 해당 진술과 겹치는 내용이다. 그런데 ⑤에서 안중근은 (한국에 있었을 때) "여러 계급의 일본인을 만나 서로 흉금을 열고 대화한 적이 있다."면서 '군인, 농부, 기독교 전도사'와 나누었던 이야기를 꺼낸다. 첫 번째는 군인의 이야기(179): "일본 정부에 간신이 무척 많아서 이런저런 일로 동양평화를 어지럽히는 탓으로 나는 마음에도 없는 나라에 와서 전쟁을 해

---

51 그 앞에는 '유동하·조도선·우덕순의 신립'이 나온다(검토 생략).

야 하오. 그래서 저런 놈을 죽이고 싶다는 생각을 갖고 있지만 자기 개인의 힘만으로는 죽일 수 없으니 하릴없이 명령에 복종하고 있소 이다."

두 번째는 농부의 이야기(179-180): "조선은 농업이 풍부하다고 듣고 왔던 곳이 소문과 달리 곳곳마다 폭도〔의병〕가 있어서 농업에 종사하고 있을 수 없소. 하지만 귀국하려 해도〔일본이〕이전에는 농업국이라 좋았으나 지금은 전쟁하기 위한 재원을 얻기에 급급하여 농민에게 지독하게 가혹한 세금을 과하고 있소. …… 어디로 가야 좋을지 울고 싶을 따름이오."

세 번째는 기독교 전도사의 이야기(180). "내가 먼저 '무고한 인민을 매일 학살하고 있는 일본인이 전도사라니 무슨 일인가.'라고 했더니 전도사가 이렇게 말했소: '그처럼 대역무도한 일을 하는 인간은 가엾게 여기고 또 미워해야 할 자이다. 그런 놈들은 천제의 힘으로 개과천선의 길을 짜낼 수밖에 없으니 차라리 가엾게 여기십시오.' 그렇게 하느님께 기도하고 있노라는 것이었소."라는 내용이다.

이러한 일본 민중의 '원성'을 '너희들도 듣고 깨달아라.'는 뜻이다. 이들 이야기 속 '원성'의 화살이 이토를 향해 있음은 항목 ⑥을 보면 알 수 있다(180): "일본인 여러 계급의 이야기만 들어도〔그들이〕동양평화를 희망하고 있다는 사실을 알리라 생각한다. 동시에 간신 이토 공을 얼마나 미워하는지 …… 하물며 한국인은 자기 친척이나 아는 사람이 학살되었거늘 어찌 이토를 미워하지 않을 수 있겠느냐."

안중근은 이렇게 덧붙인다(180-181): "양국의 친밀을 저해하고 동양평화를 교란한 자는 이토 공이니 의병 중장의 자격으로 살해했을 뿐이다. 결코 자객이 되어 했던 것이 아니다. …… 동양평화를 기하고 나아가 5대주에도 모범을 보이려는 것이 그 목적이다. 내가 잘못된 죄를 범했다고 하나 결코 잘못이 아니다." 전술했듯 미즈노는 안중근의 의거를 '오해' 탓에 벌였던 '잘못'이라고 폄하했다. 인용문은 이에 대한 반박에 다름 아니다.[52] 이때 재판장은 "그것으로 충분하리라고 생각하는데."라며 끝내려 하자 이를 가로막듯 안중근은 ⑦에서 반박을 잇는다. "이번 사건은 결코 잘못해서 했던 것도 아니고, 오해해서 했던 것도 아니다."(181)라고.

끝으로 안중근은 가마타의 '무죄 변론'조차 "당치않은 설"이라고 반박한다. 왜 반박했을까? 이유는 두 가지다. 하나는 "사람을 죽이고도 아무런 제재가 없을 까닭이 없다."는 것이다. 그러니까 '이토를 죽인 죄값은 달게 받겠다.'는 뜻이다. 또 하나는 '전쟁 포로'로서 "국제공법, 만국공법에 의해 처분되기를" 바라기 때문이라는 것이다. 거듭 말하나 이는 '일본의 재판 관할권은 불법이요, 공판은 부당하다.'는 뜻이다. 이로써 안중근의 공판 투쟁은 마무리된다. 그리고 공판은 이렇게 마감된다(181-182).

　(재판장) 더 신립할 것은 없는가?
　(안중근) 아무것도 없소이다.

---

[52] 안중근은 미즈노에게 〈志士仁人殺身成仁〉의 휘호를 써주었다고 한다. 이것은 《논어》 위령공衛靈公의 "志士仁人 無求生而害仁, 有殺身以成仁", 곧 '뜻있는 선비와 어진 사람은 삶을 구하고자 인을 해침이 없고, 몸 바쳐 인을 이룸이 있을 뿐이다.'에서 따온 말이다. 안중근이 미즈노에게 써준 휘호에는 '너도 그런 사람이 되라.'는 훈계의 뜻이 담겨 있을 것이다.

사진 19 관동 도독부 지방법원 재판정과 안중근 사형 판결 기록

(재판장) 그렇다면 이것으로 본 건의 심문은 끝낸다. 판결은 오는 14일 오전 10시에 언도한다. (소노키 통역생 통역함) (때는 오후 4시 15분)

제6회 공판: 사형 판결과 안중근의 의분

'공판 시말서'는 "오전 10시" 개정 시각과 함께 공판 진행을 이렇게 기록한다.[53] "판결 주문을 낭독함으로써 판결을 언도하고, 구두로

---

[53] 《운동사》 자료 6, 397쪽. 폐정 시각의 기록은 없다. 전술했듯 '판결 주문'은 《운동사》 자료 7, 487~497쪽에 실려 있다. 당일의 공판은 짧았다. 《안응칠 역사》는 "공소 날짜를 5일로 한정하고 그 안에 다시 정하겠다."고 고지한 다음 "부랴부랴 공판을 끝내고 흩어지니"라고 기록한다(180).

그 이유의 요령을 고했다. 또 이 판결에 대해 5일 내로 항소할 수 있고 판결의 정본, 등본, 초본을 청구할 수 있다는 뜻을 고지하고 폐정했다."라고.

《속기록》은 '판결'이라는 제목 아래 안중근 등 네 명의 주소, 성명, 나이를 비롯하여 판결의 '주문'과 '이유'를 기록하고 있다.[54] 먼저 '주문'은 다음과 같다(182): "피고 안중근을 사형에 처한다. 피고 우덕순을 징역 3년에 처한다. 피고 조도선, 유동하를 각각 징역 1년 6개월에 처한다. 압수물 중 피고 안중근의 소유에 관계된 권총 1성, 탄환 1개, 탄소(彈巢; 탄창) 2개, 탄환 7개와 피고 우덕순의 소유에 관계된 권총 1정(탄환 16개 添)을 몰수하고 기타는 각 소유자에게 돌려준다."

다음으로 '이유'는 상당히 길다(182-193). 일련의 공판에서 행해진 심문, 진술, 논고, 변론와 함께 각종 증거물, 증언, 조서 등을 망라하듯 정리한 기록인 까닭이다. 그 가운데 안중근을 사형에 처한 이유를 기록한 부분만 인용해 보자(192): "피고 안중근이 이토 공작을 살해한 행위는 제국 형법 제199조에 '살인자는 사형, 무기 또는 3년 이상의 징역에 처함'에 해당한다. 이토 공작을 살해한 행위란 그 결의가 사분私憤으로 말미암은 것이 아닐지라도 심모숙려深謀熟慮에서 나왔다. …… 이에 살인죄의 극형을 과科함이 지당하다고 인정하여 피고 안중근을 사형에 처하기로 한다." 그 이유는 매우 단순하다. '이토를 주살했다'는 것. 그래서 일본 정부가 미리 결정해 둔 사형을 언도할 따름이라는 것이다.

---

[54] 단, 개정 시각도 폐정 시각도 기록되어 있지 않다.

당일 공판의 모습을 《신보》 2월 24일자 '안중근의 공판(제6일)'은 다음과 같이 보도한다.

　　망국의 한을 품고 '독립 자주' 네 자에 신명身命을 걸고 사생상계死生相契한 애국우세愛國憂世의 사士로서 세계 이목이 쏠린 이 범인의 처판處判이 어떻게 되는가 하여 정해진 시간 전부터 방청인이 담처럼 늘어선 가운데 …… 안병찬 씨, 러시아 변호사 미하일로프 씨, 동행한 러시아 영사관원, 안중근의 두 아우와 사촌 동생 명근明根 씨가 참석했다.[55] 오전 10시 반에 개정하고 마나베 재판장이 검찰관 미조부치와 서기, 통역과 함께 착석했다. 법정에 꽉찬 수백 인의 눈은 재판장에게 쏠리고 신문 기자들은 펜을 들고 기다렸다.

그리고 판결이 언도된 뒤 안중근 등 네 명의 반응을 이렇게 보도한다: "우와 조는 판결에 대해 이론이 없었고, 유는 "어서 집에 돌아가게 해 주오."라고 대답할 뿐이었다. 안은 "더 이상의 의견을 진술하려면 공소하지 않고는 불가하더냐."면서 사형 선고를 받고도 침착

---

55 안명근(安明根, 1879~1927)은 사촌 형 안중근의 의거를 계기로 독립운동에 가담했다. 의거 후 을사오적을 총살한 다음 북간도로 가서 군사 학교를 설립할 계획을 세웠다. 그러나 자금을 모집하던 중 1910년 12월, 평양에서 체포되었다. 그의 체포는 '안악安岳 사건'으로 이어졌다. 총독부는 안악을 중심으로 활동하던 160여 명의 인사를 검거하여 안명근, 김구 등 18명을 재판에 회부했다. 1911년 7월, 안명근은 종신형, 김구 등 7명은 15년형을 언도받았다. 안명근은 1924년에 가출옥된 뒤 만주로 망명하여 독립운동을 계속하다가 길림성吉林省 의란현依蘭縣 팔호리八湖里에서 병사했다.

한 마음으로 안색도 변함없이 "이를 안지 오래로다(知之已久)."라고 말했다더라." 하지만 안중근은 '침착한 마음' 속 의분을 누를 수 없었으리라. 그의 의분은 《안응칠 역사》에서 이렇게 묘사된다(180): "나는 감옥에 돌아와 스스로 생각했다: '내가 헤아렸던 것에서 벗어나지 않았다. 옛부터 수많은 충의지사忠義之士들이 죽음으로써 충간忠諫하여 정략을 세우니 뒷날(의 역사)에 맞지 않은 일이 없다. 이제 내가 동양 대세를 걱정하여 정성을 다하고 몸 바쳐 방책을 세우다가 끝내 허사루 돌아가니 통탄한들 어찌하랴.'"

그런 다음 "일본국 4천만 사람들이 (일본인 모두가) '안중근의 날'을 크게 외칠 날이 멀지 않으리라."는 희망. "동양평화의 국면이 이렇게 결렬되니 백년 풍운은 어느 때나 그칠 수 있으리요."라는 걱정. 그리고 "조금이라도 염치와 공직公直한 마음이 있다면 어찌 이런 행동을 하겠는가."라는 일본 당국에 대한 의분의 비판 등이 이어진다.

이윽고 "크게 깨달은 뒤에 손뼉치고 크게 웃으며 말하되, '나는 과연 큰 죄인이다. …… 어질고 약한 한국 인민된 죄로다.' 그러자 마침내 의심이 풀리고 마음이 안정되었다."고 한다(180-181). 그의 '깨달음'은 '한국인들아, 어질고 약한 나라 탓에 나처럼 죄 아닌 죄로 죽음을 당하는 일이 없도록 하라.'는 바램을 담고 있으리라. 이와 함께 '기필코 자주 독립을 쟁취하여 어질고도 강한 (도리와 힘을 함께 갖춘) 나라를 만들어 나가라. 그리하여 동양(과 세계) 평화를 위해 공헌하라.'는 유언을 담고 있으리라 여겨진다.

제4장

유훈, 유묵, 유언, 그리고 사형

1. 유훈: 동양평화론

마지막 공판 날로부터 사흘 뒤 2월 17일, 고등법원장 히라이시는 안중근과 면담했다. 면담 내용은 '청취서'라는 제목으로 기록되어 있다.[1] 이에 따르면 안중근은 "공수 여부를 결정하기 전에 '고등법원장에게 말하고 싶은 것이 있다.'고 요청했다."(43)라고 한다. 이 요청을

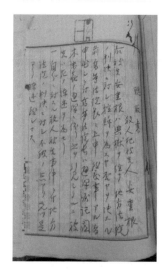

사진 20 히라이시 청취서

---

[1] 안중근 지음, 《안중근의 동양평화론》, 안중근의사기념관, 2018에는 '청취서'의 한글 번역(43-54), 일본어 원문(151-163)이 실려 있다. 그 한글 번역을 인용하되 원문에 맞추어 적절히 개역한다.

히라이시가 받아들인 것이다. 이 면담의 '청취서'는 15개 항목으로 나뉘어 있다.

안중근은 제1~4 항목에서 재판, 판결의 불법성을 지적한 뒤 제5~9 항목에서는 이토의 정책을 비판한다. 그리고 제9 항목 후반부에서 이렇게 말한다(48): "이토의 정책을 두고 한국인은 물론 러시아, 청국, 미국 등 각 나라도 일본의 배덕背德을 응징할 기회가 오기만을 기다리고 있다. …… 일본은 동양평화에 대해서는 어쨌든 책임을 면할 수 없다. '잘못이 있으면 고치기를 꺼리지 말라.'는 금언이 있다.² 내가 일본의 책임자라면 취해야 할 정책에 관해 의견을 가지고 있지만 …… 진술하지 않겠다."

이에 히라이시는 "정책이 어떤 것인지"(48) 묻는다. 그러자 안중근은 나머지 항목에서 정책 구상과 구체적 실천 방법(방안)을 제시한다. 그 골자는 제11 항목에 농축되어 있다. 먼저 '3대 급무'로서 '① 재정 정리, ② 세계 열강의 신용 얻기, ③ 집단 안전 보장'을 내건다(49). 다음으로 "이를 위한 새로운 정책으로 뤼순을 개방하여 일·청·한의 군항으로 삼고 세 나라의 능력 있는 자들을 그 땅에 모아 평화회平和會를 조직하여 세계에 공표할 것"(50)을 제안한다. 이는 ②③의 정책 구상에 해당한다.

①의 정책 구상과 실천 방법은 다음과 같다(51): "〔평화회〕 회원 한 명당 1원을 회비로 징수한다. 일·청·한의 국민 수억이 이에 가입하리라는 것은 의심의 여지가 없다. 〔이로써〕 은행을 설립해 각 나라가 공용할 화폐를 발행하면 반드시 신용을 얻게 되니 금융은 자연스

---

² 이때 금언이란 '過則勿憚改'(《논어》 學而)를 가리킨다.

럽게 돌아갈 것이다. 중요한 지역마다 평화 공회(工會, [상공회])를 만드는 동시에 은행 지점을 둔다." 이처럼 '재정은 평화회의 회비, 금융은 공동 은행과 공통 화폐, 한·청·일 각국에는 평화 상공회와 은행 지점' 설치 등을 제시한 것이다.

나아가 ③의 실천 방법을 제시한다(51): "이상의 방법으로 동양평화는 완전해지지만, 세계 열강에 대비하려면 무장을 해야 한다. 일·청·한이 각각 대표를 파견하여 이를 담당하게 하고, 세 나라의 강건한 청년을 모아서 군단을 편성한다. 청년들에게 각각 두 나라 언어를 배우게 하면 어학의 진보에 따라 형제 나라라는 관념이 강고해질 것이다." 즉 한·청·일 세 나라가 '형제애로 맺어진 군사 동맹과 연합군을 편성하자.'는 것이다. 이는 일본에 대한 엄중한 비판, 경고를 함의한다. 그것을 안중근은 제14 항목에서 표명한다(53).

일본을 위해서 개탄을 금치 못하는 것이 있다. 일·러전쟁 당시는 '해(日, [일본])가 뜨니 이슬(露, [러시아])이 사라졌다(日出露消).'고 일컫던 일본의 전성시대였다. 그러나 요즈음 청·한 사람은 '날로 차갑게 해가 바뀐다(日冷日異).'라고 칭한다. 이는 일본이 쇠망할 상태임을 말하는 것이니 일본은 크게 주의를 기울여 정책을 바꾸지 않으면 회복할 수 없는 역경에 빠질 것이다. 일본 당국의 반성을 촉구한다.

여기까지 듣고 난 히라이시는 "법원은 단지 살인범으로 취급할 뿐이니 피고의 의견을 배려하거나 그에 맞는 특별한 절차를 마련할 수 없다."는 뜻으로 "정중하게 설득했다."고 한다. 안중근은 "그 뜻을 이해하고" 이렇게 말했다고 한다(53-54): "처음부터 목숨 걸고 국가를 위해 힘을 다할 생각이었기에 이제 와서 죽음을 두려워하여 공소를 신청하지 않겠다.[3] 지금 옥중에서 동양 정책과 나의 전기를 쓰고 있는데 단지 이것을 완성하고 싶다. 또 홍 신부님이 한국에서 나를 만나러 오신다고 하니 그를 면회할 기회를 얻고 싶다. 따라서 내가 믿는 천주교 기념일 3월 25일에 사형을 집행하도록 유예해 주기를 탄원한다."[4]

그런데 위 인용문에 이어질 만한 기록이 《안응칠 역사》에 나온다 (181): "'만약 허가된다면 《동양평화론》 한 권을 저술하고 싶은데 집행 날짜를 한 달 남짓 늦춰 줄 수 있겠는가.'라고 물었다. 이에 고등법원장은 '어찌 한 달 남짓만 늦출 뿐이겠소. 몇 달을 넘길지라도 특별히 허가하리니 염려 마시오.'라고 대답했다. 나는 감사해 마지않고 돌아와서 공소권 청원을 포기했다. 어차피 공소한다 해도 아무런 이익도 없을 것이 뻔할 뿐더러 고등법원장의 말이 과연 진담이라면 더 염려할 것도 없었기 때문이다. 그리하여 《동양평화론》을 저술하기 시작했다." 이처럼 히라이시는 저술에 필요한 시일을 확보해 주기로 약속했던 모양이다. 그러나 지켜지지 않았다. 결국 안중근은 《동양평화

---

[3] 과연 안중근은 히라이시와 면담한 뒤 공소권을 포기했다. 이런 소식은 곧 국내로 전해졌다. 《신보》 2월 22일자 '안중근의 공판(제6일)' 뒤에는 '공소권 포기'라는 기사가 덧붙어 있다. "안중근 씨는 공소권을 포기하였다고 지난 19일 오후에 통감부로 전보가 왔다고 하더라."는 내용이다.

[4] 천주교 기념일인 3월 25일은 '주님 탄생 예고(L: Sollemnitas In Annunciatione Domini)', 곧 하나님이 동정녀 마리아에게 대천사 가브리엘을 보내어 그리스도의 어머니가 될 것을 계시했다는 날이다. 안중근은 이날의 사형을 원했으나 일제 당국은 다음 날 26일에 집행했다.

론》을 완성하기 전에 사형을 당하고 만다.

한문으로 집필된 《동양평화론》은 미완의 유고로서 '서序'와 '전감前鑑' 두 개의 글만 남아 있다.[5] 그 뒤에는 '현상現狀, 복선伏線, 문답'이라는 목차가 적혀 있다. 미완성의 목차만 남겨진 것이다. '서'는 이렇게 시작된다(25).[6]

대저 '합치면 성공하고 흩어지면 패한다'는 것은 만고에 분명한 이치(萬古常定之理)이다. 현금 세계는 동서로 나뉘어 있고, 인종이 각기 달라 서로 경쟁하기 다반사이다. …… 청년들을 훈련해 전쟁터로 몰아넣고 수많은 귀중한 생령을 희생시키니 피가 냇물을 이루고 살점이 땅에 널리는 일이 매일 그치지 않는다. '살기를 바라고 죽음을 싫어함(好生厭死)'이 인지상정人之常情이거늘 밝은 세상에 이 무슨 광경인가!

이렇듯 동서양 대립, 인종 경쟁, 전쟁이 횡행하던 당시 현실을 비판한다.[7] 비판의 화살은 서양, 특히 러시아로 향한다. "유럽 나라들은

---

[5] 안중근 지음(2018)에는 한문 원문(181-190)과 한글 번역(25-40)이 실려 있다. 후자를 인용하되 전자에 비추어 적절히 개역한다. 《동양평화론》에 관해서는 이태진 외(2010), 제2부의 여섯 논문 참조.

[6] '서'의 끝에는 "1910년 경술 2월, 대한국인 안중근 뤼순 옥중에서 쓰다"(29)라고 적혀 있다. 그런데 《동양평화론》에 앞서 완성했을 《안응칠 역사》는 "1910년 경술 음력 2월 초 5일, 양력 3월 15일. 뤼순 옥중 대한국인 안중근 필서畢書"(182)라고 끝맺는다. 이로부터 《동양평화론》을 쓰기 시작했던 날은 '3월 15일 이후'가 되리라고 추정할 수 있다.

[7] 안중근의 유묵 가운데 〈弱肉强食風塵時代〉가 있다. 서양 근대의 부의 측면, 제국주

최근 수백 년 이래 도덕심을 잊고, 경쟁심을 기르고 무력을 일삼으면서 조금도 꺼리지 않는다. 러시아가 가장 심하다."(26)는 것이다. 이런 러시아를 이긴 일본을 안중근은 칭찬한다. 그러나 곧 훈계로 바뀐다. 어째서 일본은 "같은 인종인 이웃 나라를 강제로 빼앗고 우의를 끊어, 스스로 방휼지세蚌鷸之勢"를 만들고 있는가라고.[8]

안중근은 '서'를 이렇게 끝맺는다(29): 일본이 정략을 바꾸지 않는다면 "동양의 수억 황인종 가운데 수많은 뜻있는 이들과 울분에

사진 21 미완성된 《동양평화론》

의 비판을 함의한다.

[8] '방휼지세'란 '조개와 도요새가 서로 물고 물리는 형국'을 뜻한다. 이로써 '동양의 황인종 나라들이 분열된 채 서로 다투는 모습'을 비유한 것이다.

쌓인 사람들이 어찌 수수방관하며 동양 전체가 까맣게 타죽는 참상을 앉아서 기다릴 수 있겠는가." 여기에는 '일본이 서양을 추종하여 제국주의 침략을 계속한다면 동양 지사들은 단합하여 항일 투쟁을 지속해 나가리라.'는 경고가 담겨 있다.

안중근의 비판, 훈계, 경고는 '전감'에서 한층 거세진다. 그 첫머리는 이렇다(30): 예로부터 "헤아리기 어려운 것은 대세가 뒤엎어짐이요, 알 수 없는 것은 인심이 변함이다." 여기에는 '흥망성쇠, 인심의 변화는 무상함'을 무시하고 날뛰는 일본에 대한 비판, 경고가 농축되어 있다.

이어서 청·일전쟁, 3국 간섭, 무술변법(戊戌變法, 1898), 의화단義和團 사건(1900), 그리고 러·일전쟁에 이르기까지 동아시아 정세 변화와 관련 각국의 동향을 분석해 나간다. 이 가운데 러·일전쟁에서 일본이 승리했던 요인은 한·청 양국의 협력임을 강조한 다음 이렇게 말한다(36): "〔한·청 양국이〕 이른바 '만국공법, 엄정 중립' 같은 말들은 근래 외교가의 교활한 속임수이니 언급할 바가 못된다거나 '병불염사兵不厭詐, 출기불의出其不意'9 등은 병가兵家의 묘책이라면서 …… 일본을 배척했다면, 동양 전체를 휩쓸 백년 풍운을 어찌할 뻔했는가."

여기에는 두 가지 비판이 담겨 있다. 먼저 서양 국제법, 원칙은

---

9 '병불염사'란 '병법은 적을 속이기를 마다하지 않음'을 뜻한다. 그 출전은《한비자韓非子》 난일難一의 '繁禮君子, 不厭忠信, 戰陣之間, 不厭詐僞'에 있다. 그리고 '출기불의'란 '짐작 못할 교활한 술수를 씀'을 뜻한다.《손자孫子》 시계始計의 '兵者詭道也…… 攻其無備, 出其不意'에 나온다.

속임수일 뿐 '약육강식, 힘이 곧 정의'를 좇는 강국 정치, 현실주의에 대한 비판이다. 다음으로 '병불염사, 출기불의' 따위의 병학兵學, 병학적 사고로 권모술수를 부리는 일본 제국주의에 대한 비판이다.[10]

강국 정치의 현실을 추종할 수도, 권모술수를 부릴 수도 있건만 …… 한·청 양국은 "그렇게 하지 않았다."면서 그 "개명開明 정도와 동양평화를 희망하는 정신을 충분히 알 수 있다. 동양의 뜻있는 인사들의 깊은 생각과 헤아림은 훗날 모범이 될 것이다."(37)라고 찬양한다. 그런데 이를 짓밟은 일본. 이에 대한 비판은 마침내 예언적 경고로 끝맺는다. "슬프다. 그러므로 자연의 형세를 돌아보지 않고 같은 인종인 이웃 나라를 해치는 자는 마침내 독부(獨夫[11])의 환(患, 〔재앙〕)을 결코 피하지 못할 것이다."(40)라고.

과연 안중근의 예언적 경고는 약 30여 년을 지나 적중했다. 중·일 전쟁과 제2차 세계 대전에서 일본은 '독부의 환'을 맛보았던 셈이다. 그러나 이후 역사는 다시 뒤틀려 나갔다. 뒤틀린 채 지금에 이르렀다. 그의 유훈인 '동양평화론'은 오늘날 동아시아 공동체론의 선구요, 참신하고도 선진적인 구상을 담고 있건만…… '동양평화', 곧 한·중·일을 비롯한 동아시아 지역의 공동체 구축은 지금껏 미완의 계기로 남아 있다.

---

10 병학, 병학적 사고는 일본 사상사를 꿰뚫는 특징의 하나이다. 제5장 제2절 참조.

11 '독부'란 걸(桀, 하 왕조의 마지막 왕)이나 주(紂, 은 왕조의 마지막 왕)와 같은 '무도한 군주'를 뜻한다. 예컨대 《순자荀子》 의병議兵은 '誅桀紂, 若誅獨夫'라고 한다. 한편 《맹자》 양혜왕하梁惠王下에는 '殘賊 之人謂之一夫. 聞誅一夫紂矣, 未聞弑君也'라는 말이 나온다. '일부一夫'란 '독부'와 같은 뜻이다.

2. 유묵의 향기

사진 22 안중근의 기상을
느낄 수 있는 유묵

《동양평화론》이 완성되지 못한 가장 큰 이유는 히라이시가 2월 17일 면담에서 했던 약속을 지키지 않았던 탓이다. 또 하나는 안중근이 수십 점의 유묵을 쓰는 데 시간을 빼앗긴 탓이다. 이런 사실은《안응칠 역사》의 기록을 통해 엿볼 수 있다(181) : "(《동양평화론》을 저술하기 시작했을) 그즈음 법원과 감옥소의 일반 관리들이 내가 쓴 글을 필적으로 기념하고자 비단과 종이 수백 장을 사 보내어 요청했다. 나는 …… 남의 웃음거리가 될 것을 생각지 않고 매일 몇 시간씩 글씨를 썼다." 이들 일본인에게 써 주었다는 글씨, 곧 유묵이 몇 점인지 정확한 숫자는 알 수 없다. 다만 지금까지 수집되었거나 그 소재가 알려진 것만 50여 점에 이른다. 하나같이 명필이요, 주옥같은 명언의 향기가 그득하다. 또한 그 각각 의미심장한 뜻을 담고 있다.

몇 점만 감상해 보자. 먼저 〈丈夫雖死心如鐵, 義士臨危氣似雲〉(사나이는 죽을지라도 마음이 쇠와 같고, 의로운 사람은 위태로움에 이를지라도 기운이 구름처럼 드높다)라는 유묵이다. 이로부터 죽음 앞에 초연한 안중근의 기상을 강하게 느낄 수 있다. 〈見利思義見危授命〉(이익을 보거든 정의를 생각하고 위태로움을 보거든 목숨을 바친다)' 역시 마찬가지다.[12]

다음으로 '어질고도 강한' 마음을 표출하는 유묵은 여러 점이 있다. 〈志士仁人殺身成仁〉(뜻 있는 사람과 어진 사람은 몸이 죽더라도 인을 이룸)은 그 하나이다.[13]

일본/인을 비판, 경고하는 유묵도 있다. 예컨대 〈年年點檢人間事　惟有東風不世情〉(해마다 세상일을 헤아리니 동쪽 바람만 세태와 인정을 따르지 않도다). 이때 '동풍'이란 일본의 잘못된 풍조를 상징한다. 또는 〈日出露消兮　正合運理. 日盈必昃兮　不覺其兆〉(해 뜨면 이슬 사라지니 자연의 운수와 이치가 그렇다. 해가 차면 반드시 기울거늘 그 징조를 깨닫지 못하도다). 또한 〈長歎一聲　先弔日本〉(한 소리로 길게 탄식하여 일본의 죽음[멸망] 앞에 조의를 표하노라)도 있다.[14]

사진 23
죽음에 초연한 결의를
보이는 안중근의 유묵

---

12 이것은 《논어》 헌문憲問에 나오는 글이다.

13 이것은 《논어》 위령공衛靈公의 '志士仁人, 無求生以害仁, 有殺身以成仁'을 축약한 글이다.

14 그러나 한편 통역 소노키에게는 〈日韓交誼　善作昭介〉라는 글을 써 주었다. '한·일 우호를 위해 중개를 잘해 달라.'는 뜻이다.

끝으로 당시 동아시아 정세를 우려하면서 일본을 비판하는 유묵 두 점을 감상해 보자. 하나는 〈東洋大勢思杳玄 有志男兒豈安眠. 和局未成猶慷慨 政略不改眞可憐〉이다. '동양 대세를 생각할수록 아득하고 어두우니 뜻있는 사나이는 어이 편한 잠을 이루리오. 평화 시국을 이루지 못함이 이리도 원통하고 분개하건만 〔일본이〕 정략을 고치지 않으니 참으로 가엾도다.'라는 뜻이다. 또 하나는 〈欲保東洋 先改政略 時過失機 追悔何及〉이다. '동양을 지키려면 먼저 정략을 고쳐야 하거늘 때가 지나 기회를 놓치면 후회한들 무엇하리오.'라는 뜻이다. 그의 뜻은 여전히 거듭 되새겨 나아가야 할 가치가 있다.

3. 빌렘 신부의 면회: 소노키園木의 〈보고서〉

빌렘 신부가 뤼순에 도착한 날은 3월 7일이다.[15] 안중근과의 면회는 3월 8일부터 11일까지 매일 이루어졌다. 일련의 면회에 입회했던 소노키는 그 모습을 〈보고서〉로 기록하여 3월 15일, 총무 장관 이시즈카에게 보냈다.[16] 주의할 것이 있다. 빌렘 신부는 면회할 때마다 어이없는 편견, 궤변, 그리고 친일 성향을 표출하고 있다는 사실이다.

---

[15] 그 근거는 당일 소노키가 통감부 총무 장관 이시즈카에게 보낸 '전보'에 있다. "홍 신부가 오늘 아침 도착하였다. 내일 안과의 면회를 허가할 예정"이라는 내용이다. 《운동사》 자료 7, 531–532쪽.

[16] 《운동사》 자료 7, 533–540쪽.

사진 24 빌렘 신부와 안정근, 안공근의 안중근 면담

제1회 면회: 빌렘 신부의 편견

〈보고서〉는 "8일 오후 2시에 신부 홍석구는 안중근의 두 아우와 더불어 감옥서에 출두하여 구리하라 전옥과 소관(小官, 소노키) 입회하에 안중근을 면회했다."라는 기록으로 시작된다(533). 빌렘 신부는 "면회의 목적을 세 가지로 설명했다."고 한다(533~534): "비록 대죄악을 범했을지라도 나는 너의 목숨이 끊어질 때까지 이를 인도하지 않으면 안 된다. 이것이 그 하나이다. 두 번째는 …… 너의 죄를 책망하고, 타일러 뉘우치게 함(敎誨悔悟)에 있다. 세 번째는 …… 네가 깨끗이 죽기를 바라고 있으니 나는 네 어머니와 교유의 위촉을 받아들여 너의 죽음에 앞서 일각이라도〔빨리〕선량한 교도로 복귀시키기 위함이다."

위의 밑줄 부분은 빌렘 신부의 편견을 표상한다. 그의 입장에서는 그렇게 말할 수 있다 해도 안중근은 서운함을 느꼈을 것이다. 여하튼 빌렘 신부는 이렇게 말한다(534).

> 회고하면 3년 전, 네가 '국가를 위해 큰일을 해야겠다.'면서 출국하여 블라디보스톡으로 향할 때 나는 너의 사람됨을 잘 알고 오늘이 있을 것을 두려워했다. 그래서 나는 …… '일시의 분격으로 경거輕擧하여 나라일에 분주함은 단지 너의 한 몸을 망칠 뿐만 아니라 국가를 위태롭게 하는 소행이라.'고 간절히 말했다. 그럼에도 종래 나에게 매우 유순하던 네가 '국가 앞에서는 종교도 없다.'면서 나의 교지를 위반한 당시 광경은 지금도 여전히 눈앞에 선함을 너는 기억하느냐 못하느냐.

안중근을 아끼는 마음은 충분히 느낄 수 있다. 그렇긴 하나 안중근의 의분과 행동을 나무라는 그의 궤변은 현실 추종이요, 친일 성향일 수 있다.

이어서 사촌 동생 안명근의 이야기를 꺼낸다. 의거 소식을 듣고 찾아온 안명근이 "나도 처음에는 중근과 같은 사상을 품고 있었는데 다행히 신부님의 간독懇篤한 교훈을 따랐다. …… 그러지 않았다면 반드시 중근과 같이 뤼순 옥중의 사람이 됨을 면할 수 없었을 것"(535)이라며 감사했다는 것이다.[17] "이를 듣고 과연 어떤 느낌이 있느냐."고 묻자 안중근은 "창연悵然한 감회가 극에 달한 듯 한동안

---

[17] 이것이 사실이었다 해도 후일 안명근은 항일 독립운동에 몸 바쳤다(전술).

침묵했다."고 한다. '서글픔을 누른 채 차라리 침묵했다.'는 뜻이다.

이때 전옥 구리하라가 차와 담배를 대접하자 빌렘 신부는 "그와 같은 대죄인에게 이런 대우는 과분하다."라며 사의를 표했다. 이에 안중근은 맞장구치듯 "법원과 감옥서의 관대한 취급과 특별 대우"를 칭찬했다. 그러자 신부는 "일본이 얼마나 문명국이며, 한국에 대한 보호 정책이 얼마나 공명정대한가."라는 궤변을 내뱉은 뒤 "크게 회오하는 바가 있으리라."면서 "간유懇諭하기"를 거듭했다고 한다.

그의 궤변 앞에 할 말을 잃었으리라. 한동안 "저두심고(底頭沈考, 머리 숙여 깊이 생각함)하던" 안중근은 "머리를 들어 무릎꿇고 절하면서" 이렇게 "고백했다."고 한다(535): "용서하소서 신부여, '제가 마침내 그르친 것을! 대죄악을 범한 저는 한번 죽음으로 도저히 죄를 속죄하는 데 부족하리니 어찌할까요?" 이런 '고백'의 속뜻을 추정해 보자. '저두심고'하는 동안 반박하고 싶은 심경을 누른 채 '모쪼록 종부성사終傅聖事를 서둘러 주시오.'라는 것이 속뜻이리라.

아무튼 신부는 "그의 회오悔悟가 빠름을 상찬하고" 이렇게 말했다고 한다(535-536): "착하도다, 착하도다. 네 말처럼 참으로 회오했다면 내일 허가를 얻어 다시 너를 위해 고백과 비적(秘蹟, 〔Sacramentum, 하나님의 은총이나 그 증표〕)의 성식聖式을 거행할 것이다. 그 자리에 임하여 모든 죄를 고백해서 일각이라도 빨리 선량한 교도로 복귀하면 하나님은 반드시 너의 대죄를 용서해 주실 것이라 운운云云하다." 이처럼 '고백과 비적의 성식(종부성사)'을 거행하기로 했다. 이때가 "4시 20분," 신부는 "예정 시간 지났다면서 감옥서 관리들에게 경의를 표하고, 안을 위해 기도하고 퇴거했다."고 한다.

당일 3월 9일 "오후 2시"부터 거행된 '고백의 성식'을 소노키는 간결하게 기록한다. 기도와 문답을 끝낸 뒤 안중근은 "참회의 요지를 쓴 쪽지를 품속에서 꺼내어 신부의 귓불에 대고 작은 목소리로 '21개 조'를 고백했다."라고.[18] 그리고 "러시아령에서 의병에 투신했던 날 밤의 기몽奇夢이라며 이렇게 말했다."고 한다(536~537): "진남포 고향 집의 내 방에 있는데 갑자기 찬연히고 기다란 무지개가 구천九天에 펼쳐졌다." 거기서 "나타나신 성모 마리아가 손을 뻗어 내 가슴을 어루만지면서 '두려워 말라, 염려 말라.'고 말씀하신 후 황홀하게 사라졌다."

이를 듣고난 빌렘 신부는 "그것은 〔너의〕 신념이 그렇게 시킨 무엇인가의 전조였으리라."고 말했다고 한다. 안중근의 기몽은 '두려움, 염려를 딛고 나라에 몸 바쳐 민족을 구하겠다.'는 신념이 꾸게 만든 것이리라. 어쩌면 하얼빈 의거의 전조였으리라 해석해도 좋을지 모른다. 그런데 신부의 해석은 달랐던 모양이다. 그는 안중근에게 "이토 공의 선정善政을 오해했노라고 거듭 훈계했다."는 것이니 …… 이런 '훈계' 앞에 다시 할 말을 잃었으리라. 안중근은 더 이상 "참회할 그 무엇도 없다고 대답했다."고 한다.[19]

이날의 감상을 소노키는 이렇게 기록한다(537): "홍 신부의 옷차

---

[18] '21개조'란 '천주의 십계十誡, 성회聖會의 육제령六制令, 그리고 다섯 가지의 죄악'을 가리킨다.

[19] 그리고 나서 함께 기도를 올린 뒤 식순을 끝낸 때가 "3시 15분"이었다고 한다.

림은 머리에 육각형 성모聖帽를 쓰고, 몸에는 순백의 법의法衣를 입고 있었다. 그 모습은 아무리 봐도 신성했다. 안의 태도는 평소와 달리 매우 근신한데다 또한 개전改悛의 빛이 보였다. 두 사람의 의사意思가 저절로 신탁神託하듯 상통하여 마치 일심일체가 된 것 같았다." 과연 '성식'을 거행하는 동안 두 사람은 일심동체처럼 행동했으리라. 그러나 각자의 속마음은 하나일 턱이 없었을 것이다.

제3회 면회: 비적의 성식

당일 3월 10일, 빌렘 신부는 "안중근과 제3회 접견을 마치고, 영성체領聖體의 비적〔의 성식〕을 행했다." 그 대략을 소노키는 이렇게 기록한다(537-538).

오전 9시 신부 홍석구는 감옥서 안 접견실 한구석에 임시 제단을 만들었다. …… 모든 준비가 끝나자 안중근(이날만 종교의 신성을 존중해 특별히 수갑과 그 밖의 구속을 풀어줌)을 입장시켜 안에게 영성체식의 집행을 선고했다. 먼저 열성으로 기도를 올리고, 안의 궤배와 합장과 동시에 프랑스어 성서를 외우며 문답하기를 수십 분. 끝나자 제기의 술잔을 받들고 안을 돌아보며 몇 방울의 빨간 포도주와 맑은 물을 붓고 다시 기도했다. 그리고 큰 빵을 홍이 먼저 먹고, 나머지 빵을 안에게 주었다. 안은 이를 받아 가슴에 십자가를 긋고 기도를 올린 뒤 천천히 먹었다. 홍은 다시 성상에 기도를 올리면서 여러 번 궤배跪拜했다.

이어서 빌렘 신부는 "이제 성체를 받은 너는 이미 이승 사람이 아니므로 가슴속이 어둡다면 모든 속념俗念을 꺼내 버린 다음 죽음에 나갈 때까지 매일 아침 식사를 거르고 오직 주님의 가호를 빌라."고 설교했다. 또한 "신 앞에 모두 죄를 씻을 수 있었던 너도 <u>이토 공과 같은 위인을 오해하여 마침내 죽음에 이르게 한 대죄는 도저히 처형을 면할 수 없는 것</u>"이라고 말한 뒤 마지막 기도로 일체의 식을 끝냈다고 한다. 밑줄 부분 역시 궤변이다. 친일 성향의 표출이다.

소노키는 이날의 '성식' 역시 "전날의 그것과 같이 매우 숭엄하고 신묘하기 그지 없었다."라고 기록한다. 특히 "안은 충심에서 안심입명安心立命하는 빛을 보이고 얼굴에는 일종의 영광靈光이 빛나는 것을 인지했다."고 묘사한다. 안중근의 속마음이 편안했을 리는 없었겠지만 …… 그래도 죽음 앞에 초연한 모습을 유감없이 보여 주고 있었던 듯하다.

제4회 면회: 빌렘 신부와의 고별, 두 아우와의 면담

당일 "3월 11일 홍석구는 감옥서에서 안에 대한 마지막 고별의 접견"을 가졌는데 그 대략은 다음과 같다(538~539).

오후 2시 홍석구는 안중근의 두 아우 정근, 공근을 데리고 …… 접견실에서 안의 입장을 영접하자 먼저 온 뜻을 알려 말하기를 "나는 이미 너의 고백을 듣고 영성체식도 집행했다. 이로써 만주에 온 목적, 즉 너에 대한 모든 요무要務를 다했으니 내일 아침에 떠나서 귀한歸韓 길에 오를 것이다. 돌아가면 곧 너의 노모를 방문하고, 교우들에게 너의 현상은 물론 이토록 일본의 관대한 취급과 파격 대우를 받으면서 모든 성사도 유감없이 끝난 상세를 전할 것이다. 네가 만약 달리 전언할 것이 있다면 숨김없이 말하라."고 설유했다. 안은 "이제 와서 전언할 아무것도 없다."고 대답했다.

그러자 빌렘 신부는 "5년 전 출국 이래의 경력을 듣고 싶다."고 요청했다. 이에 안중근은 "이를 말하려면 사세상事勢上 환속還俗하지 않을 수 없다."라면서 천천히 출국 후부터 하얼빈 흉행 전후까지의 일을 말해 주었다. 안중근의 말이 끝나자 빌렘 신부는 "크고 길게 탄식하기를 '슬프다, 네가 국사를 우려한 나머지 나온 거사라면 왜 흉행에 앞서 나 또는 다른 신부와 일단 상의하지 않았느냐?'라고 나무랐다. 게다가 "너는 걸핏하면 '한국 장래를 우려한다.' 말하지만 한국은 일본이 망하지 않는 한 그 언어와 국세의 존재를 확인할 것"이라고 타일렀다고 한다. 참으로 어이없는 궤변이다.

안중근은 할 말을 잃었겠지만 …… 신부는 화제를 바꾸어 "안의 막내아들"을 "훌륭한 신부"로 만들겠다고 말했던 모양이다. 안중근은 "쾌락快諾하는 뜻"을 표하고 "홀연 무엇인지 고민하는 모습"을 보인 뒤 아우 정근과 이렇게 대화했다고 한다(539).

정근을 향해 노모의 신상身上을 굳게 부탁하고 "나의 시체는 하얼빈으로 운반하여 매장하라."고 말했다. 또 처자의 조치措置를 말하려 하자 정근이 이를 가로막고 "그 같은 사항은 기필코 아우들이 상당하는 조치를 할 것이니 이미 탈속脫俗한 형님의 말참견은 허용하지 않겠다."고 충언忠

를하자 안은 쓴웃음을 지으면서 한참 동안 침묵했다.

거기에는 안중근의 유언이 섞여 있다. 그의 '쓴웃음, 침묵'이 무슨 뜻일는지 …… "그의 가슴 속을 헤아린" 빌렘 신부는 "자애가 넘칠 듯 온순하고 원활한 말로 정근의 충언을 바로잡고 위안을 주었다."고 한다.

그러자 안중근은 "나는 하루 앞서 성단에 오르지만 〔거기서〕 한국 독립이 긴보가報를 기다릴 때름"이라는 말을 "교우들에게 전하라."고 부탁한다.[20] 아우 정근에게는 "사형 집행 전에 새하얀 조선복〔한복〕 한 벌을 차입하라."고 부탁한다. 이제 더 이상 말이 필요 없었으리라. 마침내 신부가 "마지막 작별을 위해 좌우를 돌아보면서 먼저 몸을 일으키자" 두 아우도 "이별을 아쉬워하면서 다 같이 기도를 올리고 퇴거했다."고 소노키의 〈보고서〉는 끝맺는다(539-540).

4. 유언에 담긴 가족애, 동포애, 그리고 인류애

《대한매일신보》 1910년 3월 25일자의 '안씨 결고訣告'는 이렇게 보도한다.

지난 달〔2월〕 15일에 변호사 안병찬 씨가 뤼순 감옥 안에서 안중근

---

[20] 이때 안중근의 말은 빌렘 신부를 향한 비판의 화살에 다름 아니라고 본다.

씨를 면회하고 고별할 때 안중근 씨는 한국 동포에게 결고하는 사의辭意를 이렇게 말했다고 한다.

　내가 한국 독립을 되찾고 동양평화를 유지하기 위해 3년간 해외에서 풍찬노숙風餐露宿하다가 마침내 그 목적을 달성하지 못하고 이곳에서 죽노니 오로지 우리 2천만 형제 자매는 각자 분발하여 학문에 힘쓰고 실업을 진흥하라. 나의 유지遺志를 계승하여 자유 독립을 되찾으면 죽어도 유감 없노라.

　안중근에게 사형이 구형된 마지막 공판 이튿날인 2월 15일의 일이다. 처절한 심정으로 찾아왔을 안병찬에게 안중근은 '동포에게 보내는 고별사'를 전했다는 것이다. 그의 첫 번째 유언인 셈이다. 그 유지는 '한국 독립, 동양평화, 학문 장려, 실업 진흥, 자유 독립' 등이다. 이들 다섯 가지의 유지는 그가 두 아우, 가족, 친지 등 여러 사람과 주변 사람에게 남긴 유언 곳곳에 표출되거나 함축되어 있다.

소노키 〈보고서〉 속의 유언

　소노키는 앞서 살펴본 (3월 15일 이시즈카에게 보낸) 〈보고서〉에 이어서 또 하나의 〈보고서〉를 작성했다.[21] 그 첫머리는 "3월 25일 오후 0시 40분 감옥서에서 미조부치 검찰관, 구리하라 전옥, 나카무라

---

[21] 《운동사》 자료 7, 540-543쪽. 이 〈보고서〉 역시 이시즈카에게 보냈던 것으로 추정된다.

감리監吏, 소노키 통역 촉탁의 입회 하에 미즈노와 가마타 두 변호사, 그리고 두 아우가 안중근과 최후로 접견한 개요는 다음과 같다."(540)고 기록한다. 그 '개요'를 차례로 살펴보자.

안중근은 먼저 정근, 공근 두 아우를 향해 "고향에서 보내올 의복이 도착했는지" 물었다. 두 아우는 "아직 도착하지 않았지만 만약 늦을 때에는 이곳에서 양복을 조달할 것이니 걱정 마시라."고 대답했다. 그리고 나서 미즈노 변호사 등이 온 것을 이상하게 여겼는지 그 뜻을 물었다. 미즈노는 …… "변호인이 되었던 관계가 있으니 사무를 변통하고 위문하러 온 것"이라고 고했다. 안은 "이렇게까지 나에게 동정을 보내느냐."면서 그 호의에 감사하고 다시 두 아우를 향해 "오늘은 최후의 면회라고 하니 나도 그렇게 알고 담화할 것이다. 너희들도 말할 것이 있으면 빠짐없이 이야기해 달라."고 말했다.

안중근은 "먼저 노모의 신상을 두 아우에게 부탁"하면서 "평소 정성定省의 예를 못하고, 효양孝養을 게을리했다.22 …… 용서하시라고 말씀드려 전하라."(540)고 부탁한다.

이어서 "장남 분도(芬道[문생], 6세)를 장래 신부가 되도록 교양[교육]하기 바란다. 실은 차남[준생]이 중환에 걸렸을 때 천주의 가호加護로 살아났다고 하기에 차남을 신부로 만들려는 생각도 했었다. 그러나 [그렇게] 유약幼弱해서는 적절치 않기에 장남을 신부로 만들기

---

22 '정성'이란 '朝夕定省(아침저녁의 문안 인사)' 또는 '昏定晨省(저녁 때는 잠자리를 봐드리고 이른 아침에는 밤새 안부를 물음)'을 뜻한다.

를 바라게 된 것"이라 말한다. 그런데 장남 문생은 1년 뒤에 겨우 일곱 살 나이로 세상을 떠나게 되었으니 '길에서 누군가가 준 과자를 먹고 죽었다.'는 독살설이 전해져 있다. 더 통탄할 일은 차남 준생이 훗날 친일 행각을 벌였던 것이다.[23]

한편 두 아우에게는 각각 이런 유언을 남긴다(540-541): "정근을 향해 '너는 장래 공업에 종사하라. 한국은 아직 공업이 발달하지 않았으나 장래 발달할 기회가 있을 것이다. …… 식림植林 또한 한국을 위해 꼭 필요한 일이니 이에 종사해도 좋다. 요컨대 실업에 종사함은 국익 증진뿐만 아니라 자가自家의 이익이기도 하다.'라고 훈시했다. 공근에게는 '너는 재질이 있으니 학문을 연구하는 편이 좋다.'고 훈유했다." 여기에는 한국이 앞으로 국권을 회복하여 '산업을 발전시키고, 학문에 힘쓰는 나라' 되기를 바라는 마음이 깔려 있다.[24] 달리 말해 '온 겨레가 함께 잘살고, 온 세계에 문화의 힘을 펼치는 나라'를 이룩하라는 염원이 담겨 있다고 본다.

이어서 "노모는 고향에 영주永住하기를 좋아하지 않으실 것"이라

---

[23] '친일 행각'이란 그가 1939년, '박문사(博文寺; 伊藤博文을 추모하기 위해 1932년, 장춘단에 세웠던 神社)를 참배했다'는 사실이다. 그 상세는 이태진 외(2010), 제1부에 실린 도진순의 논문 참조. 이 논문은 안중근 가족의 '삶과 죽음,' 그리고 '직계 유족의 비극'을 상세히 밝혀 주고 있다.

[24] 이와 관련하여 박은식의 《안중근》은 이렇게 서술하고 있다(310): 두 아우에게 안중근이 말하기를 "내가 천국에 가도 우리나라를 회복하기 위해 진력할 것이다. 너희들은 나를 대신하여 동포에게 알려 달라. …… '각기 국가의 책임을 짊어지고 국민의 의무를 다하여 동심일력同心一力으로 공업을 수립하여 대한 독립의 소리가 전국에 이르는 것이 나의 마지막 소원이다.'라고 했다."

말하자 두 아우는 "그 뜻에 맞는 곳"으로 이사할테니 "우려하지 말라."고 답한다. 선문답 같은 대화이다. 안중근의 말뜻은 '어머니를 모시고 망명하라.'는 것. 이를 알아차린 두 아우는 '그럴 심산이니 안심하시라.'고 화답한 셈이다. 이로써 마음의 여유가 생겼던지 안중근은 화제를 바꾸어 나간다. 그의 마음에 걸리는 일들이 있었던 까닭이다.

예컨대 두 아우에게 "치권 댁에 미불한 숙박료가 있다."면서 갚을 것을 부탁한다. 그리고 "장갑, 의류, 그 밖에 [단지 동맹 때 절단한] 손가락을 받아라. 만약 그 집에 없거든 그분에게 소재를 물으면 알려줄 것이다."라고 말한다. 전술했듯 안중근은 의거를 목적으로 10월 19일 블라디보스톡에 도착하여 이치권의 집에서 (21일 아침 하얼빈으로 출발할 때까지) 머물렀다. 그런데 숙박료 50원을 지불하지 못하고 떠났다. 그 일을 잊지 않고 숙박료 지불을 부탁한 것이다.

그리고 의거에 관한 "열국 신문지상의 논평"을 묻는다. 두 아우는 "한국에서는 이를 신문지에 게재하지 못하게 하고, 또 일본과 그 밖의 신문지상에는 훼예포폄(毁譽褒貶, [칭찬과 비방])이 엇갈려 있다."라고 대답한다. 그러자 안중근은 "불가사의한 일"이라며 이야기를 꺼낸다. "내가 [10월 19일] 연추에서 블라디보스톡에 도착했을 때 미국 신문지에 게재된 풍자화를 보았다. 그런데 [돌이켜 생각하니] 나의 흉행 사건[의거]과 부합했다. 그래서 당시 모종의 감회에 젖은 일이 있다."는 것이다.

그 풍자화를 안중근은 이렇게 묘사한다: "한국 미인 한 사람이 서있는 곁에 일본 사관과 많은 일본인이 나란히 서 있는데 사관은 미인의 소지품을 약탈하려 하고, 많은 일본인은 사법권 또는 외교권이라고 쓴 물품을 들고 있다. 그 후방에서 한 조선인이 권총을 들이대고 사관 등을 저격하려는 모습을 그린 것이다." 이를 보았을 당시 "나는 무슨 암시가 아닌가 하고 느꼈다."고 말하고 나서 안중근은 "크게 웃었다."고 한다. 온갖 의분을 발산할 듯 통쾌하게 웃었으리라.

그래서 제지하려 했던지 "전옥은 '접견에는 시간 제한이 있으니 유언할 것이 있으면 먼저 말한 뒤 시간이 남으면 여담으로 옮겨도 좋다.'라며 주의했다."(541~542)고 한다. 이에 안중근은 "나는 목숨이 조석朝夕에 박두한 자이니 담화할 유예 시간을 주기 바란다."면서 꾸짖은 다음 유언을 잇는다: "내 의무를 다하고자 미리 각오하고 한 일이니 사후의 일에 관해서는 아무런 남길 말이 없다. …… 다만 나를 대신하여 노모에게 효양을 다하고 가족 모두가 화목하게 지내라. 그리고 어머니, 숙부〔들〕, 홍 신부, 민閔 주교, 안명근과 형수(안의 아내)에게는 각각 서한을 써 두었으니 그것을 전달하라."[25]

이처럼 안중근은 가족, 친지 앞으로 써 둔 서한들을 두 아우에게 건네주었다. 이어서 "너희들은 말할 것이 없느냐."고 묻는다. 두 아우는 "아무것도 없다."면서 "걱정 말고 형장에 나아가 무사히 천국에 오르시기를 바란다."고 말한다. 이에 "죽음은 두려울 것이 못 된다. 인생은 꿈만 같고, 죽음은 깊은 잠처럼 쉬운 것이라 생각하고 있으니."라고 안중근은 말한다.

---

[25] '민 주교'란 뮈텔(Gustave Charles Marie Mutel, 1854~1933; 한국명 閔德孝)을 가리킨다. 프랑스 외방 전도회 선교사로서 1881년 조선에 부임했다가 1885년에 파리대학 학장이 되어 돌아갔다. 1890년에는 제8대 조선 교구장敎區長이 되어 다시 부임했다. 이후 신학교를 창설하고 명동 성당을 건립하는 한편 조선의 순교자를 조사하여 자료를 수집하는 등 공적을 남겼다.

형제 간의 대화가 끝난 뒤 면회할 틈을 얻은 미즈노 변호사는 이렇게 말한다(542-543): "이번 사건에 대해서는 동정해 마지않으며 …… 귀하의 뜻은 영세에 전해질 것이다. 나도 가능한 한 그 뜻을 전하는 데 힘쓰겠다. 그러므로 형장에 나아가 빨리 천국에 오르길 바란다. 천국에서는 언어가 통하지 않는 일도 없으리니 내가 후일 천국에 올라갔을 때는 손잡고 환담하리라." 어느 정도일지 그는 안중근의 감화를 받았고, 의거의 뜻에 공감하고 있었던 모양이다. 안중근은 "귀하의 동정에 감사해 마지않는다."며서 "천주교도가 되어 천국에 가기로 하시면 어떠한가. 그러면 천국에서도 손을 잡고 친하게 담화할 수가 있을 것"이라 입교를 권유한다.

한편 가마타 변호사는 "나도 미즈노 변호사와 마찬가지로 동정한다. 되풀이하는 번거러움은 피하겠으니 양해하시라."고 말한다. 이에 안중근은 "귀하에 감사하기를 미즈노 변호사와 같은 말로 하겠으니 양찰諒察하시라."고 말한다. 마침내 안중근이 면회를 끝낼 뜻을 표하자 "전옥은 최후의 악수와 기도를 허락하니 안과 두 아우는 대단히 기뻐하며 악수하고 서로 무릎을 꿇고 열심히 기도하고 나서 합장하고 퇴거했다." 이때가 "오후 3시 30분이었다."고 한다.

소노키는 이런 감상을 덧붙인다(543): "이날 안의 태도는 평소와 다를 바 없었으나 예상대로 마지막 접견인 만큼 서로 석별의 정에 견디지 못하는 것처럼 느껴졌다." 얼마나 견디기 힘들었을꼬 …… 그래도 평소와 다름없는 태도. 안중근의 의연한 모습이 인상 깊었던 듯하다.

앞서 언급했듯 마지막 면회를 가졌던 3월 25일, 안중근은 두 아우에게 여섯 통의 서한을 건네주었다. 두 통은 24일에 어머니와 아내, 네 통은 25일에 빌렘 신부, 뮈텔 주교, 안명근, 그리고 숙부들 앞으로 쓴 것이다. 독실한 신앙심과 애틋한 석별의 정, 효심, 가족애 등이 넘치는 이들 서한을 수록된 순서대로 소개하고 싶다.[26] 먼저 어머니와 아내 앞으로 보낸 서한은 이렇다.

모주전母主前 상서上書

아들 다묵(多默; 도마) 올림

예수를 찬미합니다.

불초자不肖子는 감히 한 말씀을 어머님께 올리려 합니다. 엎드려 바라옵건대 자식의 막심한 불효와 아침저녁의 문안 인사를 못드린 죄를 용서하옵소서. 이슬과도 같은 허무한 세상에서 육정六情[27]을 이기지 못하시고 불초자를 너무나 생각해 주시니 훗날 영원靈源의 천당에서 만나 뵈올 것을 바라며 또 기도합니다. 현세의 일이야 다 주님의 명령에 달려 있으니 마음을 평안히 하시기를 천만 번 엎드려 바랄 뿐입니다. 분도는 장래 신부가 되게 하여 주시기를 희망하오며 후일에도 잊지 마시고 천주께 바치

---

[26] 《운동사》 자료 7, 529–531쪽.

[27] 유교의 희·노·애·락·애·오(喜·怒·哀·樂·愛·惡)의 여섯 정을 가리킨다. 한편 불교에서는 각종 정감이나 번뇌를 일으키는 바탕인 눈·귀·코·혀·몸·뜻(目·耳·鼻·舌·身·意)을 '육정'이라고 부르기도 한다.

도록 키워 주시옵소서.

이상은 그 대요이며 그 밖에도 드릴 말씀은 허다하오나 어떻든 후일 천당에서 기쁘게 만나뵌 뒤 누누이 말씀드리겠습니다. 위아래의 여러분께는 온통 문안도 드리지 못하니 반드시 꼭 천주교를 온마음으로 신앙하시어 후일 천당에서 기쁘게 만나 뵙겠다고 전해 주시기 바랍니다. 이 세상의 여러 일은 정근과 공근에게 들어주시고, 반드시 꼭 배려를 거두시고, 마음 편안히 지내시옵소서.

분도 엄마에게 부치는 글

장부 안다묵 드림

예수를 찬미하오.

우리들은 이슬과도 같은 허무한 세상에서 천주의 안배로 배필이 되고 다시 주님의 명으로 이제 헤어지게 되었소. 그러나 머지않아 주의 은혜로 천당 영복靈福의 땅에서 영원에 모이려 하오. 반드시 육정을 괴로워함 없이 주님의 안배만 믿고 신앙을 열심히 하고 어머님께 효도를 다하시오. 두 아우와 화목하고 자식의 교양에 힘써 주오. 세상에 처하여 심신을 평안히 하고 후세 영원의 즐거움을 바랄 뿐이오. 장남 분도를 신부가 되게 하려고 나는 마음을 결정하고 또 믿고 있소. 그리 알고 반드시 잊지 말고 특히 천주께 바치어 훗날 신부가 되게 하시오.

허다한 말은 후일 천당에서 기쁘고 즐겁게 만나보고 상세히 이야기할 기회가 있을 것을 믿고 또 바랄 따름이오.

1910년 경술 2월 14일(양력 3월 24일)

그 감상과 음미는 독자의 몫이다. 다음으로 빌렘 신부, 뮈텔 주교에게 보낸 서한을 소개한다.

홍 신부전 상서

죄인 안다묵 올림

예수를 찬미하옵니다.

자애로우신 신부님이시여. 저에게 첫 세례를 주시고 또 최후에는 이런 장소에 허다한 노고를 마다않고 특별히 오셔서 친히 모든 성사를 베풀어 주신 그 큰 은혜야말로 어찌 다 사례할 수 있겠습니까. 감히 다시 바라옵건대 죄인을 잊지 마시고 주님 앞에 기도를 바쳐 주옵소서. 또 죄인이 욕되게 한 여러 신부님, 교우에게 문안드려 주소서. 모쪼록 우리가 속히 천당 영복의 땅에서 기쁘게 만날 기회를 기다린다는 뜻을 전해 주소서. 그리고 〔뮈텔〕 주교께도 상서했사오니 그리 아시기 바랍니다. 끝으로 자애로우신 신부님이 저를 잊지 마시기를. 저 또한 결코 잊지 않겠습니다.

1910년 경술 2월 15일〔양력 3월 25일〕

민 신부전 상서

죄인 안다묵 올림

예수를 찬미하옵니다.

인자하신 주교께서는 죄인을 불쌍히 여기시고 그 죄를 용서해 주소서. 죄인의 일로 한동안 주교께 많은 배려를 번거롭게 하여 황공하기 그지없습니다. 덕분에 우리 주 예수의 특은을 입어 고백, 영성체의 비적 등 모든 성사를 받은 결과 몸과 마음이 모두 평안함을 얻었습니다. …… 우리 한국의 많은 외인(外人, 〔非敎人〕)과 열교인劣敎人 모두 일제히 정교(正敎, 〔천주교〕)로 귀의해 우리 주 예수가 자애하시는 아들이 되게 할 것을 믿고 또 축원할 따름입니다.

1910년 경술 2월 15일

홍 신부와 민 주교의 일부 행각에는 문제가 있긴 했지만 이렇듯 안중근은 그들에게 변함없는 '믿음, 사랑, 소망'을 보내고 있다. 속세를 초월한 그의 깊은 신앙이 느껴진다. 이들 두 통의 서한 사이에는 사촌 동생 안명근에게 보낸 서한이 삽입되어 있다.

명근 현제賢弟에게 부치는 글

다묵 보냄

예수를 찬미한다.

홀연히 왔다가 홀연히 떠나니 꿈속의 꿈이랄까. 이제 꿈꾸는 날을 끝내고 영원히 복된 땅에서 기쁘게 부둥켜안고 더불어 영원히 태평한 안락을 받기를 바랄 따름이다.

전술했듯 안명근은 공판 마지막 날인 1909년 2월 14일, 방청석에 있었다. 안중근을 만나고자 뤼순행을 결심하여 뒤늦게 도착했던 모양이다. 다만 언제까지 뤼순에 체류했는지, 그 사이 면회를 했는지는 (기록이 없어) 알 수 없다. 어쩌면 먼 발치에서 바라보면서 석별의 정을 나누었을지 모른다. 어쨌든 안중근은 사형 전날에 그에게 위와 같은 서한을 보냈던 것이다. 마지막으로 숙부들에게 보낸 서한은 다음과 같다.

첨위(僉位; 여러분) 숙부 앞에 답하는 글

조카 다묵 올림

아멘!

보내주신 글을 받아보고 기쁘기 그지없었습니다. 불초 조카의 신상은 너무 상심하지 마소서. …… 주모(主母, 〔聖母 마리아〕)의 바다와 같은 은혜만 믿고 또 축원하면서 기도할 뿐입니다. 가만히 생각컨대 이번에 특별한 은혜로 모든 성사를 받을 수 있었음은 구주 예수와 성모 마리아 께서 저를 버리지 않으시고 그분의 품속으로 구해 올려 주셨음을 믿으 면서 자연히 몸과 마음의 평안을 느꼈습니다.

여러 숙부를 비롯한 일가 친척께서는 …… 서로 일생을 화목하게 평 안히 지내시기를 비옵니다. 우리 종백부宗伯父께서 지금껏 입교하지 않으 셨음을 듣고 참으로 유감을 견디기 어렵습니다. …… 속히 귀화(歸化, 〔입교〕)하시길 권유해 마지않습니다. 이것이 제가 이 세상을 떠남에 있어 일생의 권고임을 전해 주시기 바라옵니다.

여러 교우에게는 별도로 일일이 편지를 보내지 못하니 그들에게 같은 취지로 문안을 전해 주소서. 여러 교우가 다 함께 신앙하고 열심히 전교 에 종사하시어 우리 한국을 성교聖敎의 나라가 되도록 힘껏 권면勸勉하시 기를 기도합니다. 머지않아 우리들 고향인 영복의 천당, 우리 주 예수 앞 에서 기쁘게 만날 것을 바라오니 …… 감사 기도하시기를 천만 번 엎드 려 바라마지 않습니다. 시간이 부족하여 이만 붓을 놓습니다.

1910년 경술 2월 15일〔양력 3월 25일〕 오후 4시 반

앞서 보았듯 25일의 마지막 면회를 마친 시각은 '오후 3시 30분' 이었다. 위 서한은 이로부터 1시간 사이에 쓴 것임을 알 수 있다. 인용문의 "여러 숙부"란 '작은 아버지 세 분', 곧 여섯 형제 가운데 셋째인 아버지 안태훈의 세 아우 태건泰健, 태민泰敏, 태순泰純을 가리킨다. 맏형은 태진泰鎭, 둘째 형은 태현泰鉉. 따라서 "종백부", 곧 '집안 종손이신 큰아버지'는 안태진이다. 그는 여타 형제와 달리 '조상 제사를 모셔야 한다'는 책임감 때문에 입교를 포기했다고 한다. 덧붙이면 안명근은 안태현의 세 아들 '명근, 홍근洪根, 익근益根' 가운데 맏형이다.

이상의 서한에서 보듯 안중근의 신앙심은 독실하기 그지없다. 이와 함께 가족애, 조국애, 그리고 인류애가 넘쳐 흐른다. 나아가 서한들 곳곳에는 '주님의 권능으로 나라와 민족을 구원하리라.'는 굳은 의지가 담겨 있다. 그리고 '나라의 혼과 민족의 얼을 보존하여 기필코 국권을 회복하라.'는 드높은 염원이 담겨 있다.

5. 사형: 안중근의 죽음과 일본인의 작태

전술했듯 안중근은 '천주교 기념일인 3월 25일'에 사형을 집행할 것을 (히라이시에게) 요청했다. 그러나 일제 당국은 다음 날 26일 사형을 집행했다. 그 이유는 '전보 제114호(암호)' 속에 밝혀져 있다.[28]

---

28 《운동사》 자료 7, 514-515쪽. 그 발신 일시는 "1910년 3월 22일 오전 11시 30

안중근 사형 집행 예정 공문

안의 사형은 '오는 25일 집행할 예정'이라는 전보에 접했다. 그러나 당일은 한국 황제의 탄생일에 해당하여 한국 인심에 악감정을 줄 우려가 있다. 그래서 [관동] 도독부에 신청한 결과 '3월 26일 사형을 집행하고, 유해는 뤼순에 매장할 예정'이라는 회전回電을 받았다.

과연 3월 25일(음력 2월 8일)은 순종 황제의 탄생일이다. 이런 날에 안중근의 사형을 기피함은 정당한 이유인 셈이다. 그런데 위의 전보에는 "오늘[3월 22일] 그곳 고등법원"의 '미조부치 검찰관이 보냈다'는 보고가 덧붙어 있다. 그 내용은 이렇다(515).

안중근에 대한 사형 집행 명령을 도독都督[29]에게 품신한 사정은 먼저 전보로 보고한 대로입니다. 이에 대한 도독의 명령서는 이번 달 22일에 도착했는 바 '25일 집행할 것과 사형 후 안의 신병(身柄, [유해])은 감옥법 제74조에 따라 공안상公安上 유족에게 건네주지 않는 것이 적당하다고 인정하고, 이곳 감옥서 묘지에 매장하기로 내정內定했음'을 이에 참고로 보고합니다.

이렇듯 안중근의 유해를 "감옥서 묘지에 매장하기로" 했다는데 실

분"이다. 발신자는 "장관"이고 수신자는 "통감"이다. 즉 통감부 총무 장관 이시즈카가 소네 통감 앞으로 보낸 전보일 것이다.

[29] 당시 관동 도독은 육군 대장 오시마 요시마사(大島義昌, 1850~1926). 재임 기간 1905년 9월~1912년 4월이다.

제로 그랬다는 기록이 소노키의 사형 집행에 관한 〈보고서〉에 나온다. 이를 먼저 살펴본 다음 (사형 집행에 관한) 《만주일일신문》의 기사를 소개하고자 한다.

소노키의 〈보고서〉: 사형과 유해

안중근의 "사형은 26일 오전 10시 감옥서 안의 형장에서 집행되었다."면서 전후 경과를 다음과 같이 기록한다(《운동사》 자료 7, 515).

    안중근 사형 시말 보고서 전문
    오전 10시, 미조부치 검찰관, 구리하라 전옥, 소관(小官, 〔소노키〕) 등이 형장 검시실에 착석함과 동시에 안을 끌어내어 사형 집행의 뜻을 고지하고 유언의 유무를 질문했다. 이에 대해 안은 "달리 유언할 아무것도 없으나 원래 나의 흉행〔의거〕은 그야말로 오로지 동양평화를 도모하려는 성의에서 나온 것이다. 바라건대 오늘 임검臨檢한 일본 관헌 여러분도 다행히 나의 미충微衷을 양찰하여 피아 구별 없이 합심 협력하여 동양평화를 꾀하기를 바랄 뿐이라."고 진술했다.[30] 또한 "이 기회에 임하여 동양

---

[30] 박은식은 안중근이 사청 직전에 남긴 유언을 이렇게 기록한다: "내가 대한 독립과 동양평화를 위해 죽으니 무슨 한이 되리오. 다만 유감스러운 것은 조국의 광복을 보지 못하는 것이다. 너희들은 깊이 생각하라. 우리 대한이 독립된 후에야 동양평화를 지킬 수 있고, 일본도 장래 위기를 면할 수 있다."(《안중근》 제24장 〈重根之最終〉, 310) 얼마쯤 각색된 것일지는 모르나 안중근 유언의 뜻을 올바로 해석한 셈이다.

평화의 만세를 삼창하고자 하니 특별히 들어주시길 바란다."고 신청했다.

그러나 전옥은 "그 일을 시킬 수 없다."면서 "간수에게 곧 흰 종이와 하얀 포목으로 눈을 가리게 한 다음 특별히 기도를 허가해 주었다." 그러자 "약 2분 남짓 묵도하고 나서 이윽고 두 명의 간수에게 부축되어 계단에서 교수대로 올라가 조용히 형 집행을 받았다." 이때가 10시 4분이었고, "그 15분에 감옥 의사는 죽은 상태를 검사하고 '절명했다.'고 보고했다. 이에 드디어 집행을 끝내고 일동이 퇴장했다."라고 한다.

안중근의 유해는 이렇게 처리되었다고 한다(515–516) : "10시 20분, 안의 사체를 특별히 감옥서에서 제조한 침관寢棺에 넣고 하얀 포목을 덮어 교회당으로 운구運柩했다. 이윽고 그의 공범자 우덕순, 조도선, 유동하 세 명을 끌어내어 특별히 예배하게 했다. 오후 1시, 감옥서의 묘지에 매장하였다." 그러나 (후일 확장되어 나간) 감옥서 묘지의 어느 지점인지, 정확히 특정할 수 있는 기록을 소노키는 남겨 주지 않았다.[31]

소노키는 사형에 임했던 안중근의 모습을 이렇게 묘사한다(516) : "안중근의 복장은 어젯밤 고향에서 도착한 주(紬, 〔무늬 없는 비단〕)의 조선옷(상의는 백색, 바지는 흑색)을 입고 품속에는 성화聖畫를 넣고 있었다. 태도는 매우 침착하여 안색, 언어 역시 평상시와 조금도

---

[31] 소노키 기록이 사실이라면 뤼순 감옥의 부속 묘지 어딘가 매장되어 있겠건만 지금껏 찾아내지 못하고 있다. 안중근 유해의 발굴 사업에 관해서는 안태근/김월배 공저, 《안중근 의사의 유해를 찾아라》, 스토리하우스, 2014; 안중근 뼈대찾기 사업회 엮음, 《돌아오지 못하는 安重根》, 차이나하우스, 2015 참조.

다름없었다. 종용자약(從容自若, 〔태연함〕)하게 깨끗이 죽음으로 나아 갔다. 이때 소노키의 마음은 안중근을 향한 존경과 애상으로 가득 차 있었으리라 여겨진다.

그런데 사형이 집행된 날, 두 아우는 참으로 어이없는 일을 낭하 게 된다. 그 전말을 소노키는 이렇게 기록한다(516-517): "〔두 아우 가〕 사체를 받아 귀국하려고 바야흐로 여장을 갖추고 감옥서에 출두 할 준비를 하고 있다는 보고를 받고 나서 응급 수배로 그늘의 외출 을 금한 다음 형이 집행된 뒤에 소환했다. 전옥은 '피고의 사체는 감 옥법 제74조와 정부의 명령에 따라 교부交付하지 않겠다.'는 뜻을 언 도하고, '특별히 사체에 대한 예배를 허가한다.'는 뜻을 고했다."

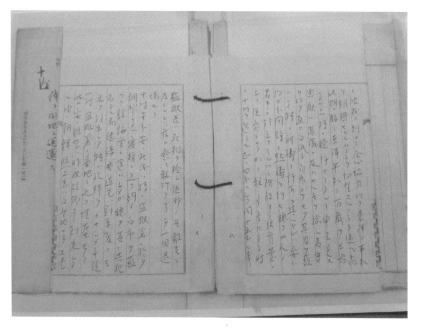

사진 25 안중근 사형 시말 전문(소노키 보고서)

두 아우는 "마땅히 교부해야 한다. 감옥법 제74조의 '언제라도 교부함을 득得함'이란 곧 교부하라는 뜻이다. …… 정부의 명령이나 관헌의 권한에 위임된 것이 아니다."라며 항변했다. 그러자 전옥은 "수백만 언을 해봤자 효과가 없을 뿐이니 …… 차라리 유순하게 사체에 예배를 바치고 속히 귀국"할 것을 훈계했다고 한다.

이에 두 아우는 "나라 일에 몸 비친 형兄에게 사형의 극형을 과하고, 게다가 사체도 교부하지 않으려는 너희들의 참혹한 소치所致는 죽어도 잊지 않겠다."면서 매도하고 비방했다. 또한 "언제고 반드시 갚을 때가 있으리라는 등 한 마디 한 마디가 더 불온한 언동으로 나아갔다."고 한다. 그 결말을 소노키는 이렇게 기록한다: "아무리 퇴장을 명령해도 울고 넘어진 채 완강히 움직이지 않아서 부득이 경찰의 힘을 빌어 실외로 끌어냈다. 다시 백방으로 권유한 끝에 차츰 약간씩 보통 상태로 돌아간 틈에 그대로 정거장으로 호송했다. 두 명의 형사가 경호하여 오후 5시발 다롄행 열차로 귀국케 하였다."

소노키의 〈보고서〉는 "안이 수감 중에 쓴 유고 가운데 전기傳記는 이미 탈고했으나《동양평화론》은 총론과 각론 1절에 그치고 전부의 탈고를 보지 못하게 되었다."(517)라고 끝맺는다. 여기서 박은식의 《안중근》제25장〈二弟之痛罵日人〉을 살펴보자. 두 아우가 당했던 일이 더욱 생생하게 그려져 있기 때문이다. 첫머리는 이렇다(310).

당연히 두 아우는 유해를 버려둔 채 돌아갈 수 없었다. 그리하여 감옥 문밖에 이르니 순사가 몸을 검사한 뒤 들어가도록 허락했다. 일본인 변호사들이 말하기를 "일본 법률(감옥법 제74조)은 '유해를 내어 준다'고 규정하고 있다. 법원은 이를 지켜 시행하기로 했다. 그런데 정부 명령 탓에 내어 주지 못하고 이곳에 묻는다고 하니 너희들이 가서 〔따져〕 보라."
고 했다. 두 아우는 "유해를 내어 줄지 아닐지는 전옥의 직권이다. 변호
사와는 무관하다."면서 감옥서에 들어갔다.

그리하여 두 아우와 구리하라 전옥 사이에는 말다툼이 벌어진다
(310-311).

두 아우: 정부의 명령인가? 아니면 법관 스스로의 뜻인가? 확실히 말하라.
전옥: 나는 당신들의 골육지정骨肉之情을 위해 내주고 싶다. 하지만 정부
    명령을 어찌 하겠는가.
두 아우: 일본 법률에 '유해를 내어 준다'는 규정이 있으니 법관은 이를
    지켜 시행함이 마땅하다. …… 정부가 법률 적용에 관해 어찌 명령할
    수 있단 말인가.
전옥: 정부 명령이 아니더라도 내 직권으로 처리했다.
정근: 전옥의 직권으로 처리한다면서 왜 정부 명령에 맡긴다는 말인가.
    겨우 4, 5분 사이에 이렇듯 식언食言해도 되는가.
전옥: (큰 소리로) 공의公議로 확정했으니 천언만어 말해도 결코 들어줄
    수 없다.
정근: (분노를 이기지 못해 큰 소리로) 소위 법관이란 것들이 법리를 무
    시하고 위력으로 압제하니 이는 만행이다. 우리가 지금은 갚아줄 길
    없으나 이 생명이 살아 있는 동안 반드시 쏟아부을 날이 있으리라.

이처럼 "통렬하게 매도하기를 그치지 않자 순사, 간수들이 감옥
밖으로 끌어냈다." 두 아우는 "문밖에서 몇 시간을 통곡하다가 다시

들어가 전옥을 만나기를 요구했으나 끝내 거절당했다."(311)고 서술한다.

《만주일일신문》의 기사: 사형, 유해, 공범자의 고별

이 신문의 1910년 3월 27일자 '안중근의 최후'라는 기사는 사형 집행 경과를 다섯 항목으로 나누어 보도하고 있다. 첫 번째 항목은 "봄비가 몹시 내리다."라고 한 뒤 사형장으로 가는 안중근의 모습을 이렇게 묘사한다: "예정 시각보다 일찍 어젯밤 고향에서 도착한 수의를 입고, 간수 4명이 앞뒤에서 경호하는 가운데 형장의 교수대 옆에 있는 공소公所로 먼저 끌려갔다. 당일의 수의는 겉옷과 속옷 모두 순백의 조선 명주복, 바지는 흑색의 같은 조선 명주복 차림이었다. 흑백으로 선명히 나뉜 옷차림은 아무리 봐도 몇 분 후에 명〔=이승〕에서 암〔=저승〕으로 가야할 형인刑人의 신세와 상응하기에 보는 사람의 가슴을 뭉클하게 했다."

'집행 언도'라는 소제목의 두번째 항목은 이렇다: "미조부치 검찰관, 구리하라 전옥, 소노키 통역, 기시다 서기 등 제씨는 교수대의 전면에 있는 검시실檢屍室에 착석한 다음 안을 공소에서 끌어냈다. 구리하라 전옥은 안에게 …… '사형을 집행한다.'고 고지했다. 소노키의 통역이 끝나자 안은 말 없이 '알았다.'는 듯 고개만 끄덕였다. 전옥은 "뭔가 남기고 싶은 말이 없느냐?"고 물었다. 이에 안은 "아무 할 말도 없다. 다만 나의 범죄〔의거〕는 동양평화를 위한 것이니 내가 죽은 뒤에도 한·일 양국인이 서로 일치협력하여 동양평화의 유지를 꾀하기를 바란다."고 말했다. 이때 간수가 반지半紙 두 장을 접어 안에게 씌우고 그 위에 하얀 포목으로 눈을 가렸다. 안의 최후는 시시각각 다가왔다."

세 번째 항목은 '최후의 기도'라는 소제목으로 다음과 같다.

재판 당초부터 판결 언도에 이르기까지 제반 취급을 정중하고 친절하게 해왔던 관헌은 안이 최후의 순간에 이르자 한층 관대한 대우를 했다. 무엇보다 그에게 "마음대로 최후의 기도를 하라."고 허가했다. 안은 전옥의 말에 따라 몇 분간 묵도하고 나서 몇몇 간수의 부축을 받아 교수대에 올랐다.

교수대의 구조는 마치 거의 이층과 같은 것으로 작은 계단 일곱 개를 오르면 그 위에 화덕 만한 크기로 자른 판자를 덮었다. 안은 조용히 한 계단 한 계단 죽음의 길로 다가갔다. 그 찰나의 느낌인가, 아마도 얼굴색은 흰옷과 대비해도 한층 창백해졌을 듯하다. 마침내 교수대 위에서 책상다리를 하고 밧줄을 조용히 그의 목에 걸었다. 한 명의 옥리獄吏가 그 한쪽 끝을 밟자 판자가 꿈틀거리며 뒤집혔고 교수형은 아무 일 없이 끝났다. 10시 15분에 안은 완전히 숨이 끊어졌다. 그 시간은 불과 수분간이었다.

'침관寢棺에 안치하다'라는 소제목의 네 번째 항목은 이렇다: "사형수의 유해는 조통(부桶[하야오케, 물통형의 관])에 넣는 것이 상례였으나 특별히 안을 위해서 새 송판松板으로 침관寢棺을 만들어 정중히 시체를 안치했다. 그 위에 옥개(屋蓋, [지붕 덮개])로 치장하고 흰옷을 덮어 매우 정중히 다루어 일단 교회실教誨室에 안치했다. 안이 형장에 임할 때 품속에 품은 그리스도의 서상書像을 관의 안쪽에 놓았다.”

다섯 번째 항목은 ‘공범자의 조배弔拜’라는 소제목으로 이렇게 보도한다: “조도선, 우덕순, 유동하 세 사람은 교회실에 끌려와서 안의 유해를 향한 최후의 고별을 허가받았다. 세 사람은 모두 천주교도가 아니라서 조선식으로 머리를 두 번 조아려 안의 최후를 조상弔喪했다. 모두 감격에 겨운 듯했다.” 이때 우덕순은 “이처럼 정중한 취급을 받아서 ‘우리에게 최후 고별을 허가한 것을 듣는다면 안도 또한 반드시 만족해할 것’이라고 당국의 조치에 대해 감사했다.”라고 한다.

일본인의 작태

사형을 집행한 뒤 일본 당국자들은 일단 안심했겠지만 무언가 두려움에 휩싸였으리라. 그 살풀이를 하려는 듯 곧바로 연회를 벌였다. 이를 보도한 《만주일일신문》 1910년 3월 29일자 ‘히라이시 법원장의 초청 연회’라는 기사를 소개한다.

히라이시 법원장은 26일 오후 5시 사토佐藤 경시총장, 마나베 지방법원장, 미조부치 검찰관, 오와다大和田 판관, 구리하라 전옥, 요시다吉田 경시, 소노키 통역, 오카다岡田, 다케우치, 기시다, 와타나베 등 서기, 미즈노, 가마타 두 변호사, 나카노中野 자유통신, 즈노다角田 요동遼東, 무토武藤 아사히 통신, 안사이安齋 동아東亞, 야노矢野 《만주신보滿洲新報》 본사 지국원 등을 관저로 초청하여 기념 촬영 뒤 응접실에서 바둑[대회]을 개최했다. 6시를 지나 기요쯔루清鶴의 현현絃으로 연주한 잇쇼一笑, 야루

彌留, 두 다유太夫의 기다義太는 큰 갈채를 받았다.[32] 8시부터 따로 연석을 마련하여 사토 총장이 일동을 대신하여 감사 인사로 마음을 터놓는 답장을 한 뒤 담소로 떠들썩했다. 10시를 지나 산회散會했다.

이어서 같은 날짜의 '안중근 사건 상여賞與'라는 기사가 나온다. 그 내용은 이렇다.

〔관동〕 도독부는 안중근 사선에 공로가 있는 제씨에게 아래와 같이 상여를 수여했다.

마나베 재판장 150엔, 미조부치 검찰관 250엔, 소노키 통역 200엔, 기시다 서기, 와타나베 서기, 다케우치 서기 〔각각〕 80엔(이상 법원)

구리하라 전옥 150엔, 나카무라中村 간수 부장 80엔, 아오키靑木 간수 부장 50엔, 다나카田中 간수 이하 6명 10엔부터 45엔까지(이상 감옥)

요시다 경시 50엔, 사이토齊藤 경부 30엔, 단노丹野 부장, 히라바야시平林 판사, 도다戸田 판사 각각 20엔, 다바타畑田 순사, 시오카와鹽川 순

---

[32] 다유たゆう란 일본 전통의 다양한 예능 직종에 종사하는 게이닌〔藝人〕을 가리키는 칭호이다. 특히 노가쿠能樂, 가부키歌舞技, 조루리淨琉璃 등 예능 집단의 상급자를 가리킨다. 한편 기다ぎだ란 기다유부시義太夫節의 준말로서 조루리의 일종이다. 조루리는 악곡의 하나로서 샤미센三味線 반주에 따라 다유가 공연하는 극장 음악이다. 따라서 안중근 사형 당일의 연회에서 조루리 공연이 벌어졌음을 알 수 있다. 이는 《만주신보》 1910년 3월 29일자 '위로 만찬회'라는 기사에서도 확인된다. "고쿤(紅裙, 〔藝妓〕)들과 술잔치를 벌이는 동안 여러 차례 조루리를 공연했다. 각자 득의의 가쿠시게이(隱藝, 〔익혀둔 재주〕)를 뽐내며 큰 성회盛會를 이루었다."라는 내용의 기사이다.

사, 야마모토山本 순사, 나카무라 순사, 가미시모神下 순사 각각 10엔

이런 일본/인 특유의 연회와 상여는 안중근의 사형 집행 뒤에만 벌어진 작태가 아니리라. 수많은 독립투사를 처형한 뒤에도, 항일 운동을 탄압한 뒤에도 여러 양태로 거듭되었을 것이다.

제5장

안중근의 덕풍德風과 일본의 병리 현상

1. 덕풍에 감화된 일본인

사이토 다이켄斎藤泰彦은 《내 마음의 안중근》(1994)을 저술했다.[1] 거기에는 안중근과 치바 도시치에 얽힌 이야기가 여럿 등장한다. 책머리에 실린 '안중근 의사와 치바 씨 현창비문顯彰碑文'은 그 개요에 해당한다. 이를 인용해 본다.

나라의 쇠망을 보고 의병을 일으켜 구국 영웅이 된 대한 의병 안중근 참모 중장. 때는 1909년 10월, 한민족의 주권을 빼앗고 일본 대륙 침공의 선봉이 되었던 이토 히로부미 공은 그의 손 밑에 하얼빈 역두에서 목숨을 잃었다. …… 치바 도시치 씨(당시 25세)는 뤼순 옥중에 수감되어 있던 안중근 의사(당시 30세)를 간수看守하는 임무를 맡았다.

올곧고 정의로운 도호쿠東北인의 한 사람인 치바 씨의 눈에 비친 옥중 안 의사의 거동은 나라의 운명을 우려하고 민족 독립의 명예를 지키

---

[1] 사이토 다이켄斎藤泰彦, 《わが心の安重根 千葉十七·合掌の生涯》, 五月書房, 1994(사이토 다이켄 지음/장영순 옮김, 《내 마음의 안중근》, 인지당, 1995). 사이토는 치바와 같은 미야기宮城현 구리하라栗原시 출신이다. 1990년부터 그곳 다이린지大林寺, 곧 치바 집안의 보다이지(菩提寺; 선조 위패를 모시는 절)의 주지 스님으로 봉직하고 있다. 다이린지의 소재지는 '989-5506 宮城県栗原市若柳大林町裏219'이다.

고자 몸 바친 청렴한 인격의 사士였다. …… 의사 또한 당시 일본인에게는 드문 치바 씨의 인간성 넘치는 후한 대접에 응하여 3월 26일 죽음으로 나아가기 직전, 군인이던 치바 씨에게 어울리는 한 문장을 써서 기증했다.〈爲國獻身軍人本分〉

치바 씨는 귀향한 뒤에도 의사의 유영遺影과 유묵을 불단佛壇에 바쳐 놓고 날마다 향을 피워 고인의 명복을 빌었다. 더불어 일·한 양국이 독립한 다음 명예로운 친선과 평화가 깃들기를 기원하다가 와카야나기쵸 다이린(若柳町大林, 旧大岡村)에서 사망했다. 기츠요 미망인 또한 …… 명복을 빌다가 세상을 떠났다. 치바 부처의 미거美擧는 죽은 뒤에도 그들 일족에게 강한 호소가 되어 여러 곤란을 겪으면서도 치바 씨의 뜻을 기리어 의사의 유묵을 70년 동안 소중히 보관해 왔다.

전후戰後 새로 독립한 아시아의 우방 한국의 발전을 바라면서 1979년 안중근 의사 탄생 백주년의 축전을 듣고 결의한 미우라 고키三浦幸喜, 구니코 부처 등 치바 도시치 씨 유족은 …… 안중근 의사 숭모관에 그 유묵을 바쳤다. …… 이런 쾌거를 기념하여 치바 씨가 잠든 와카야나가쵸 다이린지에 이 비를 건립했다.

안 의사의 명일(命日, 〔忌日〕)에 즈음하여 일·한 양국의 영원한 우호를
기원하며
1981년 3월 26일 미야기 현 지사 야마모토 소이치로2

---

2 야마모토 소이치로(山本壯一郎, 1919~2001)는 구해군 출신이다. 1945년 패전 후 내무성 관료가 되었다. 그리고 1969년부터 1988년까지 미야기현 지사知事를 다섯 차례(제8~12대) 역임했다.

안중근과 치바의 만남

사이토(1994)는 두 사람의 만남을 이렇게 서술한다(4-5): "치바는 〔의거〕 당시 뤼순의 관동 도독부 육군 헌병 상등병으로서 이 사건에 조우遭遇했다. …… 사건 당일 치바 등 헌병대는 급거 하얼빈에 파견되었다. 정보 수집과 체포된 안중근의 신병을 뤼순 형무소로 호송하기 위해서였다." 이렇듯 두 사람은 대립된 입장으로 만났다. 그런데 "치바에게는 또 하나의 중대 임무가 기다리고 있었다 이번에는 뤼순 감옥에 수감된 안을 간수하는 역할이다. 이 임무는 이후 안이 사형 집행을 당할 때까지 5개월 동안 이어졌다."(5) 그동안 어떤 일이 벌어졌던 것일까?

당초 치바는 '이 남자가 일본의 가장 위대한 정치가를 죽여 버렸다. 그것이 어찌 의거인가.'라면서 안의 얼굴을 볼 때마다 이리저리 생각하고 있었다. …… 그러나 뤼순에서 취조가 시작된 11월 14일 이후 안에 대한 사고 방식이 조금씩 변해갔다. 그때까지 의심을 품었던 살해 동기가 검찰관 취조를 통해 점차 밝혀지자 '안은 이토 공에 대한 개인적 원한이 아니라 일본을 향해 무언가 진지하게 호소하고 있다.'면서 이 사건의 배경에 생각보다 뿌리 깊은 것이 있음을 치바 자신도 알아차렸기 때문이다. (6)

더욱이 "일본의 비非를 견책하는" 안중근은 치바의 생각을 바꿔 놓게 된다(7): "하얼빈에서 뤼순으로 호송하는 중에도 느꼈지만 옥중에 수감된 안은 이전보다 더욱 태연하기만 했다. 검찰관 취조는 매일처럼 행해졌건만 안의 태도는 조금도 변함없었다. 그리고 심문에 대한 안의 대답 내용이 차례차례 치바의 귀에도 들어왔다. '당당한 대응으로 검찰관도 혀를 내두르고 있다.'면서 상관들이 속삭일 때마다 '역시 이 남자는 예사로운 사람이 아니다.'라고 치바는 생각하게 되었다." 그리하여 안중근의 '솔직한 태도와 속깊은 인간미'에 점점 빠져들게 된 것이다.

치바의 감화와 참회

간수로 근무한 지 1개월쯤 지나면서 "치바의 마음은 온통 변해 버렸다."(8)고 한다. 안중근의 진술이 시비/선악을 판단할 수 있게끔 양심을 일깨운 까닭이다. 어느새 그는 안중근이 (10월 30일, 미조부치의 첫 심문에서) 거론했던 '이토의 죄악 15개조'를 "이해할 수 있게 되었다."(8)고 한다. 일본에 만연된 '위선, 기만, 편견, 궤변' 등에 대한 비판 정신을 공유하게 된 까닭이다.

치바는 올곧고 정의감이 강한 청년이었다. 그런 치바에게 '나라의 평화란 가난한 사람일지라도 독립하여 살아갈 수 있는 상태'라는 소박한 도리를 똑똑히 가르쳐 준 사람이 다름 아닌 안이었다. …… 심문에 대해 한 걸음도 물러서지 않는 안이 일본의 비非를 하나씩 지적할 때마다 치바는 왠지 '조국 일본의 평화'를 섬뜩하게 생각하지 않을 수 없었다. (9)

치바의 마음은 이렇게 변화한다(11): "안은 언제나 산뜻했다. 기거起居와 행동의 예의는 물론 어떤 심문에도 굽히지 않은 채 조국의 운명을 염려하고 민족의 독립과 명예를 지키고자 몸 바친 사람답게 청렴함을 느낄 수 있었다. 또한 매일 접하면서 안은 경건한 천주교 신자임을 알았다. 따라서 아침, 저녁 기도를 결코 거르지 않는다. …… 어느덧 '이 사람은 훌륭한 인물'이라고 전폭적 친애를 보내게 되어 버렸다." 이렇듯 안중근의 덕풍에 감화되어 나갔던 것이다.

연말을 맞이하여 검찰 취조도 거의 끝나갈 무렵 치바는 비로소 안과 느긋하게 대하할 수 있었다. 그날은 바로 일요일, 치바는 당직 근무를 했다. 안은 그즈음 염원하던 옥중기 집필에 들어가 있었다. 안 스스로의 생애를 짓는 자전自傳이다. 그 집필에 바쁜 안을 위해 치바는 용지, 필묵을 넣어준 다음 대낮의 휴계 시간에 담배를 권하면서 안의 가족 소식을 물어보았다. (11)

대화 중에 치바는 그의 "인품에 불현듯 깊은 감동을 받았다."(12)고 한다.

마침내 안중근이 사형 판결을 받았을 때 치바는 "안을 잃는 것은 애석하다. 반드시 한국을 짊어질 인물이거늘."(12)이라고 생각했다. 그런데 안중근은 공소를 포기했다. "이유의 하나"는 "어머니로부터 전달된 충고"였다(13): "네가 늙은 어미보다 먼저 죽는 것이 불효라고 생각한다면 이 어미는 웃으리라. 너의 죽음은 너 한 사람만 아니라 한국민 모두의 공분公憤을 떠맡고 있는 것이다. 공소하면 그것은 살려달라고 비는 꼴이 되느니라."

이를 전해 들은 치바는 "안의 의거란 한국민의 한결같은 마음"임과 함께 "한국민의 조국 독립에 거는 집념이 얼마나 강한 것인지도 이해할 수 있었다."고 한다. 또한 "안의 태연한 태도가 그러한 어머니를 가진 민족의 강한 긍지와 기개로 지켜진 것"임을 생각하면 할수록 "아픈 마음을 어쩔 수 없었다."고 한다(13). 그럴만한 공감 능력과 비판 정신을 지니게 되었던 까닭이다.

치바는 소년 시대부터 들었던 고향 일본의 도호쿠 지방 선조들이 학대받던 과거를 생각해 낸다. 그의 선조는 먼 옛날, '미개未開'라는 이름 하에 중앙 권력으로부터 이적夷狄 취급을 받으며 정복되어 갔다. 참 부조리한 일이지만 문명개화의 그늘에서는 이처럼 한쪽의 패권욕 탓에 우는 사람들이 끊이질 않는다. (17)

이윽고 "일본은 안의 나라에게 사죄하지 않으면 안 된다."는 자책에 빠져든 치바는 말한다(17-18). "당신 나라의 독립을 짓밟게 된 것은 뭐라 변명할 여지가 없습니다. 일본인의 한 사람으로서 마음 깊이 사죄하고 싶습니다."라고. 그러자 안중근은 감사한 뒤 이렇게 말했다고 한다(18): "한·일 양국이 어째서 불행한 사이가 되고 말았는지, 이토 공 한 사람의 책임은 아닐지 모르나 일본의 대표 인물로서 쓰러뜨리지 않을 수 없었소. …… 자신의 행위로 장래에 조국 동포, 젊은이들이 애국심에 눈떠 독립심을 불태워 나갈 것을 기대하고 싶소." 또한 "군인은 나라를 위해 몸 바침이 본분"이라 격려하면서도 "타국 영토는 한 치도 침략해선 안 된다."라는 '동양평화의 지론'을 폈다. 이에 치바는 "도리에 맞는 것들뿐"이라며 "납득"했다고 한다(18-19).

사이토(1994)는 안중근의 사형이 집행되던 날의 모습을 이렇게 묘사한다(19-20): "아침부터 차가운 비가 내려 추운 하루였다. 안은 옥중에서 어머니가 보내주신 순백의 조선 명주 한복으로 갈아입고 조용히 사형 집행을 기다리고 있었다. 뤼순 형무소 안은 이른 아침부터 분주했고 이상한 긴장감에 싸여 있었다." 이때 안중근은 "치바 씨, 전날 당신이 의뢰했던 일필一筆을 이제 쓰도록 합시다."라고 말했다고 한다. 이후의 일은 다음과 같이 묘사된다(20-21).

　　안이 재촉을 받자 치바는 급히 비단 종이와 붓을 준비했다. 안은 자세를 바로잡고 단숨에 썼다. 〈爲國獻身軍人本分 庚戌三月 於旅順獄中 大韓國人 安重根 謹拜〉 마침내 안은 치바와 눈을 마주치면서 "친절하게 해주셔서 마음 깊이 감사하오. 동양에 평화가 찾아오고, 한·일 우호가 되살아날 때 다시 태어나 만나뵙고 싶소."라고 말하며 조용히 인사했다. 이 순간 치바는 말할 수 없는 감동에 뒤덮인 채 '안 씨, 감사합니다.'라고 문득 외쳤다.

　　유묵을 받은 치바는 "좋은 일본인이 되도록 기력을 다하고 싶다."면서 "참회했다."고 한다(21).

귀향 후의 행적

　　안중근을 간수하는 임무를 마친 치바는 임지를 한국으로 옮겼다. 한국 근무 중인 1913년 2월 20일, 그는 동향 출신의 기츠요(21세)와 결혼했다. 그 뒤 헌병 특무 조장으로 승진했으나 머지않아 퇴역한 뒤 총독부 경찰관으로 전임했다. 그리하여 함경도에서 근무한 뒤 1921년에 퇴관 귀향한 그는 아내의 생가 근처에 거주하면서 여생을 보냈다. 당시 그는 다음과 같은 행적을 보이고 있었다고 한다(228).

다이쇼 10(1921)년 4월, 36세로 퇴관 귀향한 치바는 만년에 불치의 병과 싸우는 한편 '안중근과 그 나라 사람들'에게 일편단심으로 참회하는 나날을 보냈다. 치바는 그 일을 일족에게 '아마 내 마음에도 벽지(僻地)의 풍토에서 길러진 선조의 혼이 들어 있는 까닭에 틀림없다.'고 자주 말하고 있었던 듯하다.

그것은 치바가 자란 일본의 도호쿠 지방은 옛부터 중앙 권력으로부터 학대받아 왔던 탓에 반골심이나 약자 동정(判官びいき〔한간비이키〕)과 같은 기질이 소박한 살림 속에도 항상 있기 때문이요, 혹심한 대자연 속에 사는 지혜로서 저 산신님을 믿듯 천리에 따르는 성심을 중시하는 기풍이 있기 때문이라고 한다.

그의 행적은 도호쿠인 전통의 반골 정신, 자국 역사의 부에 대한 비판 의식을 표상한다.[3] 이로부터 "정직하게 사는 마음"과 "선악 식별관" 또는 "결백한 정의감이나 숭고한 신앙심"이 생긴다면서 사이토(1994)는 이렇게 서술한다(228-229) : "치바는 자기 마음이 점차 시

---

[3] 그 배경에는 일본 고대 이래 지속된 중앙 정권과 무사 계급의 도호쿠 지방(宮城, 福島, 山形, 秋田, 岩手, 青森의 여섯 현)에 대한 침략과 수탈, 그리고 도호쿠인에 대한 학대와 차별의 역사가 있다. 그 일단을 엿보려면 모모사키 유이치로桃崎有一郎, 《武士の起源を解きあかす―混血する古代,創發される中世》, ちくま新書, 2018 참조.

대 풍조에 어긋나 감을 허전해 함과 동시에 '내가 살아간 시대나 세태는 광기로 차 있다. 전쟁에서 강자만 승리해 나간다면 인간의 정사正邪, 귀천 등 판단은 욕망 속에 모두 허구가 되고 만다. 이런 강자의 아욕我欲이 멈추지 않는 한 일본도 언젠가는 멸망할 따름'이라고 반성하게 되었다."

이렇듯 안중근의 덕풍에 감화되어 살아가던 치바는 1934년 12월 27일 50세로 병사했다. 그의 최후는 "부처의 자비에 매달리듯《연명신구관음경延命十句觀音經》과 그 사람의 이름 '안중근 의사'를 되뇌고 난 뒤의 왕생(往生, 〔죽음〕)이었다."(231)고 한다.4

유묵 반환, 현창비 건립

앞서 보았듯 치바 유족은 안중근의 유묵을 소중히 보관해 오다가 1979년 12월 11일, '안중근 의사 기념관'에 반환했다. 그 반환식에 참석한 유족인 미우라 구니코는 "생전의 아저씨〔치바〕는 '안 씨는 단순한 살인범이 아니다. 부득이한 마음으로 몸을 바친 의사이다. …… 한국이 독립한 뒤에는 반드시 민족 영웅으로 재평가되리라.'고 말하고 있었다."(232)는 사실을 밝히는 한편 유묵과의 이별을 아쉬워했다. 이에 '치바의 보다이지菩提寺', 곧 다이린지의 (당시) 주지 스님

---

4 《延命十句觀音經》이란 불교 경전의 하나인《十句觀音經》의 별명이다. 42자의 가장 짧은 경전으로 알려진 위경僞經이지만 이를 되뇌기만 하면 이익을 얻을 수 있다고 여겨져 왔다.

은 유묵 반환은 "두 분의 영생영락과 거듭 남으로 이어지는 일"이자 "일·한 양국민의 영원한 우정으로 이어지는 두터운 유대가 될 것"이라고 위로했다(232-233).

1981년 3월 26일, 다이린지에 '안중근 의사와 치바 씨의 현창비'가 건립된 이래 "매년 가을 '안중근과 치바 도시치의 추도 법요法要'를 계속하고 있다."(238)고 한다.[5] 이 법요에는 치바의 조카로서 변호사였던 가노 타쿠미(鹿野琢見, 1919~2009)가 매번 참석했는데 늘 다음과 같은 말을 했다고 한다(239-240): "설령 참열參列하는 사람이 없어져 나 한 사람만 남더라도 법요를 계속해 주시길 바란다. 그것이 치바라는 한 사람의 일본인이 경모해 마지않던 안중근의 명복을 비는 소중한 추선追善이자 우리 일본인의 참회가 되기 때문이다. 치바는 생전에 자주 말하기를 '안은 훌륭한 인물이다. 처형되기 5분 전에 〈위국헌신군인본분爲國獻身軍人本分〉이라 써서 남겨 주던 순간의 온

사진 26

안중근이 처형되기 5분 전에 치바에게 써 준 유묵

---

[5] 이로 말미암아 "각종 중상, 비판에 시달리며 주지 스님 등 관계자는 고뇌하고 있다."(238)고 한다. 이렇듯 몰지각한 일본인들의 중상, 비판은 지금껏 이어지고 있는 모양이다.

기를 평생 잊을 수 없다.'라고 했다. 이에 보답하는 길은 우리도 이웃 사람을 사랑하는 훌륭한 일본인이 되어야 한다는 것이다."

또한 가노는 "안중근의 복권復權을 목표로 안의 사형 판결에 대한 재심 청구를 진지하게 생각했던 적이 있다. 일본 신문에도 그 경위가 소개되어 주목을 받았지만" 결국 포기했다고 한다. 그 이유는 "일본 재판소에서 일본 법률로 시비를 다툰들 도마에 오를 것은 안중근의 행위일진대 그렇게 되면 애써 한민족의 의거에 나서 분사憤死한 우리의 '영웅'을 모독하는 일이 된다."라는 의견이 상했던 탓이라고 한다(240).

이 밖에도 사이토(1994)는 다이린지의 '현창비'와 법요에 얽힌 일화를 여러가지 소개하고 있지만 검토는 생략한다. 현재 다이린지는 해마다 한·일 양국의 관민이 모여 안중근과 치바를 추모하는 동시에 우호 친선을 기원하는 뜻깊은 곳이 되어 있다. 또한 많은 한국인이 방문하는 관광 명소의 하나가 되어 있기도 하다.

여타의 감화된 일본인

안중근에게 감화된 일본인 중에는 역사상 저명한 인물도 적지 않다. 예컨대 고토쿠 슈스이(幸德秋水, 1871~1911; 본명은 덴지로傳次郎), 도쿠도미 로카(德富蘆花, 1868~1927), 이시카와 다쿠보쿠(石川啄木, 1866~1912), 나쓰메 소세키夏目漱石…… 그들이 얼마나 감화되었던지는 논란의 여지가 있을 수 있다. 다만 고토쿠 슈스이(이하, 슈스이)는 논란의 여지 없이 감화된 일본인의 대표적 인물이다. 그의 생애와 관련 행적을 간결히 소개한다.

슈스이는 고치현 출신으로 어릴 때부터 유교 경전을 학습하고 큰 영향을 받았다. 16세 때인 1887년에 도쿄로 가서 (고치현 출신 자유민권운동 지도자였던) 나카에 조민(中江兆民, 1847~1901)의 문하생이 되어 함께 활동했다.6 1898년에 《만조보萬朝報》의 기자가 되어 정계, 군부의 비리를 비판하는 논문을 발표했다. 1901년에는 사회 민주당을 창립했고 또한 제국주의를 비판하는 《20세기의 괴물 제국주의》를 저술했다. 1903년 11월, 《만조보》를 퇴사한 뒤 사회주의를 선전하기 위해 평민사를 결성하고 주간 《평민신문》을 창간했다.7 1904년 11월에는 마르크스의 〈공산당 선언〉을 번역하여 게재했다.

1905년 1월에 주간 《평민신문》을 폐간했으나 2월, '신문지조례'에 의해 투옥되었다. 옥중에서 크로포트킨(Pyotr A. Kropotkin, 1842~1921)의 무정부주의에 입문했다. 7월에 출옥한 뒤 11월에는 샌프란시스코로 건너가서 무정부주의에 심취하게 되었다. 그리고 1906년 6월, 오클랜드에서 사회 혁명당을 결성하고 귀국했다. 이듬해 1907년 1월부터 평민사에서 일간 《평민신문》을 발간했으나 4월에 폐간되었다. 1908년 6월에는 사회주의자를 탄압한 '아카하타赤旗 사건'이 일어났다. 이때 체포를 면했던 슈스이는 남은 세력을 규합하는 한편 평민사를 이곳저곳 옮기면서 활동했다. 1909년 5월, 잡지 《자유사상》을

---

6 같은 해 1887년 12월, 메이지 정부는 자유민권운동을 억압하기 위해 '보안 조례保安條例'(7개조)와 '신문지조례'를 공포했다.

7 그즈음 《만조보》가 러시아에 대한 비전론非戰論에서 개전론開戰論으로 전향했기 때문이다.

창간했으나 다음 달 제2호를 끝으로 폐간되었다.

이렇게 시달리던 슈스이는 1910년 3월 22일 평민사를 해산하고, 가나가와神奈川현 유가와라湯河原 온천으로 피신했다. 그러나 6월 1일, '대역사건大逆事件'에 연루되어 체포되었다.[8] 그는 이 사건에 직접 가담하지는 않았다. 그럼에도 불구하고 이듬해 1911년 1월 24일, 사형 선고를 받고 처형되었다. 덧붙이면 그의 사형을 저지하고자 도쿠토미 로카는 형인 도쿠토미 소호(德富蘇峰, 1863~1957)를 통해 당시 수상이던 가쓰라 디로에게 탄원했다. 또한 1월 25일, 탄원서를 도쿄 아사히朝日 신문사에 보냈으나 그 전날 처형되었다는 보도를 접하게 된다.[9]

그런데 흥미로운 일은 압수된 슈스이의 가방 속에서 '안중근 사진엽서'가 나왔다는 사실이다. 이 엽서는 오카 시게키(岡繁樹, 1878~1959)가 샌프란시스코에서 경영하던 금문(金門, San Francisco) 인쇄소에서 발행한 것이다.[10] 추측컨대 안중근이 사형을 당한 뒤에 인쇄하여 슈

---

8 메이지 천황의 암살을 계획했다는 구실로 일본 전국의 사회주의자, 무정부주의자를 체포했던 사건. '고토쿠 사건'이라고 부르기도 한다.

9 훗날 로카는 1913년 9월부터 11월에 걸쳐 조선과 만주를 여행했다. 이때 뤼순에서 〈貧而無諂 富而無驕〉, 곧 '가난해도 아첨하지 않고 부유해도 교만하지 않는다.'라는 안중근의 유묵을 얻었다(이에 얽힌 사연은 생략). 이 글은 《논어》 학이學而에 나오는 구절로서 공자에게 제자 자공子貢이 드린 말이다. 이에 공자는 "未若貧而樂 富而好禮者也(가난해도 즐겁게 살고 부유해도 예를 좋아함만 못하다)"라고 응답한다.

10 오카 시게키는 슈스이와 같은 고치현 출신으로 《만조보》 기자 생활을 같이했다. 1902년에 샌프란시스코로 이주한 뒤 1905년 그곳에 왔던 슈스이와 함께 평민사 지부를 결성했다.

스이에게 보냈던 모양이다. 거기에는 다음과 같은 영문 설명이 부쳐
져 있다.

AN JUNG-KEUN The Korean Martyr who killed Prince Ito at
Harbin. As seen this picture, the cut off Ring-Finger of the left hand
represent the oath of a regicide. The characters of the upper corner of
the pictiure(picture) is facsimile of the Poem written by D. KOTOKU, a
prominent Japanese Anarchist, praising the brave conduct of the martyr.

이를 해석하면 이렇다: '안중근 이토 공을 하얼빈에서 죽인 한국인

사진 27 고토쿠 슈스이가 간직하던 안중근 엽서

순교자. 그림에서 보듯 왼쪽 무명지를 자른 것은 암살 서약을 표상한다. 그림 상단 구석의 문구는 저명한 일본인 무정부주의자인 덴지로(D.) 고토쿠가 순교자의 용감한 행동을 찬양하면서 쓴 시의 사본이다.'

이와 함께 엽서 상단에는 슈스이가 자필로 쓴 "舍〔捨〕生取義 殺身成仁. 安君一擧 天地皆振"이라는 문구가 보인다. 즉 '목숨을 버리고 의를 취하니 자신을 죽여 인을 이루었도다. 안중근의 의거 하나에 온 천지가 진동하도다.'라는 뜻이다.[11] 이렇듯 슈스이는 유교 노덕을 상당히 체득했던 인물이다. '도리를 아는' 일본인의 한 사람이었던 셈이다.

2. 일본의 병리 현상: 이토 히로부미를 변호하려는 일본인

안중근 의사의 덕풍에 감화됐던 '도리를 아는' 일본인은 적지 않다. 달리 말해 안중근 의거의 뜻에 공감했던, 그를 존경했던 일본인은 적지 않다. 그렇긴 하나 과거처럼 숨길 필요 없건만 그들 행적은 그다지 알려져 있지 않다. 현재에도 그러한 일본인이 적지 않건만 무슨 까닭인지 …… 그들은 (일본에서는) 마음 놓고 털어놓을 자리를 별로 얻지 못한다. 이런 사실을 일본인 일반은 모르거나 관심이 없

---

11 '捨生取義'는 《맹자》 고자상告子上의 '生亦我所欲也. 義亦我所欲也. 二者不可得兼, 捨生而取義者也,' '殺身成仁'은 《논어》 위령공衛靈公의 '志士仁人 無求生以害仁 有殺身而成仁'에서 따온 말이다.

다. 그 탓에 과거에도 현재에도 '도리를 아는' 일본인은 소수(minority)로만 남는다. 차라리 다수(majority)가 될 '방도 없음'을 인정하듯 '어쩔 수 없다.'라며 체념한다.

반면 일본 보수/우익 세력은 안중근 의거를 '불편한 사실'로 여긴다. 그래서 뚜껑 덮어 은폐하거나 폄하한다. 또는 안중근 의거의 뜻/진실을 각종 궤변으로 뒤튼다. 이를 위해 '왜곡, 조작, 기만, 논리 비약, 바꿔치기, 덮어씌우기' 등을 구사한다. 그리하여 궤변을 거듭하면서 잘못/거짓을 또 다른 잘못/거짓으로 덮으려는 어리석음을 범한다. 이런 작태는 과거의 일본 제국에서 거침없이 자행된 적이 있다. 이를 계승하면서 그 변태를 재생산하고 있는 셈이다. 격세유전의 병리 현상이다. 그 안에서 이토의 망령은 살아 숨쉬고 있다.

그 변태를 재생산하는 과정에서 또 하나의 교묘한 변태가 파생된다. 이토 히로부미를 (특히 통감 시절의 행적을) 어떻게든 변호하려는 작태가 그것이다. 그것은 보수/우익 세력의 작태와는 언뜻 다르게 보인다. 안중근 의거의 은폐/폄하가 겉으로 드러난 목적은 아닌 까닭이다. 그러나 속에 감춰진 목적이다. 이토 변호는 안중근 의거의 은폐/폄하로 이어지기 때문이다. 그 뜻/진실을 뒤트는, 그리고 '왜곡, 조작, 기만' 등을 구사한 궤변이 수반되기 때문이다.

이런 일련의 모습은 예컨대 이토 유키오(2009)의 해당 부분에서 엿볼 수 있다.[12] 그는 이토 통감의 보호통치를 이렇게 변호하려 든다

---

[12] 이토 유키오伊藤之雄, 《伊藤博文 日本近代を創った男》, 講談社, 2009, 제22~24장. 이와 유사한 모습은 다키이 카즈히로瀧井一博(2010), 제7장에서도 엿볼 수 있으나 그 검토는 생략한다.

(516): "이토의 자세는 병합을 목적 또는 전제로 삼았다기보다는 한국인의 자발적 협력을 끌어들이고, 일본이 부담할 비용을 될수록 줄여서 효율적으로 한국 근대화를 도모하려는 것이었다." 이토의 위선/독선과 권모술수에 찬 궤변을 답습하여 교묘하게 바꿔친 궤변이요, 터무니없는 강변이다. 거기에는 이토의 망령을 되살리려는 욕망과 안중근을 다시 죽이려는 모략이 깔려 있다.

이토 유키오는 이렇게 서술한다: "북한 순행(1909년 1월 27일~2월 3일) 뒤 한 기민이 이도의 통치책을 극극적으로 지지하고 있지 않음을 새삼(改めて) 생각했다.[13] [그래서] 이토는 한국 병합을 하지 않을 수 없다고 생각하게끔 되었으리라."(549). 통감 시절 '한국 병합=강점'의 기반을 확립해 나갔던 이토. 그의 통치책을 지지하긴커녕 맹렬하게 저항했던 한국인. 이를 잔인무도하게 진압했던 이토. 이런 사실을 은폐한 채 "북한 순행 뒤"에야 한국 강점을 생각하게 되었다니 참으로 어이없는 궤변이다. 한국 강점은 이토의 탓이거늘 이를 한국인의 저항 탓이라니 눈 가리고 아웅이요, '논리 비약, 바꿔치기, 덮어씌우기'에 다름 아니다.

이토는 북한 순행을 끝낸 1주일 뒤 2월 10일, 한국을 떠나 귀국한다. 그리고 약 2개월 뒤 한국 강점의 강행에 동의한다. 그 경위는 다음과 같다: 1909년 3월 30일, 고무라 외상은 가쓰라 수상에게 '한

---

[13] 이미 제2장 제3절 미조부치의 제8회 심문에서 언급했지만 이토는 1909년 1월부터 2월에 걸쳐 순종 황제와 함께 남북한을 순행했다. 거듭 말하나 각지에서 한국인들이 반감을 다양하게 표출했음은 물론이다. 특히 북한 순행 때는 폭탄 소동, 암살 계획 등 항일 운동이 속출했다.

국 병합에 관한 방침'을 제시했다. 4월 10일, 이들은 (일본 체류 중인) 이토 통감을 방문하여 의견을 타진했다. 그러자 이토는 '이론異論 없다.'고 대답한다. 이로부터 두 달이 지난 6월 14일, 이토는 통감을 사임한다. 마침내 7월 6일에는 '한국 병합에 관한 건'이 각의 결정된다.

당시 이토가 한국 강점의 강행에 동의한 이유는 무엇일까? 잔인 무도한 진압으로 저항이 현저히 줄이든 만큼 한국 강점의 기반이 확립되었다고 판단했기 때문이리라. 그렇다면 통감을 사임한 이유는 무엇일까? 한국 강점의 과업을 완수했으니 굳이 돌아갈 필요가 없어진 까닭이리라. 또한 돌아갈 면목 없고, 겁도 났기 때문이리라. 그가 줄곧 구사했던 모략, 권모술수, 기만, 위선/독선 등이 변명의 여지 없이 드러났으니…… 한국인을 대할 면목 없음은 물론 그 복수를 두려워할 수밖에 없었을 것이다.

그럼에도 어떻게든 변호하려는 이토 유키오는 문제의 본질/초점을 흐리는 궤변을 펼친다. 이를 위해 이토의 한국 강점 후 '통치 구상'을 끌어들인다(552): "한국을 병합하지 않을 수 없다고 결심한 뒤에도 이토는 한국에 '책임 내각'과 식민지 의회를 두는 형태로 어느 정도 지방 '자치권'을 부여함으로써 병합에 대한 한국인의 비판을 완화할 것을 생각했다." 이런 구상을 가진 이토가 살아 있었다면 "병합 후에 식민지 의회 등 한국인에게 일정한 '자치'를 인정하는 제도를 만들기 위해서는 준비가 필요하기에 실제로 행해진 1910년 8월이라는 조기 병합은 있을 수 없다."(552)는 것이다. 하나 마나 한 가정이요, 아무런 의미 없는 궤변이다.

'병합'이 조기이든 아니든 한국 강점임은 같거늘 궤변은 이렇게 이어진다(578): 이토가 주살된 뒤 한국 강점을 둘러싼 노선 대립이 생겄다. '가쓰라 총리, 소네 통감의 온건 노선 v. 야마가타 아리토모(山縣有朋, 1838~1922) 원수, 데라우치 육군 대신의 급진 노선'이 그것이다. 이토는 전자였으나 죽었으니 그의 통치 구상이 "실시될 가능성은 사라져 갔다."면서 그 대신 "조기에 강압적으로 병합한다는 노선이 강해져 갔다."는 것이다.

그렇다면 '안중근이 이토를 주살하지 않았다면 그의 훌륭한(?) 통치 구상이 실시될 수 있었을텐데 안타까운 일'이란 말인가. '이토를 주살한 탓에 한국은 강압적인 데라우치 조선 총독의 무단 통치를 받게 되었으니 안중근이 잘못했다, 나쁘다.'는 말인가. 도대체 무슨 궤변이요, 바꿔치기/덮어씌우기인가! 거듭 말하나 이토는 '한국 강점의 기반을 확립한 원흉'이다. 안중근이 말하듯 '한국 독립, 동양평화를 파괴한 자'이다. 이것이 문제의 본질/초점이다. 이를 직시하고 비판해야 마땅하거늘 어찌 위선/기만의 궤변으로 이토를 변호하려 애쓰는가! 이토의 공범이 될지 모를 자충수를 두려고 하는가!

물론 이토 변호가 곧 공범임을 뜻하지는 않는다. 안중근 의거의 폄하를 뜻하지도 않는다. 그러나 이토 변호가 안중근 의거의 폄하로 이어질 수 있음은 부정할 도리가 없다. 이를 의식한 듯 이토 유키오는 다음과 같이 서술한다(587) : "이토를 평가하는 저작에 대해 설령 그것이 실증적인 것일지라도 한국의 많은 사람들은 경계감을 보이는 것이 보통이다. 안중근에게 암살된 이토는 한국 병합을 선두에서 추진했던 식민지주의자라고 비판되어 왔다. 만약 그렇지 않다고 하면 한국 독립운동의 영웅이자 한국 민족주의의 기간基幹인 안중근이 폄하되지 않을까 생각하기 때문이다."

그 논리는 이렇다 : 자신의 '이토 평가=변호'는 '실증적인=증거

있는 것'이다. 그럼에도 한국인은 받아들이지 않는다. 받아들이면 '안중근의 폄하로 이어진다.'고 우려하기 때문이라는 것이다. 거기에는 '교묘한' 논리 바꿔치기, 덮어씌우기가 깔려 있다. 그런 까닭에 (통감 시절 전후의) 이토가 '제대로 평가=변호받지 못함'은 - 실증적이지 못한, 안중근에 얽매인 - 한국인 탓이라는 궤변을 이끌 수 있다.

지적하고 싶은 것이 있다. 이토 유키오는 신중주의의 오류를 범하고 있다는 점이다. 이토를 (통감 시절 전후의 언행을) 평가=변호하고자 '증거 아닌 증거'를 모은 탓이다. 따라서 그의 실증은 자의적/작위적이다. 무리가 있고 부족하다. 반면 이토가 '한국 병합을 선두에서 추진했던 식민지주의자'임은 명백한 사실이다. 객관적이자 넘치는 증거가 있다. 그래서 한국인은 이토를 비판한다. '안중근 폄하'를 우려해서 비판하는 것이 아니다.

다시 말해 한국인은 이토의 식민주의, 국권 침탈 등 침략성 때문에 비판한다. 아울러 이토의 모략, 권모술수, 기만, 위선/독선 등 '잘못'을 - 넘치는 증거를 토대로- 비판한다. 즉 숲과 나무를 고르게 보면서 문제의 본질/초점을 정확히 파악해서 비판하는 것이다. 그것은 보편-공공의 기준에 의한, 윤리적 가치 판단에 입각한 비판이다. 이를 피하거나 외면하려는 일본인을 한국인은 우려한다. 비판 의식과 판단 능력이 결여된 (도리를 모르는) 일본인을 한국인은 경계한다. 안중근이 그랬던 것처럼 말이다.

이토 유키오는 이렇게 끝맺는다(588): "이토의 전기를 쓰는 작업을 진행하는 가운데 안중근의 인품을 알게 되면서 …… 정의감이나 강한 의지 등 이토의 그것과 유사한 면이 많음을 깨닫게 되었다. 그래서 이토의 암살자인 안중근에게 …… 이토와 공통되는 친밀감을

느낀다. 이 책이 이토 히로부미나 일본 근대화를 이해함과 함께 일·
한이나 동아시아의 상호 이해와 영원한 연대를 위해 일조—助한다면
다행이다." 이처럼 안중근과 이토를 같은 범주로 뭉뚱그리려 하지만
턱없는 시도이다. 마땅히 다름을 직시하고, 이토의 '잘못'을 비판해야
하거늘 …… 그조차 못한다면 '이해, 연대'란 헛된 바램이다. '이해,
연대'를 해칠 따름이다. 이렇듯 비판 의식과 판단 능력이 결여된 일
본인을 한국인은 (동아시아인, 세계인 역시) 경계하고 있다.

3. 병리 현상의 사상사적 바탕과 '일본'을 덮어쓴 한국인[14]

안중근 의거를 둘러싸고 여러 일본인은 각색/조작된 허구를 지어
냈다. 안중근의 심문, 공판, 변호 과정에서는 각종 궤변이 난무했다.
그 자체가 불편한 사실/진실이다. 그렇지만 일본에서는 어떤 불편한
사실/진실이든 뚜껑 덮어 은폐하면 그만이라는 병리 현상이 퍼져 있
다. 이로 말미암아 명백한 사실/진실은 부인되거나 왜곡/조작되기 일
쑤이다. 그것이 발각 내지 폭로되면 비판/수정보다는 '부인否認의 구
조'나 '무책임의 체계' 아래 억압하거나 얼버무린다.[15]

---

14 이 절은 김봉진, 〈아베 정권과 일본의 '병학적 근대〉, 한국역사연구회, 《역사와
현실》 113, 2019의 해당 내용을 간추려서 보완한 것임을 밝혀 둔다.

15 '부인의 구조, 무책임의 체계'라는 표현은 시라이 사토시白井聰, 《永續敗戰論 戰後日
本の核心》, 太田出版, 2013 참조. 시라이는 '패전의 부인과 대미 종속'으로 시작된

왜 이럴까? 그 바탕에 무엇이 있을까? 그 바탕에는 일본의 정치, 사회, 경제, 문화 등 전반에 깔린 각종 병리 현상이 있다. 무엇보다 '주군主君에 대한 충성'과 같은 맹목적 복종심, '오카미お上 신앙' 따위의 권력추종적 성향이 관습화/구조화되어 있다.[16] 그리하여 상명하복上命下服의 각종 규율/통제 체제, 지배-복종 질서를 구성한다. 이로부터 관존민비官尊民卑, 남손여비男尊女卑, 저연한 인권/민권 의식, 상하/남녀 차별 등이 파생한다. 특기하면 관존민비는 일본의 뿌리 깊은 전통이다.[17] 남존여비도 그렇다.[18]

전후 일본의 멘탈리티, 병리 현상을 이렇게 지적한다(16-17) : "대언장어大言壯語, 불편한 진실의 은폐, 근거 없는 낙관, 자기보신自己保身, 아유추종阿諛追從, 비판적 합리 정신의 결여, 권위와 '공기空氣'에의 맹종" 그리고 "타자에 대해 태연하게 극도의 희생을 강요하면서도 그 뒷처리를 하지 않음, 아니 더 정확하게는 뒷처리해야 한다는 감각이 애초에 없다."

[16] 오카미의 본뜻은 ①천황, 조정 ②주군主君, 주인, 그 아내 ③신민臣民에 대한 정부, 관청 등이다. 즉 권력, 권력자, 관官, 국가, 강대국 또는 힘센 것, 큰 것, 윗사람, 상사上司 등을 표상한다.

[17] 그럼에도 관존민비를 유교 전통이라 여기는 잘못된 통념, 오해가 지금껏 퍼져 있다. 일본이 자기 전통을 '타자에게 덮어씌우기' 방식으로 퍼뜨린 탓이다. 시급히 타파해야 한다. 덧붙이면 일본 전통의 관존민비를 비판하고자 그 용어를 만들어 퍼뜨린 사람은 후쿠자와 유키치(福澤諭吉, 1835~1901)로 알려져 있다. 그의 만년 저작인《복옹백화福翁百話》(1897년 7월 출판) 참조.

[18] 이것을 유교 전통이라 여기는 잘못된 통념, 오해 역시 타파되어야 한다.《열자列子》천서天瑞에는 "男女之別, 男尊女卑"라는 구절이 있다. 그러나《열자》는 도가道家 계통 문헌이며 경전에 속하지 않는다. 아무튼 '남존여비'는 유교의 어떤 경전에도 없다. 그 전거를《예기禮記》에서 찾을지 모른다. 그러나 그 혼의昏義편을 보면 도리어 상반되는 '부부유의夫婦有義'라는 용어가 핵심임을 알 수 있다. 또는《춘추사

이런 현실(=체제/질서)의 곳곳에는 '특수하고 사적인 각종 오키테掟가 존재한다.[19] 반면 '보편·공공의 도리, 가치 판단의 기준'은 자리 잡기 어렵다. 그 대신 '도리 아닌 도리, 자의적인 기준'이 판치기 일쑤이다. 이런 병리 현상은 도대체 어디서 유래한 것일까? 해답은 일본 역사/전통과 그 유산에서 찾아낼 수 있을 것이다. 필자는 일본 사상사를 꿰뚫는 특징에서 찾고자 한다. 그 특징을 세 가지로 정리한다. ① 리결(理缺: 필자의 조어) 현상/성향, ② 보편의 특수화, ③ 병학괴 병획직 사고의 전통이 그것이다. 이들 셋은 상호연관 되어 서로 영향을 주고받는다.

병리 현상의 바탕: 일본 사상사의 특징

먼저 리결이란 '리를 빼기, 멀리하기, 바꿔치기' 등 현상/성향을 뜻한다. 리理는 옥玉과 리里가 결합한 글자이다.[20] 이를 《설문해자說文解字》는 '옥을 다듬기/다스림[治玉也]'라고 풀이한다. 따라서 리는 (다듬거나 다스려서) 바로잡기[正] 위한 '보편, 공공, 공정'의 '이치/법

씨전春秋史氏傳》에는 '부화처[부]유夫和妻[婦]柔, 부의부청[순]夫義婦聽[順]' 등 용어가 나온다. 이것들은 경처敬妻, 남녀의 상호 존중을 표상한다고 볼 수 있다.

[19] 오키테는 '규정, 규칙, 법, 관례' 등을 가리킨다. 그런데 '비합리, 무논리'를 담고 있는 것이 많다. 그래서 '掟破り(오키테 어기기/깨기)'와 같은 계략, 술책에 의해 무력화되기 일쑤이다.

[20] 리의 뜻은 옥에서 비롯된다. 리는 里의 음을 따온 것이다.

칙, 규범, 원리'를 뜻한다. 또는 '윤리, 도리, 조리條理'를 뜻한다. 이로써 '(도덕적) 질서 원리'와 '보편·공공의 도리, 가치 판단의 기준'을 구성한다. 그리고 '논리, 이성'이나 '권리, 존엄' 등을 구성한다.

리는 모든 물物, 사事, 그리고 인간 마음속에 내재되어 있다. 특히 인간 마음속의 리를 유교는 '인·의·예·지·신', 곧 오상五常의 규범/덕목으로 표상한다. 그리고 누구나 태어날 때부터 갖추고 있는 '성 (human nature)'이라 부른다. 또한 리가 순선純善이듯 성은 선이라 여긴다(성선설).[21]

당연히 리는 덕성, 인품의 바탕이 된다. 따라서 '도리 있음, 도리를 앎'은 '인간적임, 인간성, 인간애, 인도주의'로 통한다. 이런 리를 '무, 공, 허'로 만드는 성향이 리결이다. 그런 탓에 일본 사상은 '무논리, 비이성의 공리공담空理空談, 애매모호한 언설'로 채워지기 일쑤이다.

다음으로 보편의 특수화는 토착화 과정에서 '보편적 요소가 제거되거나 특이하게 변질됨'을 뜻한다. 예컨대 일본에 수용된 (사상, 종교, 철학 등) 각종 학문은 대부분 보편의 특수화를 거친다. 즉 보편

---

21 일본에서는 성선설이 자리잡기 어렵다. 그럼에도 '일본인은 착하다/마음씨 곱다 (優しい)'라는 말이 있다. 전면 부정할 뜻은 없으나 '그런 체(振り〔후리/부리〕)'하는 경우가 많다. 또한 사리 판단, 시비/선악 분별에 약한 탓에 '나쁜/그릇된 일도 착하게/곱게 한다'라는 말도 가능하다. 덧붙이면 일본인의 '착함'이란 성=리 없는 정선설情善說에 입각한 것이라고 본다. 따라서 '정에 맡기고 욕망을 따르는 병폐 (任情縱欲之患)'에 빠지기 쉽다. '任情縱欲之患'(《霞谷集》 권9, 〈存言下〉)이란 정제두(鄭齊斗, 1649~1736)가 양명학이 자칫 빠질 수 있는 병폐를 지적하고자 사용한 말이다.

적 요소가 빠지거나 특이한 형태로 바뀐다. 이로 말미암아 그 본래성은 변질된다. 에도江戸 일본의 유학, 특히 주자학의 변질은 대표적인 예이다. 에도 시대 사상사를 개관하면 '주자학 비판, 바꿔 읽기'가 두드러진다. 이때 '비판'은 '오해'를, '바꿔 읽기'는 '오독, 곡해'를 수반한다. 따라서 일본 주자학은 본래성을 벗어나 손상받고 변질된 탓에 특유한 성격을 지닌다. 무엇보다 주자학의 근간인 리를 빼거나 멀리하는 리결 현상이 뚜렷하다.

끝으로 특히 주목할 것은 일본의(=일본화된) 병학, 병학적 사고이다.[22] 앞서 언급한 맹목적 복종심, 권력추종적 성향 등 각종 병리 현상을 배양하는 온상이라고 보기 때문이다. 먼저 병학은 성악설性惡說, '죽음/죽임 긍정'에 입각한 학문이다.[23] 동시에 도리를 외면하는 공리주의, 실용주의, 권력주의에 입각한 학문이다. 그리고 궤도詭道, 목적을 위해 수단을 가리지 않는 권모술수를 가르친다. 궤詭/궤변, 위僞/작위, 사詐/기만은 기술이요, 지모智謀/지략智略이라고 정당화된다. 다음으로 병학적 사고는 우友/적敵을 가르는 전형적인 이항대립 사고이다. 또는 상황주의/방편주의의 사고이다. 단, 그 시야가 좁은 탓에 나무만 보고 숲을 보지 않는/못하는 전술적 사고가 되기 쉽다.

이로부터 각종 변태적 성향이 파생한다. 예컨대 (성악설로 말미암은) 인간 불신, 대인對人 공포, 경계심 등 성향. 죽음/죽임을 찬미하는 성향. 자기 이익, 욕심을 우선하는 성향. '야쿠(役, 역할) 수행'의

---

[22] 그 상세는 김봉진(2019)의 제3절 참조하길 바란다.

[23] 그래서 공空 사상, 허무주의(nihilism), 퇴폐주의(decadance) 등과 은밀하게 연관되어 있다.

효용/실익을 추구하는 성향. '보편·공공의 도리, 가치 판단 기준'을 무시/억압하는 성향. '특수하고 사적인 오키테, 자의적 기준'을 만들어 강제/강요하는 성향. 그 바탕에 상명하복의 각종 규율/통제를 지탱하는 맹목적 복종심, 권력추종적 성향이 깔려 있음은 물론이다.

현대 일본의 병리 현상과 변태적 성향

일본 사상사의 전통/유산은 오늘날 일본에 계승되어 정치, 사회, 문화 등 분야 곳곳에 영향을 미치고 있다. 특히 병학, 병학적 사고의 전통/유산의 영향은 뿌리 깊게 퍼져 있다. 예컨대 통치 체제/방식, 정치 행태를 보면 뚜렷하다. 정치가의 사고 양식, 행위, 발언. 그리고 관료, 공무원의 권력추종적 손타쿠(忖度〔촌탁〕), 상명하복 등에 침투되어 있다.[24] 이런 모습은 일본인 일반에 공유되어 특이한 인간관계, 사고 양식, 행위 등을 규정/규제한다. 그리하여 다종다양한 변태적 성향으로 표출된다. 단순화의 오류를 무릅쓰고 그 일부를 비판적으로 검토해 보자.

개인주의도 집단주의(collectivism)도 강하다. 이때 개인이란 인간관계 속의 이른바 '주체적 인간'이 아니라 '따로 있는 사람, 홀로 있고 싶은 자기'에 가깝다. 일본인은 자기와 타자, 소속 집단의 안과 밖을

---

[24] '촌탁'이란 용어는 《시경詩經》 교언巧言의 "타인의 마음을 내가 헤아림(他人有心 予忖度之)"에서 유래한다. 이로부터 파생된 '손타쿠'란 '윗사람의 의향을 눈치껏 알아서 행동/조치함'을 뜻한다.

나누는 성향이 강하다. 즉 배타주의, 배외주의가 강하다. 이에 의한 '폐쇄적 자존自尊 또는 자폐自閉 의식'도 강하다. 이때 자존은 '인간 존엄, 생명 존중'과는 멀다.

그 집단이란 개인의 자발석 모임이 아니라 동원된 - 또는 동조 압력에 순응하는25 - 모임이다. 또는 권력 추종/이익 추구의 모임이요, 규율/통제의 모임이다. 반면 자발적 또는 도리/기준에 기초한 모임, 곧 (윤리적) 공동체는 드물다. 따라서 공동체주의(communitarianism)나 관계주의(relationism)는 약하다. 인간 관계는 얇고 좁다. 소속 집단의 나카마(仲間, 한패) 의식은 생겨도 공동체적 연대 의식은 옅다. 구도 정신도 보편 기준을 세우려는 의지도 옅다. 그래서 사리 판단, 시비/선악 등 분별이 약하다.

문제 해결의 능력도 의지도 약하다. 문제가 생기면 그 근원을 찾아 해결하지 않거나 못한다. 그 말단을 해결하기에 급급하기 일쑤이다. 이조차 문제(의 근원)를 덮거나 해결을 회피하는 미봉책으로 끝나는 경우가 많다. 어떤 현실(상황)이 주어지면 마치 공기처럼 여기면서 순응/추종한다.26 잘못된 현실에 대한 비판(critic), 저항은 약하

---

25 일본/인은 '화(和, harmony)'를 중시하는 나라/사람으로 알려져 있다. 그러나 실제/현실은 다르다. 실은 '일본/인의 화'는 '동(同, unity) 또는 동조(uniformity)'에 가깝다. 달리 말해 '화이부동和而不同'에 담긴 이질성, 타자와의 조화와는 거리가 멀다. 배타적/배외적 동화同化에 가깝다.

26 그런 '현실 순응/추종'을 흔히 '空気を読む(공기를 읽기)'라고 표현한다. '공기를 못 읽는' 사람은 이지메(いじめ〔苛め/虐め〕), 곧 '따돌리기, 괴롭히기, 박해, 학대 즐기기(嗜虐)'의 대상이 되기 일쑤이다. 그 대상은 대개 약자이다. 그래서 '약자 괴롭히기(弱い者いじめ)'라는 말이 있다. 그 방법은 다양하다. 크게 '직접적, 간접

다. 숨기거나 에둘러 표출할 뿐. 공개 표명은 비난(blame), 탄압에 시달리기 일쑤인 탓이다.[27]

겉과 속, 다테마에와 혼네가 다르다. 게다가 그 다름을 당연시한다. 겉만 보면 깨끗하다. 그러나 속에는 더러움(게가레〔穢れ/汚れ〕)이 감춰져 있다. 각종 불평, 불만이 있어도 표현하지 않거나 못한다. 어떤 불편이 생겨도, 누군가 (특히 권력자나 윗사람이) 잘못해도 바로잡지 않거나 못한다. 규율/통제와 동조 압력에 순응함이 익숙한 탓이다. 건전하고 생산적인 타자 비판이 미약한 탓이다.

불편한 사실/진실을 '작위, 허구, 거짓' 또는 '은폐, 조작, 기만' 등으로 뚜껑 덮는다.[28] 따라서 '궤변, 날조, 왜곡' 또는 '말바꾸기, 논리

적'의 두 범주로 나눌 수 있다. 어느 쪽이든 '교활한, 음침한' 방법으로 행해진다. 심각한 것은 이지메가 곳곳에 뿌리 깊게 퍼져 있다는 사실이다. 그 '구조화, 사회화, 일상화'라는 문제이다. 더욱 심각한 것은 그 문제 해결의 의지가 박약하다는 사실이다. 이지메는 우리말의 왕따에 해당하나 그 내포, 외연은 차이점이 많다.

[27] 여기서 비판과 비난의 차이를 밝혀 두자. 비판은 정부正負를 비롯한 시비, 선악 등을 분별하는 보편普遍-공공公共의 도리/기준에 입각한다. 따라서 비판 대상을 바로잡고 개선하려는 욕망/애정을 담고 있다. 그런 만큼 '건전하고 생산적인' 목적/지향을 지닌다. 반면 비난은 도리/기준 없이 남을 탓하는 감정/분풀이에서 나온다. 그 목적/지향은 '불건전하고 비생산적인' 곳에 있다.

[28] 이와 관련하여 일본 속담을 셋만 소개한다. 하나는 '臭い物に蓋をする(냄새나는 것에 뚜껑 덮기)', 곧 '불편한 사실/진실이나 잘못을 감추려고 임시방편으로 은폐한다.'는 뜻이다. 또 하나는 '嘘も方便', 곧 거짓/말도 불리한 상황을 모면하는 방편/수단'이란 뜻이다. 세 번째는 '嘘で固める', 곧 '거짓/말을 거듭하여 다짐으로써 마치 진실인 양 꾸며낸다.'는 뜻이다. 거짓/말을 또 다른 거짓/말로 덮으면서도 그것이 잘못인 줄 모른다.

바꿔치기, 무논리' 등이 통용된다. 자기 잘못을 남에게 덮어씌우기로 전가한다.[29] 거기에 논리 모순, 자가당착, 적반하장이 따르건만 개의치 않는다. 발각되면 독선, 위선으로 덮거나 남을 비난한다. 어떻게든 이겨 보겠다는 집단 최면, 정신 승리를 시도한다. 그래도 안 되면 체념, 달관達觀, 유체이탈幽體離脫 따위로 도피한다.[30] 건전하고 생산적인 자기 비판이 약한 반면 불건전하고 비생산적인 자기 비난/부정이 강한 탓이다.

'일본'을 덮어쓴 한국인: 비판과 경종

한국 사상사의 특징은 일본 사상사와 대조적이다. 리 충만 현상/성향, 둘째는 특수의 보편화(=보편−공공 추구), 셋째는 도학적道學的, 구도적求道的 사고. 이들 특징은 단군 신화의 '홍익인간弘益人間, 재세이화在世理化'를 비롯하여 한 사상, 최치원(857~908)이 기록해 전해 준 유儒·불佛·선仙 '포함 삼교'라는 풍류도와 '접화군생接化群生' 사상 등에 드러난다. 그리고 한국의 불교, 도교, 유교, 나아가 동학東學, 원

---

[29] 이때 '남'이란 주로 약자를 뜻한다. 강자에게는 김히 '덮어씌우기'를 못한다. 그래서 '약자에게 강하고, 강자에게 약하다.'는 말이 성립한다. 이는 강자/강대국을 추종하는 '사대주의' 성향으로 통한다.

[30] '체념, 달관, 유체이탈' 성향은 일본화된 선禪불교의 '공, 체관諦觀, 타력본원他力本願' 등 사상 전통에서 유래한다고 본다. 이들 사상도 병학, 병학적 사고와 깊이 연관되어 있다고 본다.

불교圓佛敎, 증산교甑山敎 등 토착 종교 사상으로 이어져 있다. 이들 사상은 서로 아우르면서 '상통, 상보, 상화相和' 관계를 맺고 있다. 그리하여 한국/인 고유의 세계관, 인간관, 생명관을 구성한다. 그 특성은 다양하다. 단적으로 말하면 '상생 세계, 인간 존엄, 생명 존중' 등 관념/성향이 매우 강하다는 점이다.

특기하고 싶은 것이 있나. 불교, 도교, 유교, 그리고 기독교 등 이른바 '외래 사상'은 여타 전통 사상과 이종교배하면서 자기화/토착화된다는 사실이다. 예컨대 유교는 보편−공공의 사상이요, 어떤 나라든 누구든 '자기 것, 우리 것'으로 삼을 수 있다. 한국/인의 경우, 유교는 우리나라의 전통 사상이며 (자기화된) '우리 것'이다. 우리의 귀중한 전통이요, 유산이다. 따라서 '남의 것'이라는 치졸한 편견, '전근대/후진'이라는 터무니없는 오해를 타파해야 한다. 그런 편견/오해는 근대 이래 타자에 의해 사육된, 그리하여 자기 속에 침투한 병리 현상에 다름 아니다.

한국의 전통 사상은 근대주의, 오리엔탈리즘, 식민주의 등 근대의 부負에 의해 각종 오해, 편견, 왜곡에 시달려 왔다. 그리고 근대 이래의 뒤틀린 역사 속에서 한국/인은 엄청난 불행을 겪어 왔다. 자존감은 큰 상처를 입었다. 지금의 한국은 불행을 딛고 넘어서 자존감을 되찾고 있는 중이다. 그러나 과거의 망령은 여전히 활개 치면서 떠돌고 있다. 이로 말미암아 우리 안에 자기/자국 폄하, 타자/타국 추종의 어리석은 (잠재) 의식과 노예 근성이 터잡고 있다.

심각한 것은, 그릇된 친일 DNA와 그 병리 현상이 자리잡고 있다는 점이다. 이와 함께 조작/날조된 식민사관이 깊숙이 퍼진 채 그 변태를 사육/생산하고 있다는 점이다. 의식하든 못하든 일본형 근대주의, 오리엔탈리즘을 덮어쓴 채 그 한국형을 사육해 왔던 탓이다. 자기의 침략성, 식민주의마저 남 탓으로 돌리는 일본인의 병리적 성향을 짙든 옅든 공유하고 있는 탓이다. '일본'을 덮어쓴 한국인이 여전히 곳곳에 우글거리고 있으니 자각/각성하고 비판/경계할 일이다.

한국/인에게 경종을 울리고 싶은 사항 셋이 있다. 첫째, 모든 학문에는 크든 작든 오해가 따른다. 그렇긴 하나 유교, 특히 주자학은 너무나 오해되어 있다. '주자학 오해'는 일본 사상사의 한 전통이다, 게다가 근대 이태 오해를 더하면서 지금껏 곳곳에 퍼져 있다. 일본뿐만 아니다. 한국에도 여타 나라에도 퍼져 있다.

유교/주자학은 예나 지금이나 한국의 덕(德; virtue, L: virtù)이요, 힘이다. 인간과 자연의 도리를 추구하는 구도의 학, 도학이다. 정신과 물질의 균형 있는 행복과 풍요를 추구하는 실심실학實心實學이요, 리학, 기학/물학, 심학 삼위일체의 학문이다. 실로 헤아릴 수 없는 은혜를 베풀어 왔다. 이를 모르면 배은背恩, 망덕亡德이다. 모르든 알든 그 전통과 유산은 지금도 계승된 채 살아 있다. 무슨 말을 더 하리오, 안중근 의사의 사상 그 바탕에도 유교/주자학이 깔려 있음을! 그렇다면 마땅히 오늘날과 미래에 걸맞게 계발해 나갈 필요가 있을 것이다.

둘째, 망국의 한을 극복해야 한다. 망한 탓을 타자/타국에게만 돌리면 안된다. 그러나 자기/자국만 탓히면 더욱 안 된다. 오해, 편견, 왜곡 등을 내버려둔 채 전통만 탓해서도 안된다. 전통이든 근대든 정·부 양면을 지닌다. 그런데 왜 전통의 부만 탓하려 드는가! 그 덕/힘마저 비틀어 대는가! 하긴 덕/힘은 치명적 문제점이 있다. 무도덕한 물리력 앞에 '때로는' 약하고 무너질 수 있다는 점이다.[31] 그렇다고 덕/힘만 탓하고 무도덕의 문제점은 따지지 않으려는가! 강함만 좇아 남을 해치고 싶은가? 차라리 망국을 택하고, 오히려 이를 자랑스럽게 여기고 싶다. 그것이 바로 덕/힘이기 때문이다. 덕/힘이 '결국은' 강하고 이김이 진리인 까닭이다.

셋째, '근대의 주박(呪縛, 홀리고 얽매임; the spell of the modern/modernity)'을 초극해 나가야 한다.[32] 근대주의적 시각, 편견으로 전통을 함부로 재단하려 하는 시도는 지양해야 할 것이다. 예컨대 유교/주자학에 담긴 깊은 뜻과 지혜를 올바로 알지도 못하고 오해한 채 문제점만 보려 한다. 그 잘못된 오해를 풀기는커녕 덮고 모른 척 한다. 타파하긴커녕 답습한다. 남의 들보 같은 문제는 외면하고, 자기의 티눈 같은 문제를 파헤치려 든다. 전통에 대한 무지와 '무지의 무지'에 빠져 있으니 깊은 성찰, 비판, 각성이 필요하다.

---

[31] 이런 점을 엄숙히 인지하여 임기응변의 대비책/보완책이 필요하다. 무도덕, 무지막지를 누를 수 있는 덕/힘과 함께 물리력을 길러야 한다. 때로는 덕보다 물리력을 앞세우는 능력을 갖춰야 한다.

[32] 근대의 주박과 그 초극에 관해서는 金鳳珍, 〈韓日共通の共通課題〉, 한림대학교 일본연구소, 《翰林日本学》 제14집, 2009 참조.

닫는 글

안중근 의거는 '한국 독립, 동양평화'를 위한 항일 전쟁이었다. 그 36년 후 한반도는 해방되었으니 항일 전쟁은 끝난 셈이런가. 그럴지라도 안중근 의거의 목적은 아직 달성되지 못한 채로 있다. 남북 분단을 해체하고 주변 국경을 정리/개편하기 전에는 '한국 독립'은 이루어진 것이 아니다. 한편 '동양평화', 곧 한·중·일 삼국(약칭, 삼국)을 비롯한 동/아시아의 공동체를 구축해야 하건만 여태껏 미완의 계기로 남아 있다. 도리어 작금의 삼국은 화해, 협력은커녕 대립, 갈등의 챗바퀴를 돌리고 있다. 안중근이 우려했던 '동양 전체를 휩쓸 백년 풍운'은 세기를 넘어서 몰려들 기세이다.

안중근은 또 하나의 전쟁을 벌였다. 뒤틀려 가는 역사, 왜곡/날조된 식민사관(+황국사관)을 바로잡기 위한 역사 전쟁이 그것이다. 한 세기를 넘긴 그의 역사 전쟁은 끝나지 않았다. 지금껏 뒤틀린 역사가 재생산되는 가운데 탈바꿈을 거듭하면서 역사 전쟁은 계속 진행

중이다. 더욱이 그 전선은 확대되고 있다. 한국 안팎과 일본은 물론 중국으로 (세계 곳곳에도) 펼쳐져 있는 현실이다. 오늘날 삼국 간에는 역사 전쟁의 풍운이 몰려들고 있다. 이를 보는 안중근의 영혼은 깊이 상심하고 또 우려하고 있으리라.

한·일 역사 전쟁의 과거와 현재

과거 삼국은 서양 근대 문명이 지구화해 나갔던 '문명사적 대전환기'를 맞이했다. 세계/지역 질서와 문명의 틀(paradigm)이 바뀌던 당시 일본은 —운좋게(?)— '성공적 적응'을 했던 셈이다. 그러나 '성공 속 실패'를 외면한 채 사리사욕과 권모술수에 주박되었던 일본. 안중근이 경고한 '흥망성쇠, 인심의 변화는 무상함'을 무시하고 날뛰던 일본. 안중근이 비판했듯 '이웃 나라를 강제로 빼앗고 우의를 끊어, 스스로 방휼지세'를 만드는 어리석음을 저질렀다. 그리고 엄청난 만행을 벌이다가 '독부의 환'을 맛보았다.

그랬건만 일본은 '만행의 역사'를 뚜껑 덮고 있다. 이에 따른 역사 문제를 해결할 의사도 능력도 없는 듯하다. 더구나 자국 중심의 일국사에 빠진 채 식민사관의 변태를 사육/생산하는 또 다른 만행을 벌이고 있다. 과거 일본이 낫다는 시대역행의 망동을 부리고 있다. 역사 전쟁의 길을 거듭 가겠다는 것이다. 이번에는 반드시 승리를 거두어 다시금 '독부의 환'을 맛보게 해주어야 한다. 안중근 의거의 뜻이 헛되지 않도록! 한국은 과거처럼 '어질고 약한 나라'가 아니다. '어질고도 강한 나라'이다.

현재 삼국은 또다시 '문명사적 대전환기'를 맞이하고 있다. 이에 따라 세계 질서와 문명의 틀(paradigm)이 바뀌고 있는 중이다. 각 지역 질서도, 각 나라 세력 분포도 바뀌고 있다. 이런 변화에 어떤 나라가 앞서 나갈지 뒤처질지 …… 미답未踏의 지평이 열려 있다. 그런데 일본은 이전 세기와 달리 뒤처져 있다. 반면 한국은 앞서 나가고 있다. 정지, 경세, 문화, 교육, 과학, 군사 등 여러 분야에서 그 위상을 높이는 중이다. K-pop, K-drama, K-culture 등 한류가 세계를 휩쓸고 있다. K-민주주의, K-혁신 등은 세계의 모범으로 떠오르고 있다. '흥망성쇠는 무상함'이리니 '국운이 뒤바뀜'이런가.

한·중 역사 전쟁의 현재와 미래

중국 역시 앞서 나가고 있다. 그 위상은 G2, 미국 다음의 두번째 강대국으로 떠올랐다. 떠오르는 중국을 기회로 삼을지 위기로 여길지는 나라마다 다를 것이다. 미국은 (요즈음에는) 위기로 여기고 있는 모양이다. 기회로 삼을 수도 있겠건만 그 추이를 신중하게 살펴볼 일이다. 아무튼 한국은 '이웃 나라' 중국과의 '우의를 끊어, 방휼지세'를 만드는 어리석음을 저질러서는 안된다. 중국도 마찬가지다. 양국 모두 '도리를 아는, 도리 있는 나라'의 전통과 유산을 저버리면 안된다. 그것이 두 나라 국민이 존경하는 안중근의 바람이요, 교훈임을 알 것이기 때문이다.

그런데 요즈음 중국은 이웃 나라 한국과의 우의에 어긋나는 작태를 벌이고 있다. 이른바 동북공정東北工程 등 각종 공정으로 '변강邊

疆의 역사'를 왜곡/날조하고 있으니 …… 그 탓에 역사 전쟁을 일으키는 어리석음을 저지르고 있다. 예컨대 단군 조선, 고구려, 발해 등 한겨레의 역사를 '동북 변강의 지방사'로 꾸미려는 시도는 어이없는 망상/망동이다. 중국/사의 전통에 어울리지 않음은 물론 시대착오적인 발상이다. 자국 중심의 일국사에 빠진 채 왜곡/날조된 역사. 그 '잘못된' 중화주의의 역사관은 일본의 식민사관(+황국사관)과도 그다지 다를 바 없다.

근대人 (중국이 병약의 한을 안고 있듯) 근대의 부로 말미암아 상처 입고 시달려 온 '치욕의 역사(the history of humiliation)'의 한을 안고 있음을 이해한다. 또한 '근대의 주박'을 초극하기 쉽지 않음도 이해한다. 하지만 그렇게 만든 근대의 부를 자기 것으로 품는 자가당착의 어리석음. 이로써 '우의를 끊어, 방휼지세'를 만들어 마침내 '독부의 환'을 당할 어리석음을 저지르지 않기를 바란다. 중국은 한국과 같이, 뒤틀린 역사를 바로잡고자 함께 싸웠던 공통의 역사를 지니고 있다. 어찌 잊으리오. 여전히 함께 싸워 나가야 할 사명을 지니고 있음을. 어찌 모르리오. 서로 맞서 역사 전쟁을 벌이고 있을 때가 아님을.

역사 전쟁에서 역사 화해로

전쟁이 끊임없듯 역사 전쟁도 끊임없다. 언제든 어디서든 일어날 수 있다. 영원히 끝나지 않을 필요악이런가. 어차피 힘으로 승패를 가늠할 결투장이런가. 설령 그럴지라도 '바람직한' 해결책을 강구할 필요가 있으리니 …… 무엇보다 자국 중심의 일국사를 넘어선 지역사와 교류사의 시점을 수립하면서 공유해 나가는 일이다. 그리하여 역사 전쟁을 역사 화해로 바꾸어 나가는 일이다. 이는 (장래 세대를 돌봐야 할) 우리 세대 공통의 책임이요, 과제이다. 안중근의 영혼도 물론 이를 바라고 있을 것이다.

여전히 불의부정으로 뒤틀린 역사를 재생산하고 있는 나라들이 곳곳에서 역사 전쟁을 일으키고 있는 현실. 안중근의 영혼은 개탄하면서 거듭 명령하리니 '너희들 안의 이토 히로부미를 주살하라! 뒤틀린 역사를 바로잡아 나가라! 그리하여 동양평화, 세계 평화를 이룩하라!' 거기에 '역사 전쟁을 역사 화해로 바꾸어 나가라!'는 명령이 깔려 있음은 물론이다. 이것이 안중근의 영혼을 다시 불러 그 의거의 뜻을 되새겨야 할 이유이다. 안중근을 되살리면서 그의 의거를 거듭해야 할 이유이다.

참고 문헌

자료

구사편찬위원회 퍼, 《한국녹립운동사》 자료 6, 자료 7, 1968.

고마쓰 미도리小松緑 편, 《伊藤公全集》(전3권), 伊藤公全集刊行會, 1927.

고이시가와 젠지礫川全次 주기·해제, 滿洲日日新聞社, 《安重根事件公判速記録》 (복각판), 批評社, 2014.

김정명(일본명, 市川正明) 편, 《伊藤博文暗殺記録》 明治百年史叢書 第169巻, 原書房, 1972.

다키이 카즈히로瀧井一博 편, 《伊藤博文演説集》, 講談社, 2011.

《대한매일신보大韓每日申報》

독립기념관 한국독립운동사연구소, 《한국독립운동사자료총서》 제29집, 《일본신문 안중근 의거 기사집 II 大阪每日新聞》, 2011.

무로타 후미아야 저, 《室田義文翁談》, 三京本店, 1938.

안중근 지음, 《안중근의 동양평화론》, 안중근 의사 기념관 발행, 2018.

이치가와 마사아키市川正明, 《安重根と日韓關係史》 明治百年史叢書 第282巻, 原書房, 1979.

한국어

김봉진, 〈아베 정권과 일본의 '병학적 근대'〉, 한국역사연구회, 《역사와 현실》 113, 2019.

김봉진, 〈사대의 재해석: 동주의 사대론, 사대주의론을 계기로〉, 서울대학교 국제문제 연구소 엮음, 《한국 국제정치학, 미래 백년의 설계》, 사회평론 아카데미, 2018.

金鳳珍, 〈韓日共通の共通課題〉, 한림대학교 일본연구소, 《翰林日本学》 제14집, 2009.

김삼웅, 《안중근 평전》, 시대의 창, 2009.

박미숙, 〈역사 추적: 안중근 의거에 등장하는 '김두성 장군'의 실체, '항일 비밀 결사 총대장은 고종 황제다〉, 《월간 중앙》 2012년 5월호.

박 보리스 지음, 신운용·이병조 옮김, 《하얼빈 역의 보복》, 채륜, 2009.

반병률, 《최재형崔在亨, 최표트르 세모노비치 – 러시아 고려인 사회의 존경받는 지도자》, 국가 보훈처, 2006

반병률, 〈러시아 연해주 한인마을 연추의 형성과 초기 모습〉, 《동북아 역사 논총》, 제25호.

윤병석尹炳奭 역편, 《安重根傳記全集》, 국가보훈처, 1999.

안태근/김월배 공저, 《안중근 의사의 유해를 찾아라!》, 스토리하우스, 2014.

안중근뼈대찾기사업회 엮음, 《돌아오지 못하는 安重根》, 차이나하우스, 2015.

유영익柳永益, 《甲午更張研究》, 일조각, 1990.

윤병석尹炳奭 역편, 《安重根傳記全集》, 국가보훈처, 1999.

이문열, 《불멸》 2권, 민음사, 2010.

이태진 외, 《한국병합과 현대: 역사적 국제법적 재검토》, 태학사, 2009.

(일본어판, 《韓國併合と現代: 歷史と國際法からの再檢討》, 明石書店)

이태진 외, 《영원히 타오르는 불꽃: 안중근의 하얼빈 의거와 동양평화론》, 지식산업사, 2010.

이태진, 《일본의 한국병합 강제 연구: 조약 강제와 저항의 역사》, 지식산업사, 2016.

이태진·사사가와 노리카쓰 공편, 《3·1독립만세운동과 식민지배 체제》, 지식산업사, 2019(일본어판, 《3·1 獨立萬歲運動と植民地支配體制》, 明石書店, 2021)

한상일, 《이토 히로부미와 대한제국》, 까치, 2015.

일본어

가미가이토 켄이치上垣外憲一, 《暗殺·伊藤博文》, 筑摩書房, 2000.

김봉진金鳳珍, 〈反日と日韓の歷史和解〉, 구로자와 후미다카(黒澤文貴)·이안 니시(Ian Nish) 편, 《歷史と和解》, 東京大學出版會, 2011.

나카노 야스오中野泰雄, 《安重根と伊藤博文》, 恒文社., 1996.

다키이 카즈히로瀧井一博, 《伊藤博文 知の政治家》, 中央公論新社, 2010.

마에다 쓰토무前田勉, 《近世日本の儒學と兵學》, ぺりかん社, 1996.

모모사키 유이치로桃崎有一郎, 《武士の起源を解きあかす─混血する古代、創發される中世》, ちくま新書, 2018.

사에키 신이치佐伯眞一, 《戰場の精神史 武士道という幻影》, 日本放送出版協會, 2004.

사이토 다이켄斎藤泰彦, 《わが心の安重根 千葉十七·合掌の生涯》, 五月書房,

1994(사이토 다이켄 지음/장영순 옮김(1995), 《내 마음의 안중근》, 인지당).

시라이 사토시白井聰, 《永續敗戰論 戰後日本の核心》, 太田出版, 2013.

안도 도요로쿠安藤豊祿, 《韓国わが心の故里》, 原書房, 1984.

오구라 기조小倉紀藏, 《朱子學化する日本近代》, 藤原書店, 2012.

오노 가오루大野芳, 《伊藤博文暗殺事件 闇に葬られた真犯人》, 新潮社, 2003.

이토 유키오伊藤之雄, 《伊藤博文 日本近代を創った男》, 講談社, 2009.

하야사카 다카시早坂隆, 《愛国者がテロリストになった日 安重根の眞實》,

　　PHP研究所, 2015.

찾아보기

인명 찾아보기

본문 찾아보기